알고 보면 흥미 있는 구약 이야기

알고 보면 흥미 있는

구약 이야기

임봉대 지음

kmc

프롤로그

구약과 신약은 하나로 연결된 하나님의 말씀이다. 그런데 흔히 구약성경을 신약성경보다 어렵게 생각하고, 신약성경을 우선시 하는 경향이 있다. 이 글은 구약성경이 알고 보면 재미있고 매력적인 하나님의 말씀임을 깨닫고, 그 속에서 만난 우리 주님 예수 그리스도에 대한 고백을 담은 것이다.

구약성경에는 이스라엘 백성들이 고대 중동 지역의 언어와 역사, 종교와 문화 속에서 경험한 하나님에 대한 고백이 담겨 있다. 구약성경은 대부분 히브리어로 기록되었다. 히브리어는 현재 이스라엘 국가에서 사용하는 공용어지만, 오랫동안 사용되지 않다가 최근에 와서 다시 사용되기 시작하였다. 히브리어를 구성하는 22개 글자는 알파벳의 원조인 페니키아어와 같은 문자이다. 히브리어는 글자 형태나 문장 구조 등이 우리말과 확연하게 다르다.

구약성경의 지리적 배경이 되는 중동 지역은 지중해성 기후와 사막 기후가 혼재하는 곳으로 성경에 등장하는 자연환경이나 식물들은 성경이 한국어로 번역되던 초기만 해도 아주 생소한 것들이었다. 그래서 성경에 나오는 많은 식물 명칭은 중국이나 한국의 유사한 식물 명칭을 따르거나 히브리어 명칭을 그대로 한글로 음역한 것들이다.

이런 모든 것이 오늘 우리가 구약성경을 읽으면서 어렵게 느끼게 된 현실적인 요인들이라고 할 수 있다. 그동안 목회자로서, 신학자로서 성경을 연구하고 설교를 통해 그 말씀을 선포하고 가르치면서 성도들과 공감할 수 있는 이해의 폭을 넓혀 보려고 애를 썼다. 그러면서 기록된 하나님의 말씀인 성경을 통해 주시는 하나님의 음성이 무엇인지 마음의 귀를 기울여 들으려고 노력하였다.

성경을 읽으면서 이해가 되지 않거나 궁금한 것이 있다면, 이는 당연한 것이다. 사람들은 일생 동안 자기 뇌의 몇 %밖에 사용하지 못한다고 한다. 사실 우리는 평소에 늘 손에 들고 다니는 스마트폰조차 그 기능의 일부밖에 활용하지 못하고 있다. 하물며 수천 년에 걸쳐 기록되고 해석되어 온 성경을 우리가 다 이해하고 활용하는 것은 불가능하다. 성경에는 우리의 상식으로는 이해하기 어려운 부분들이 많이 있다. 그럼에도 불구하고 그 말씀이 기록되어 있는 것은 분명한 뜻이 있다고 믿는다.

성경을 읽다가 이해가 되지 않거나 궁금한 부분을 지나치지 않고 여러 가지 자료를 살펴보고 깊이 묵상하면 말씀의 새로운 뜻을 깨닫고 오늘 이 시대에 주시는 하나님의 뜻이 무엇인지를 헤아릴 수 있게 된다. 성경은 하나의 고정된 의미를 갖고 있는 것이 아니라 시대적 변화에 따라 날마다 새롭게 역사하는 살아 있는 하나님의 말씀이다.

"오직 의인은 믿음으로 말미암아 살리라"(롬 1:17)는 한 마디 말씀이 마르틴 루터(Martin Luther)를 변화시키고 교회사뿐만 아니라 세계사적으로 놀라운 전환점을 가져온 것처럼, 성경은 능력 있는 말씀이다. 성경에 많은 가르침과 믿음의 교훈들이 있지만, 그 중에 한 마디 말씀만 분명하게 이해하고 그 말씀대로 행하여도 우리의 삶은 변화될 수 있다.

이 글을 통해 오늘날 우리가 직면한 다양한 문제들을 놓고 기록된 하나님의 말씀인 성경을 새롭게 이해하려고 노력하면서 지금도 살아 역사하시는 하나님의 놀라운 은혜를 체험하였다. 하나님께 감사와 영광을 돌리면서 이 책이 나오기까지 수고하고 애쓴 모든 분에게 감사를 드린다.

2019년 4월 주안에서

임 봉 대

차 례

제6장 **십계명**

제7장 **구약의 절기와 구속사**

제8장 **성전과 그리스도**

제9장 **역사와 예언**

제10장 **믿음과 지혜**

제11장 **메시아 예언과 그리스도**

이스라엘 백성들이 성전으로 들어갈 때는 서쪽을 향하여 나아가지만,
예배를 드리고 세상으로 나올 때는 동쪽을 향해 나왔다.
성전에 올라온 백성들은 예배를 통해 모든 죄와 근심을 하나님 앞에
내려놓고 내일에 대한 소망을 갖고 해가 뜨는 동쪽을 향해
세상으로 나아갔다. 예언자들도 동쪽은 태양이 떠오르며
빛과 생명과 희망과 의와 구원의 발원지가 되는 곳이라고 선포했다.

제 1 장

하나님의 말씀

01

하나님은 말씀이다

철학자 마르틴 하이데거(Martin Heidegger, 1889~1976)는 "언어는 존재의 집"이라는 말을 하였다. 인간은 언어를 통해 세계를 인식한다는 뜻이다. 언어는 말(言)과 글(文)로 되어 있다.

창세기 1장 3절에 "하나님이 이르시되 빛이 있으라 하시니 빛이 있었고"라는 성경의 기록처럼 하나님은 세상을 창조하실 때 말씀으로 창조하셨다. 요한복음은 이렇게 기록되어 있다. "태초에 말씀이 계시니라 이 말씀이 하나님과 함께 계셨으니 이 말씀은 곧 하나님이시니라."(요 1:1)

하나님의 말씀을 말로 전한 것이 계시라면, 그 말씀을 글로 기록한 것이 성경이다. 우리는 성경의 언어를 통해 하나님을 인식하고 하나님의 말씀을 깨닫는다.

"믿음은 들음에서 나며 들음은 그리스도의 말씀으로 말미암았느니라."(롬 10:17)

문자의 기원과 관련하여 고대 수메르어나 이집트 상형문자, 중국의 한자 등을 연구하고 있지만, 우리가 자랑하는 한글은 세계에서 탄생 기록을 갖고 있는 유일한 문자다. 이스라엘 사람들은 히브리어가 성경을 기록한 언어라는 자부심을 갖고 있다.

구약성경을 기록한 히브리어는 모두 22개의 알파벳으로 구성되어 있다. 히브리어 알파벳 숫자를 가리키는 22는 성경에서 말씀을 상징한다. 시편 중에서 절의 첫 글자를 히브리어 알파벳순으로 기록한 시가 모두 9편(9, 10, 25, 34, 37, 111, 112, 119, 145편)인데 이를 가리켜 답관체 시(acrostic psalm)라고 한다. 대부분 율법 혹은 말씀과 관련된 시편이다.

그중에 대표적인 것이 시편 119편이다. 시편 119편은 하나님의 율법을 찬양한 율법장 혹은 말씀장이라고 한다. 시편 119편은 신구약 전체에서 가장 긴 장으로 모두 176절로 되어 있다. 히브리어 알파벳 순서에 따라 8절씩 같은 알파벳으로 시작한다. 1절부터 8절까지는 히브리어 알파벳의 첫 번째 글자인 '알레프'로 시작하고, 9~16절은 '베트'로 시작한다. 이렇게 알파벳 22자 곱하기 8절 하면 모두 176절이 된다.

히브리어 알파벳 숫자 22와 관련되어 있는 것이 또 있다. 성전에는 빛을 밝히는 등잔대가 있다. 히브리어로는 메노라(menorah)라고 한다. 메노라는 가운데 줄기의 양쪽에 세 가지씩 서로 연하여 모두 일곱 개의 등잔이 있어서 일곱 촛대라고 말한다.

등대는 순금으로 만들었는데, 가운데 줄기에 네 개의 살구꽃 형상의 받침이 있게 하고, 여섯 가지에 각기 세 개씩 살구꽃 받침이 있도록 하였다. 여기서 살구꽃은 아몬드(almond) 꽃을 말한다. 등대에 새긴 꽃받침의 수를 모두 합하면 22가 된다.

등대에 있는 22개의 살구꽃 형상의 받침은 말씀을 상징한다. 시편 119편에 "주의 말씀은 내 발에 등이요 내 길에 빛이니이다."(105절)라고 했다. 등대의 빛은 곧 말씀의 빛이다.

미국의 독립선언문을 기초한 벤자민 프랭클린(Benjamin Franklin)은 이런 말을 했다.

"나에게 26명의 납 군인만 있다면 나는 세계를 정복할 수 있다."

26명은 영어 알파벳의 숫자고, 납 군인은 타자기를 말한다. 영어 알파벳 26자가 있는 타자기만 나에게 있다면 나는 세계를 정복할 수 있다는 것이다. 펜은 칼보다 강하다는 말이다. 나에게 하나님의 말씀만 있다면 나는 세상을 이길 수 있다는 믿음을 가진 사람들이 바로 성도들이다.

02

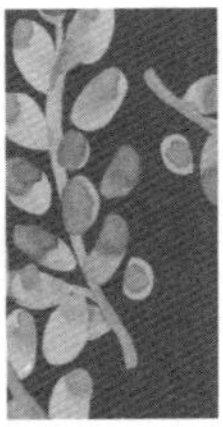

하나님은 최상급이다

최상급이란 형용사나 부사의 뜻이 가장 클 때 나타내는 문법용어면서, 무엇의 질이나 정도가 가장 높은 것을 표현할 때도 사용한다. 하나님은 그 어느 것도 비교할 수 없는 유일하시며 지극히 거룩하시고 전지전능하신 분이다.

성경에서는 하나님 명칭을 최상급 용법으로 사용하는 경우가 있다. 이런 경우 하나님 명칭을 문법적으로 수식하는 단어의 특징을 강조하는 형용사나 부사로 이해하는 것이 좋다. 우리말에도 천재 아이를 신동(神童), 아주 뛰어난 검을 신검(神劍)이라 하여 귀신 신(神)자를 사용해 최상급을 표현하고 있다. 신(神)은 초인간적인 능력의 존재를 의미하는 한문으로, 하나님을 한문으로 표현할 때 사용한다.

요나서 3장 3절에 "니느웨는 사흘 동안 걸을 만큼 하나님 앞에 큰 성읍이더라."는 말씀이 있다. "하나님 앞에"라는 말의 히브리원어는 '레엘로힘'으로 전치사 '르'(~에게)와 신명(神名) '엘로힘'이 결합된 단어다. 글자 그대로 번역하면 '하나님에게' 혹은 '하나님 앞에'라고 번역되는데, '하나님 앞에 큰 성읍'이라는 말은 '매우(exceedingly) 큰 성읍'이라는 뜻으로 신명 '엘리힘'이 전치사 '르'와 결합하여 '아주 크다'는 형용사를 꾸며주는 최상급 부사의 역할을 하고 있다.

시편 68편 15절 "바산의 산은 하나님의 산임이여 바산의 산은 높은 산이로다."라는 말씀에서 "바산의 산은 하나님의 산, 바산의 산은 높은 산"은 동의어적인 평행구로 "하나님의 산"과 "높은 산"은 같은 의미를 다른 용어로 표현한 것이다. 일반적으로 "하나님의 산"은 하나님이 현현하신 시내산(혹은 호렙산)이나 성전이 있는 시온산을 의미하는데, 여기서 "하나님의 산"은 신명의 최상급 용법으로 "높은 산"이라는 뜻이다.

아가서 8장 6절에 여인의 질투를 가리켜 "그 기세가 여호와의 불과 같으니라."는 말씀이 있다. 여기서 "여호와의 불"이란 거룩한 의미에서 사용된 것이 아니다. 하나님 명칭이 불을 꾸며주는 최상급 용법으로 사용되어 여인의 질투가 아주 맹렬하게 타오르는 불꽃과 같다는 의미다.

창세기 30장 8절에 "라헬이 이르되 내가 언니와 크게 경쟁하여 이겼다 하고 그의 이름을 납달리라 하였더라."는 말씀에서 "크게 경쟁하여"라는 말의 히브리원어는 '납툴레 엘로힘'이다. '납툴레'는 '경쟁'이라는 뜻이요 '엘로힘'은 신명(하나님)인데, 여기서도 신명이 최상급 용법으로 사용되어 라헬이 아들을 낳기 위해 언니 레아와 얼마나 극심한 경쟁의식을 가졌는지 보여준다.

최상급 용법으로 사용된 하나님 명칭과 관련하여 가장 논란이 되는 말씀이 있다. 창세기 1장 2절에 "땅이 혼돈하고 공허하며 흑암이 깊음 위에 있고 하나님의 영은 수면 위에 운행하시니라."는 말씀에서 "하나님의 영"은 히브리원어로 '루아흐 엘로힘'이다.

'루아흐'는 '영'(spirit) 혹은 '바람'(wind)의 뜻을 갖고 있다. '하나님의 영'이라고 해석할 수도 있고 '하나님의 바람'이라고 해석할 수도 있는데, '하나님의 바람'이라고 할 경우, 신명(神名)의 최상급 용법으로 이해해서 '강력한 바람'(the mighty wind, 광풍)으로 해석함으로써 2절 전체의 내용을 창조 이전의 원시 혼돈상태를 묘사한 것으로 이해할 수 있다.

03

까마귀는 억울해요

히브리어 문법에 부정사 용법이 있다. 부정사는 절대 부정사와 연결 부정사가 있는데, 연결 부정사의 경우 주로 전치사와 결합되어 있어 영어의 부정사 용법과 유사하다. 히브리어 구문에서 절대 부정사의 기능은 크게 두 가지인데, 부정사가 동사 앞에 나올 경우에는 강조(indeed)를 나타내고, 동사 뒤에 나올 경우에는 계속(continually)을 나타낸다.

창세기 8장 7절 "까마귀를 내놓으매 까마귀가 물이 땅에서 마르기까지 날아 왕래하였더라."는 말씀에서 "날아 왕래하였더라"의 히브리원어를 보면, '나간다'(야차-)는 동사 뒤에 부정사가 오고 '돌아온다'(슈브)는 동사가 이어진다. 이를 글자 그대로 번역하면 '계속해서 나갔다가 돌아오곤 하였다'는 뜻이다. 노아는 대홍수가 끝난 후 아직 방주에 있으면서 "지면에서 물이 줄어들었는지를"(창 8:8) 알기 위해 까마귀를 내보냈다.

까마귀는 물이 마를 때까지 계속해서 방주에서 나갔다가 돌아오곤 하였다. 그런데 70인역(LXX) 헬라어 성경은 "까마귀가 나가서 물이 땅에서 마를 때까지 돌아오지 않았다."라고 되어 있다. 70인역의 이러한 표현이 초대교회 이래 성경 해석에 큰 영향을 미쳤다. 주석가들은 까마귀와 비둘기를 비교하면서 두 새들에 대한 상징적이고 도덕적인 해석을 하였는데, 특별히 색깔과 울음소리에 빗대어 까마귀는 부정적으로, 비둘기는 긍정적으로 보았다.

철학자 필로(Philo)는 까마귀와 비둘기를 악과 선을 대변하는 것으로 비교하면서 까마귀는 대홍수로 인해 죽은 시체들 사이에 있는 것을 좋아해서 돌아오지 않았다고 이해하였다. 어릴 적 부흥목사가 한 말씀이 기억난다. '까마귀가 물이 땅에서 마르기까지 날아 왕래하였다.'는 말은 방주에서 나간 까마귀가 물 위에 떠 있는 시체를 찾아 먹으러 돌아다니느라 방주로 돌아올 생각을 안 했다는 것이다. 이와 같이 세상일에 정신이 팔려 교회에 올 생각을 하지 않는 성도를 까마귀 같은 성도라고 하였다. 물론 신앙생활을 소홀히 하는 성도들을 깨우치는 좋은 권면이지만 까마귀의 입장에선 억울한 해석이다.

이러한 해석은 성경본문의 잘못된 번역과 까마귀에 대한 부정적인 선입견에 따른 것이다. 이런 점에서 성경해석을 할 때 원문에 대한 올바른 이해를 갖고 선입견에서 벗어나 성경본문의 뜻을 정확하게 파악하는 것이 중요하다.

까마귀는 새 중에서 가장 지능이 뛰어난 새로 사람의 죽음이나 화재 등을 미리 알리는 능력이 있으며 음식을 저장했다가 먹을 줄 안다. 아합 왕 시대에 가뭄이 들었을 때 하나님의 선지자 엘리야에게 먹을 것을 공급한 것은 까마귀였다(왕상 17:3~6). 예수님께서도 무엇을 먹을까 무엇을 입을까 염려하지 말라고 말씀하시며 까마귀를 비유로 드셨다.(눅 12:22~24)

우리나라에도 까마귀에 대한 부정적인 이미지들만 있는 것은 아니다. 반포지효(反哺之孝)라는 말이 있는데, 까마귀의 새끼가 다 자란 뒤에는 어미 새에게 공양한다는 이야기다. 까마귀와 같은 보잘 것 없는 새조차도 부모에게 효도를 다하는데, 사람이 마땅히 효도를 하지 않으면 안 된다는 것이다.

부정사 용법을 통해서 표현한 까마귀의 날아다니는 모습은 물이 점차 빠지는 모습과 같다. 까마귀가 하늘을 이리저리 날아다니듯 세상에 가득 찼던 물이 이리저리 흔들리며 빠지기 시작하였다. 까마귀는 방주에서 나가 제멋대로 먹을 것을 찾아다닌 것이 아니라 물과 방주 사이를 오가면서 방주 안에 있는 노아에게 물이 빠지는 모습을 그대로 보여준 충실한 메신저였다.

04

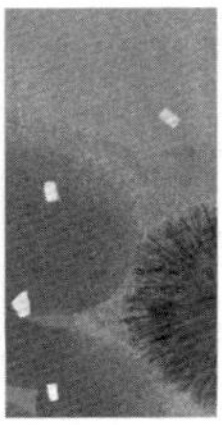

태양을 향해 달려라

우리나라에서는 앞쪽 하면 남쪽을 가리킨다. 남쪽은 햇볕이 가장 잘 드는 방향이다. 그래서 우리나라는 남향을 선호한다. 집도 남향을 선호한다. 경복궁의 정문인 광화문도 남쪽을 향해 있다. 옛 서울의 앞산은 남산이요, 남대문이 정문이었다.

임금의 집무실인 근정전에서 임금은 남쪽을 향해 앉고, 신하들은 임금의 왼쪽과 오른쪽 앞으로 줄을 지어 서 있었다. 정남향을 향해 앉은 임금의 왼쪽은 동쪽으로 제일 앞에 왕세자가 서고 그 뒤를 문관들이 정일품부터 순서대로 섰으며, 오른쪽은 서쪽으로 대군들이 앞에 서고 그 뒤를 무관들이 순서대로 섰다.

성경에서는 앞쪽 하면 동쪽을 가리킨다. 동쪽은 해 돋는 쪽으로 창세기에 '에덴'이 있다고 해서(창 2:8) 인류 역사의 기점을 동쪽으로 표현한다. 출애굽한 이스라엘 백성들이 약속의 땅에 들어올 때도 동쪽에서 요단강을 건너 왔다. 그래서 이스라엘 역사의 발원지로 "요단 저편 해 돋는 쪽"(수 12:1)이라고 했다.

이스라엘 백성들이 광야생활을 할 때에 이동하는 성전이었던 성막을 칠 때에도 그 문은 반드시 동쪽으로 나도록 하였다(출 27:13). 그리고 동쪽 앞에는 모세와 아론의 아들들이 진을 쳤다(민 3:38). 예루살렘 성전의 문도 동쪽으로 나도록 하였다. 에스겔이 환상 중에 성전에 갔을 때에도 동쪽으로 난 문에서 물이 흘러나오는 것을 보았다.(겔 47:1)

이스라엘 백성들이 성전으로 들어갈 때는 서쪽을 향하여 나아가지만, 예배를 드리고 세상으로 나올 때는 동쪽을 향해 나왔다. 성전에 올라온 백성들은 예배를 통해 모든 죄와 근심을 하나님 앞에 내려놓고 내일에 대한 소망을 갖고 해가 뜨는 동쪽을 향해 세상으로 나아갔다. 예언자들도 동쪽은 태양이 떠오르며 빛과 생명과 희망과 의와 구원의 발원지가 되는 곳이라고 선포했다.(사 41:2; 겔 43:2; 말 4:2 등)

동쪽은 세상을 향한 성도들의 방향이다. 동쪽은 해가 돋는 곳이요 내일이 있는 곳이다. 지나간 과거의 그림자를 뒤로하고 참 빛이 되시는 주님을 바라보며 미래에 대한 소망을 갖고 앞을 향해 힘차게 발걸음을 옮김으로 승리하는 삶을 살기를 소망한다.

그리스의 데살로니가 해안에는 브세파루스라는 명마(名馬)를 타고 동쪽을 향해 힘차게 달려가는 알렉산더 대왕의 동상이 있다. 브세파루스는 알렉산더가 선물로 받은 것인데, 얼마나 사납고 거칠게 날뛰는지 장군들조차 말을 다루지 못했다. 알렉산더가 직접 말을 타겠다고 하자 장군들은 모두 위험하다며 만류하였다.

그러나 브세파루스가 자기 그림자에 놀라서 날뛰고 있는 것을 안 알렉산더는 말 등에 올라타자마자 고삐를 잡고 태양을 향해 힘차게 달려갔다. 태양을 향해 달려가니 그림자는 눈에 보이지 않게 되었고, 브세파루스는 알렉산더에게 순종하여 세계를 정복하는 위대한 명마가 되었다.

일본 속담에 "서쪽을 향해가는 사람은 일생 동안 걸어가도 해 뜨는 것을 보지 못한다."는 말이 있다. 동쪽은 해가 돋는 곳이요 내일이 있는 곳이다. 사람은 누구에게나 그림자가 있다. 인생의 성패는 과거의 그림자에 연연하며 살 것이냐, 아니면 그림자를 뒤로하고 떠오르는 태양을 바라보며 내일을 향해 나아갈 것이냐에 달려 있다.

하나님의 형상에 관한 다양한 주장들이 있지만,
사실 고대 사회에서 신(神)의 형상이란 왕을 뜻하는 말이었다.
왕은 하늘에 있는 보이지 않는 신을 대신하여
인간 사회를 다스리도록 한 신의 대리자였다.
이런 점에서 하나님의 형상대로 인간을 창조하였다는 것은
인간은 하나님이 창조한 세계를 다스릴 왕적 대리자라는 뜻이다.

제 2 장

창조와 인간

01

왜 두 번째 날에 "보시기에 좋았다"는 말씀이 없을까?

창세기 1장에 기록된 하나님의 세계창조는 아주 정교하게 다듬어진 이야기다. 하나님은 세상을 6일 동안 창조하셨는데, 그때마다 "보시기에 좋았다"는 말씀을 하셨다.

"하나님이 이르시되 빛이 있으라 하시니 빛이 있었고 빛이 하나님이 보시기에 좋았더라."(창 1:3~4)

"하나님이 이르시되 천하의 물이 한 곳으로 모이고 뭍이 드러나라 하시니 그대로 되니라 하나님이 뭍을 땅이라 부르시고 모인 물을 바다라 부르시니 하나님이 보시기에 좋았더라."(창 1:9~10)

그런데 둘째 날만은 "보시기에 좋았다"는 말씀이 없다. 왜 둘째 날에는 "보시기에 좋았다"는 말씀을 하지 않으셨을까? 둘째 날에는 궁창을 만들어 위의 물과 아래 물을 나누어 세상을 창조하시며 궁창을 하늘이라 부르셨다.

하나님은 세상을 창조하실 때 둘로 나누어 만드셨다. "빛과 어두움", "하늘과 땅", "육지와 바다", "물과 불", "남자와 여자", "음과 양" 등 세상은 서로 상반된 것 같은 둘로 나누어져 있다. 이것을 동양에서는 음양(陰陽)의 법칙이라고 말한다.

동양의 음양론(陰陽論)을 서구에 소개한 철학자는 라이프니츠(Gottfried Wilhelm Leibniz, 1646~1716)인데, 그가 발명한 것이 이진법(二進法,

binary)이다. 양과 음, 즉 1과 0으로 구성된 디지털(digital)이라는 이진법 원리 위에 탄생한 것이 오늘날의 컴퓨터다. 우리는 컴퓨터를 통해 글과 그림뿐만 아니라 영화도 보고 음악도 듣는다.

이진법 원리 위에 세워진 컴퓨터는 모든 것을 다 가능케 하는 것처럼 보이지만, 컴퓨터도 하나님의 창조의 산물일 뿐이다. 컴퓨터에는 생명이 없다. 컴퓨터는 세상의 법칙을 숫자, 즉 '디지트'(digit)로 풀이할 수 있지만, 하나님의 창조의 근본은 숫자가 아니라 생명이다.

하나님이 세상을 창조하실 때 둘로 나누어 창조하셨는데, 둘로 나누어진 세상은 서로 갈등하여 분열할 수도 있고 서로 조화를 이루어 더 큰 하나가 될 수도 있다. 그래서 둘째 날에는 "보시기에 좋았다"는 말씀이 없다.

하나님은 둘로 나누어진 세상이 서로 분쟁하고 갈등하는 관계가 아니라 서로 조화를 이루고 평화하여 온전한 하나의 모습을 갖기를 원하신다. 하나님은 둘로 나누어진 세상을 하나로 만들 수 있는 가능성을 인간에게 주셨다. 그래서 하나님은 마지막 여섯째 날 하나님의 형상대로 인간을 창조하시고 보시기에 심히 좋았다고 말씀하셨다.

둘로 나누어진 세상은 서로 갈등하며 분쟁할 수도 있고, 서로 연합하여 온전한 하나를 이룰 수도 있다. 하나님의 형상대로 지음 받은 우리 인간들에게는 둘로 나누어져 있는 세상을 하나로 만들어 가야 할 사명이 있다. 하나가 되는 길, 그것은 평화의 길이다. 독재자들은 세상을 하나로 만들기 위해 전쟁과 폭력, 억압을 행사하지만, 예수님은 세상을 하나로 만들기 위해 십자가 사랑을 보여주셨다. 예수님은 평화의 왕이시다.

02

하나님의 형상이란 무엇인가?

하나님께서 세상을 창조하실 때 마지막 6일째 되는 날 인간을 창조하셨다. "자기 형상 곧 하나님의 형상대로 사람을 창조하시되 남자와 여자로 창조하시고"(창 1:27)라는 말씀처럼 하나님은 '하나님의 형상'대로 인간을 창조하셨다. '형상'의 히브리원어 '첼렘'은 '이미지', '그림', '닮은 꼴'이란 뜻이다.

"하나님의 형상"이 구체적으로 무엇을 가리키는가? 로마 교황청의 시스티나 성당 천장에 르네상스의 미술가이자 조각가인 미켈란젤로(Michelangelo, 1475~1564)가 그린 '천지창조' 그림에서 아담의 창조를 보면 하나님은 근엄한 할아버지의 모습을 하고 있다. "하나님의 형상"이란 인간의 외모가 하나님과 닮았다는 것을 보여주는 대표적인 그림이다.

14세기 이탈리아에서 시작된 르네상스는 인문주의에 바탕을 둔 문예부흥으로 르네상스 미술에서는 인간의 육체의 아름다움을 적극적으로 표현하였다. 그러나 하나님을 인간의 외모로 표현한 것은 마치 '혹성탈출'이란 영화에서 원숭이가 자기들의 신의 형상을 원숭이로 묘사한 것처럼 인간의 자기중심적 사고를 보여준다.

18세기 계몽주의 시대에 인간의 이성을 지식의 제일 근원으로 보는 합리론 또는 이성주의가 등장하여, 인간은 이성을 통해 하나님의 존재를 알 수 있기 때문에 하나님의 형상이란 인간의 이성을 뜻한다고 주장하였다. 동물에게는 없는 인간의 이성적 사고가 하나님의 형상이라는 것이다. 인간은 이성을 갖고 있기 때문에 하나님의 존재나 우주의 법칙을 이성으로 알 수 있다고 보았다. 이러한 주장에 근거하여 이신론(理神論, deism)이 등장하였다.

그러나 제1, 2차 세계대전의 뼈아픈 경험을 통하여 인간의 이성에 대한 근본적인 회의가 일어났다. 잘 교육받은 이성적인 인간들인 의사, 과학자, 군장성들에 의해 가장 비인간적인 학살이 자행되었기 때문이다. 20세기 들어오면서 이러한 인간의 이성에 대한 회의에 반론을 제기하며 칼 바르트 같은 학자에 의해 신정통주의 신학이 등장한다. 칼 바르트는 하나님의 형상이란 인간의 외모나 이성이 하나님과 닮았다는 것을 의미하는 것이 아니라, 하나님과 인간 사이의 전인격적인 관계성을 의미한다고 주장하였다.

이렇듯 하나님의 형상에 관한 다양한 주장들이 있지만, 사실 고대 사회에서 신(神)의 형상이란 왕을 뜻하는 말이었다. 왕은 하늘에 있는 보이지 않는 신을 대신하여 인간 사회를 다스리도록 한 신의 대리자였다. 이런 점에서 하나님의 형상대로 인간을 창조하였다는 것은 인간은 하나님이 창조한 세계를 다스릴 왕적 대리자라는 뜻이다. 고대의 다른 사회에서는 왕을 신의 대리자로 이해하였지만, 성경은 모든 인간이 다 하나님의 형상대로 창조되었다는 점에서 인간의 평등성을 보여준다. 그래서 창세기 1장 26~28절에 하나님의 형상대로 사람을 만드시고 그들에게 세상의 모든 것을 다스리게 한다는 말씀이 병행해서 나온다.

하나님의 형상대로 지음 받은 인간은 하나님이 창조하신 세계에 생육하여 번성하고 충만하면서 하나님의 뜻대로 세상의 모든 것을 다스리고 보존할 책임을 갖고 있는 하나님의 왕적 대리자다. 그러므로 왕적 인간은 주권자이신 창조주 하나님과의 관계를 지속해야 한다.

03

에덴동산의 보석

아름다운 빛깔과 광택을 갖고 있는 보석은 예로부터 값비싼 장식품이나 장신구로 사람들의 사랑을 받아 왔으며, 보석의 특성이나 색깔에 따라 특별한 상징적인 의미를 부여하였다. 성경에도 대제사장의 흉패에 달린 열두 개의 보석, 요한계시록에 묘사된 새 예루살렘 성의 보석 등, 다양한 보석들이 나온다.

그중에 성경에서 제일 먼저 언급된 보석은 에덴동산의 호마노(Onyx)다. 창세기 2장 12절에 "그 땅의 금은 순금이요 그 곳에는 베델리엄과 호마노도 있으며"라고 되어 있다. 호마노는 붉은 빛을 띤 노란색 불꽃과 같은 색깔로 그 의미는 '축복'이다. 호마노 보석이 있는 에덴동산은 축복의 동산이다.

그런데 아담과 하와가 먹지 말라고 한 하나님의 명령을 어기고 선악과를 따먹고 범죄함으로 에덴동산에서 추방되었다. 이것은 인간의 죄가 하나님의 축복을 가로막고 있음을 말한다. 그러나 하나님께서는 인간들이 그대로 죄 가운데 멸망당하기를 원치 않으셨다. 인간들을 죄로부터 구원하기 위해 하나님은 성전을 건축하게 하시고 대제사장으로 하여금 백성들을 축복하도록 하셨다.

대제사장의 겉옷 위에 입는 에봇에는 이스라엘 열두 지파의 이름이 새겨진 열두 개의 보석을 물린 판결 흉패를 가슴에 붙이도록 하였다(출 28:15~30).

이스라엘 열두 지파의 이름을 열두 보석에 새기도록 한 것은 제사장들이 백성들을 보석처럼 여기며, 그들을 가슴에 품고 그들을 위해서 기도하라는 것이다.

그중에 호마노도 있는데, 호마노 보석에 새겨진 지파의 이름은 '아셀'이다. 아셀의 어원은 '복', '행복'(happy)이라는 뜻이다. "아쉬레 하 이쉬"(복되도다 ~한 사람은)로 시작하는 시편 1편의 첫 번째 단어는 '아셀'과 같은 단어로 "행복하다"는 뜻이다. 예수님의 산상수훈 처음에 나오는 팔복도 "마카리오이 호이"(복되도다 ~한 사람은)로 시작하는데, 헬라어 '마카리오이'는 히브리어 '아쉬레'와 같은 뜻이다. 시편 1편 1절의 첫 단어인 '아쉬레'는 70인역 헬라어 성경에 '마카리오스'로 번역되어 있다.

대제사장이 입는 에봇의 양 어깨에는 호마노 보석을 달고 이스라엘 열두 아들의 이름을 새기도록 하였다(출 28:8~9). 대제사장의 어깨에 있는 보석은 군인의 어깨에 있는 계급장과도 같다. 견장은 그 사람의 역할과 사명 그리고 책임을 나타낸다. 군인은 어깨에 있는 계급장이 다이아몬드면 위관급 장교, 무궁화면 영관급 장교, 별이면 장군을 나타낸다. 계급에 따라 소대장이나 중대장, 대대장과 연대장, 혹은 장군으로서의 사명을 감당하게 된다. 이와 같이 대제사장의 어깨에 있는 호마노 보석은 대제사장의 사명이 무엇인지를 말해 준다. 대제사장의 사명은 이스라엘 백성들을 축복하는 것이다.

민수기에서 하나님은 "아론과 그의 아들들에게 말하여 이르기를 … 이같이 내 이름으로 이스라엘 자손에게 축복할지니 내가 그들에게 복을 주리라."(민 6:23~27)고 말씀하셨다. 예루살렘 성전은 죄로 인해 추방당한 에덴동산을 모델로 하고 있다. 백성들로 하여금 죄의 문제를 해결 받고 하나님의 복을 받는 존재로 회복하도록 돕는 것이 대제사장의 사명이다.

04

새 예루살렘 성의 보석

성경의 처음에 나오는 에덴동산의 보석이 호마노(Onyx)라면 성경의 맨 마지막에 나오는 새 예루살렘 성의 보석은 벽옥이다. 요한계시록에 묘사된 새 예루살렘 성은 온갖 보석으로 되어 있는데, 그중에 가장 대표적인 것이 벽옥(Jasper)이다.

"하나님의 영광이 있어 그 성의 빛이 지극히 귀한 보석 같고 벽옥과 수정 같이 맑더라."(계 21:11)

벽옥은 피와 같은 색깔의 붉은 색으로 된 보석이다. 대제사장의 가슴에 단 판결 흉패(출 28:15~30)에도 벽옥이 있는데, 벽옥에 새겨진 지파의 이름은 납달리다. 납달리 지파는 갈릴리 호수를 주변으로 한 땅을 기업으로 받았다(수 19:32~39). 갈릴리 호수를 주변으로 한 납달리 땅과 서쪽 지중해변에 위치한 스불론 땅은 변방지역으로 구약 시대에는 멸시받는 땅이었다.

"전에 고통 받던 자들에게는 흑암이 없으리로다 옛적에는 여호와께서 스불론 땅과 납달리 땅이 멸시를 당하게 하셨더니 후에는 해변 길과 요단 저쪽 이방의 갈릴리를 영화롭게 하셨느니라."(사 9:1)

이사야의 예언대로 이방 땅처럼 천시를 받던 갈릴리는 이 땅에 오신 예수님께서 가장 많은 이적을 행하시고 복음을 전파한 곳이 되었다.

"스불론 땅과 납달리 땅과 요단강 저편 해변 길과 이방의 갈릴리여 흑암에

앉은 백성이 큰 빛을 보았고 사망의 땅과 그늘에 앉은 자들에게 빛이 비치었도다."(마 4:15~16)

이 말씀은 이사야 예언자의 예언(사 9:1~2)을 인용한 것이다. 예수님은 다윗의 후손으로 베들레헴에서 태어나셨지만, 어릴 때부터 자란 곳은 납달리 지역의 나사렛이었기에 나사렛 사람이라고 불린다. 갈릴리 호수를 주변으로 한 납달리 땅은 성지순례자들에게 제5복음서라고 할 만큼 예수님의 복음전파와 많은 이적으로 인한 구원의 땅이 되었다.

"예수께서 온 갈릴리에 두루 다니사 그들의 회당에서 가르치시며 천국 복음을 전파하시며 백성 중의 모든 병과 모든 약한 것을 고치시니."(마 4:23)

부활하신 예수님께서 제자들과 만나 마지막으로 대화를 나누신 곳도 갈릴리 호수였다. 베드로와 제자들은 바다에 나가 밤새도록 수고했지만 고기를 잡지 못했다. 날이 샐 무렵 예수님께서 바닷가에 서서 "그물을 배 오른편에 던지라 그리하면 잡으리라."(요 21:6)고 하셨다. 베드로가 그물을 끌어 올리니 큰 물고기가 백쉰세 마리였다(요 21:11). 아침 식사를 마친 예수님은 베드로를 따로 부르셨다. 아침 태양 빛에 반짝이는 물결이 일렁이는 갈릴리 호숫가에서 예수님은 베드로에게 "요한의 아들 시몬아 네가 나를 사랑하느냐?"고 세 번 물으신 후 "내 양을 먹이라."는 사명을 주셨다.

납달리 지파의 이름이 새겨진 벽옥의 색깔은 예수님의 보혈과 같은 붉은 색깔로 구원을 상징한다. 호마노 보석의 에덴동산이 축복의 동산이라면, 벽옥으로 된 새 예루살렘 성은 구원의 도성이다. 새 예루살렘 성은 예수님의 보혈로 구원함을 받은 백성들이 들어가는 거룩한 도성, 즉 천국이다.

"그 성곽은 벽옥으로 쌓였고 그 성은 정금인데 맑은 유리 같더라."(계 21:18)

05

갈비뼈 숫자에 대한 오해

하나님께서 천지를 창조하실 때 사람을 지으시고 에덴 동산을 만들어 주셨다. 여기서 '사람'은 히브리어로 '아담'이다. '아담'은 하나님이 지으신 최초 인간의 이름이기도 하고 '사람'을 뜻하는 일반명사이기도 하다.

하나님이 땅의 흙으로 아담을 지으신 후 말씀하셨다. "사람이 혼자 사는 것이 좋지 아니하니 내가 그를 위하여 돕는 배필을 지으리라."(창 2:18) 그리고 아담을 깊이 잠들게 하신 후 그의 갈빗대로 여자를 만드셨다(창 2:21~22). 남자는 흙으로 만들고 여자는 그 사람의 갈비뼈로 만들었다.

랍비 전통에 따르면, 하나님이 여자를 머리뼈로 만들지 않은 것은 남자의 머리에 올라서지 말라는 뜻이요, 발가락뼈로 만들지 않은 것은 남자가 여자를 천시하거나 함부로 대하지 말라는 뜻이라고 한다. 갈비뼈는 육체의 생명과 직결된 심장과 폐 그리고 간을 보호하는 가장 중요한 뼈다. 여자가 남자의 갈비뼈로 만들어졌다는 것은 둘의 종속관계를 의미하는 것이 아니라, 둘의 관계가 그만큼 밀접하고 소중하다는 것을 말한다.

"아담이 이르되 이는 내 뼈 중의 뼈요 살 중의 살이라 이것을 남자에게서 취하였은즉 여자라 부르리라 하니라 이러므로 남자가 부모를 떠나 그의 아내와 합하여 둘이 한 몸을 이룰지로다."(창 2:23~24)

갈비뼈의 히브리원어는 "첼라-"다. "첼라-"의 또 다른 뜻이 있는데 모세가 광야에서 만든 성막(Tabernacle)의 널판을 말한다. 성막에서 널판은 조각목(아카시아 나무)으로 만들어 금을 입힌 것으로 성소와 지성소를 이루는 벽의 역할을 한다. 널판 안에는 등대, 떡상, 분향단 그리고 법궤가 있다. 갈비뼈가 육체의 가장 중요한 장기인 심장, 폐, 간을 보호해 주는 것과 같이 널판은 영적으로 중요한 성물인 등대, 떡상, 분향단과 법궤를 보호해 주는 기능을 한다.

널판은 모두 48개로 되어 있다. 갈비뼈도 남자 24개, 여자 24개로 둘을 합치면 48개가 된다. 중세시대에는 여자를 남자의 갈비뼈로 만들었다고 해서 남자의 갈비뼈가 여자보다 하나가 모자란 것으로 믿었다. 유럽에서 최초로 인체에 대해 체계적이고 정확하게 연구한 해부학자 베살리우스(Vesalius, 1514~1564)가 남자와 여자의 갈비뼈 숫자가 똑같다는 것을 밝혀냈다. 직접 시신을 찾아 해부했던 그는 성경을 모독했다는 이유로 이단아로 몰리고 추방당했다.

그러나 성경 어디에도 남자의 갈비뼈가 여자보다 부족하다는 말이 없다. 하와를 아담의 갈비뼈로 만들었다는 말씀에 대한 인간적인 그릇된 해석일 뿐이다. 성막의 널판이 48개고, 널판과 갈비뼈가 같은 히브리어 단어 "첼라-"인 것을 보면, 이스라엘 사람들은 이미 오래전부터 사람의 갈비뼈 숫자가 남자와 여자를 합쳐 48개인 것을 알았던 것으로 생각된다.

우리말 성경으로는 전혀 다른 단어인 것으로 보이지만 이렇게 히브리원어로 보면 같은 단어인 중요한 용어들이 많다. 그러므로 히브리어에 대한 기본적인 상식을 갖고 성경 본문에 대한 어원적인 이해를 할 수 있다면 번역 성경의 한계나 우리가 갖고 있는 일반적인 개념을 넘어선 말씀의 풍부한 의미를 찾을 수 있다.

06

인생은 선택이다

인간은 양면성을 갖고 있다. 인간은 하나님의 형상대로 지음 받은 존재인 동시에 흙으로 만들어진 존재다. 하나님이 창조한 최초의 인간인 '아담'은 피를 의미하는 '담'에 '아'가 덧붙여진 글자다. '아'는 히브리어로 '알레프'인데, '숨소리'를 말한다. '알레프'를 영어로 음역할 때는 숨표(')로 표기하여 '아담'('adam)이라고 한다.

'알레프'는 '하나님'을 뜻하는 히브리어 '엘로힘'('elohim)의 첫 번째 글자이기도 하다. 그래서 '아담'이란 단어는 육신의 피를 뜻하는 '담'에 하나님의 숨소리인 '아'가 결합된 것이라고 할 수 있다.

"여호와 하나님이 땅의 흙으로 사람을 지으시고 생기를 그 코에 불어넣으시니 사람이 생령이 되니라."(창 2:7)

이렇듯 인간은 하나님의 형상대로 창조된 동시에 흙으로 빚은 육체를 가진 존재다. 아담과 하와가 하나님께서 금지한 선악과를 따먹었을 때 하나님은 범죄한 아담에게 "너는 흙이니 흙으로 돌아갈 것이니"(창 3:19)라고 말씀하셨다. 인간은 자신의 선택에 따라 하나님의 형상과 같은 의미 있는 존재가 될 수도 있고 흙과 같이 덧없이 허무한 존재가 될 수도 있다.

창세기 3장은 하나님이 지으신 인간이 어떻게 타락하게 되었는가를 보여준다. 인간 타락의 배후에는 창조주 하나님과 그의 왕적 대리자인 인간 사이의 관계를 파괴시키려고 교활함과 속임수로 위장한 뱀의 모습을 가진 사단이 있었다.

뱀은 아담이 아닌 그의 배우자에게 부정적인 반응을 불러일으키기 위한 계산된 질문을 하고, 뱀의 유혹에 넘어간 인간으로 인해 하나님과 인간, 인간과 인간, 인간과 자연 사이의 관계성이 파괴되었다.

하나님이 선고하신 저주(창 3:14)는 뱀과 그의 배후에 있는 사단에 대한 것으로 저주라는 말의 중심 개념은 '결박'이다. 하나님은 계속해서 "내가 너로 여자와 원수가 되게 하고 네 후손도 여자의 후손과 원수가 되게 하리니 여자의 후손은 네 머리를 상하게 할 것이요 너는 그의 발꿈치를 상하게 할 것이니라."(창 3:15)고 하셨다. 이 말씀은 구속의 복음에 관한 첫 번째 기사로 예수 그리스도를 통해 성취되었다.

"때가 차매 하나님이 그 아들을 보내사 여자에게서 나게 하시고 율법 아래 나게 하신 것은 율법 아래에 있는 자들을 속량하시고 우리로 아들의 명분을 얻게 하려 하심이라."(갈 4:4~5)

자신의 주권을 행사하지 못한 아담은 땅을 일구기 위해 온갖 수고를 해야 하고, 여자는 고통 속에 아이를 낳게 되었다. 아담은 그의 아내의 이름을 하와라고 불렀는데(창 3:20), 하와의 어원은 '살다'라는 뜻의 동사 '하야'다. 하와라는 이름은 아담이 그의 아내에게서 모성의 계속과 그 모성이 가져다 줄 삶의 회복에 대한 약속을 기대하고 있음을 보여준다.

사르트르(Sartre, 1905~1980)는 "인생은 B(Birth)와 D(Death) 사이의 C(Choice)다."라고 했다. 인간은 하나님의 형상대로 지음 받은 하나님의 왕적 대리자로서의 역할을 할 수도 있고, 사단의 유혹에 빠져 흙으로 돌아가는(창 3:19) 헛된 삶을 살 수도 있는 선택의 양면성을 갖고 있다. 이것은 인간이 가진 선택의 자유인 동시에 자신의 선택을 스스로 감당해야 할 책임이기도 하다.

07

선악을 아는 것이 왜 문제인가?

인간의 죄는 하나님이 금지한 선악과를 따먹은 데서 시작되었다. 창세기 2장 16~17절에 "여호와 하나님이 그 사람에게 명하여 이르시되 동산 각종 나무의 열매는 네가 임의로 먹되 선악을 알게 하는 나무의 열매는 먹지 말라 네가 먹는 날에는 반드시 죽으리라." 하셨다.

창세기 3장은 인간이 뱀의 유혹을 받아 선악과를 따먹는 과정과 그 결과에 대해 드라마틱하게 묘사하고 있다. 선악과에 관한 말씀은 태초의 인간인 아담이 어떻게 타락하게 되었는가를 이야기하고 있지만, 사실 우리의 이야기이기도 하다.

중학교 1학년 도덕 시간에 배운 것이 생각난다. 세상에는 난사람, 든사람, 된사람이 있다. 난사람은 성공한 사람이고, 든사람은 공부를 많이 한 사람이며, 된사람은 인격과 덕을 갖춘 도덕적인 사람이다. 그중에 우리는 무엇보다 된사람이 되어야 한다고 배웠다. 이렇듯 참된 인간이란 선과 악을 분별하는 윤리의식과 도덕성이 있기 때문인데 선악을 아는 것이 왜 죄일까?

30년이 넘도록 남편과 가정만을 위해 헌신하며 살았던 한 가정주부가 있었다. 남편은 직장일로 가정을 돌볼 겨를도 없이 분주하게 살았다. 그런데 1년 전 아들이 장성하여 며느리를 맞이하게 되자 그동안 가정에 무관심하던 남편이 가정에 자상한 관심을 보이고, 멀리 출장 갔다 오게 되면 며느리 선물도 사오고, 집에 자주 전화하여 안부도 묻곤 하는 것이다. 그런 남편의 모습을 보면서 아내는 마음에 이상한 격동이 일었다.

"아니, 지금까지 저런 모습을 한 번도 보인 적이 없는데… 나는 지금까지 남편으로부터 자상한 사랑을 받아보지 못했는데…."

이 가정주부도 며느리가 사랑스러웠지만, 남편의 그런 태도 때문에 마음의 중심을 잃어버리고 말았다. 지금까지 희생해 온 자기의 삶이 억울하고 어리석게 느껴지자 눈물을 흘리면서 한탄하였다. 남편이 달래보기도 하고, 꾸짖어 보기도 하고, 용서를 빌어 보기도 했지만 아내는 막무가내였다.

철야기도회가 있던 날이었다. 마음이 상한 아내는 철야기도회가 끝난 뒤에도 교회에 남아 자신의 비통한 마음을 울부짖으며 하나님 앞에 모두 토해 놓았다. 그러고는 성경을 읽기 시작했다. 갑자기 이 여인은 "내가 선악과를 따먹었구나!" 하는 사실을 깨달았다. 선악과를 따먹은 자신이 옳고 그른 것을 따지면서 그동안 손해만 보고 살았다는 억울함에 사로잡혀 분노와 수치심 그리고 원망으로 가득 찼다는 것을 깨달은 것이다.

선과 악을 아는 것, 이것은 인간에게 가장 중요한 것 중의 하나다. 그러나 무엇이 선이고 무엇이 악인 줄 알게 될 때 인간이란 악한 것에 먼저 마음을 둔다는 데에 문제가 있다. 선악과를 따먹은 아담과 하와는 에덴동산에 있는 수많은 선한 것은 보지 못하고 서로의 부끄러운 곳을 보고 무화과 나뭇잎으로 가렸으며, 하나님이 동산을 거니는 소리를 들었을 때 숨어버렸다.

선악과를 따먹은 사람들은 자기 의(義)에 사로잡혀 자기의 허물을 감추고 상대방의 허물을 들추어내고 다른 사람을 비방하는 것을 즐기게 되었다. 예수님께서도 자기 의에 사로잡힌 자들에 의해 핍박을 받으셨지만, 선악과를 따먹은 인간을 구원하기 위해 십자가를 지셨다.

08

바람이 불 때

에덴동산에서 아담과 하와는 하나님이 금지한 선악과를 따먹고 무화과나무 잎으로 자신들의 부끄러운 곳을 가렸다. "그들이 그 날 바람이 불 때 동산에 거니시는 여호와 하나님의 소리를 듣고 아담과 그의 아내가 여호와 하나님의 낯을 피하여 동산 나무 사이에 숨은지라."(창 3:8) 여기서 "바람이 불 때"는 해가 지면서 산책하기 좋은 서늘한 바람이 불 때를 말하지만, 아담과 하와가 하나님을 만나기 전까지 자신들의 행동에 대해 생각할 수 있는 어느 정도의 시간이 있었음을 암시하기도 한다.

그럼에도 불구하고 아담과 하와는 자신들이 행한 죄 자체보다는 죄로 인해 드러난 자신들의 부끄러움에 사로잡혀 하나님으로부터 숨어버리고자 하였다. 선악과를 따먹기 전에는 바람이 불 때 동산을 거니시는 하나님의 소리를 듣고 반가운 마음으로 달려 나가 하나님을 만났을 것이다. 그러나 선악과를 따먹고 난 이후에는 바람이 불 때 동산을 거니시는 하나님의 소리를 듣고 피하는 존재가 되어 버리고 말았다.

그리고 하나님이 물으실 때 아담은 하와에게, 하와는 뱀에게 핑계를 대는 존재가 되었다. 하나님과 인간 사이에, 인간과 인간 사이에, 더 나아가 인간과 자연 사이에 벽이 생겼다. 에덴동산에 부는 바람은 늘 같은 바람이었지만, 사단의 유혹에 이끌려 하나님의 말씀을 어긴 아담과 하와의 모습은 변하고 말았다.

'바람'은 히브리어로 '루아흐'다. 바람은 눈에 보이지 않지만, 눈에 보이는 나무를 움직이게 하는 힘이 있다. 나뭇가지가 흔들리는 모습을 보고 지금 무슨 바람이 불고 있는지를 알 수 있다. 바람을 비유하여 정신없이 춤추러 다니는 사람들을 춤바람 났다고 말하고, 자기 자녀를 위해 극성스럽게 활동하는 엄마에게 치맛바람을 일으킨다고 말하기도 한다.

'루아흐'의 다른 뜻은 '영'이다. 영도 바람과 같이 눈에 보이지 않는다. 나뭇가지가 흔들리는 것을 보고 순풍인지 태풍인지 구별할 수 있는 것처럼, 그 사람의 행동을 보고 그가 어떤 영에 의해 움직이고 있는지를 알 수 있다.

사과나무에는 사과가 열리고 배나무에는 배가 열린다. 사과나무라고 아무리 말해도 가지에 열린 열매가 배면 그것은 사과나무가 아니라 배나무다. 사람도 마찬가지다. 그래서 성경은 "그들의 열매로 그들을 알리라."(마 7:20)고 하였다.

성도는 성령을 따라 행하는 사람들이다. 그러므로 그의 삶을 통하여 성령의 열매를 맺어야 한다.

"오직 성령의 열매는 사랑과 희락과 화평과 오래 참음과 자비와 양선과 충성과 온유와 절제니 이 같은 것을 금지할 법이 없느니라."(갈 5:22~23)

우리에게 사랑과 희락과 화평과 오래 참음과 자비와 양선과 충성과 온유와 절제(갈 5:22~23)와 같은 모습이 드러난다면 성령의 바람으로 움직이는 것이요, 분쟁과 시기와 분냄과 당 짓는 것과 분열함과 이단과 투기와 술취함과 방탕함(갈 5:20~21) 등과 같은 모습이라면 육체의 유혹에 따라 움직이는 것이다.

"만일 우리가 성령으로 살면 또한 성령으로 행할지니 헛된 영광을 구하여 서로 노엽게 하거나 서로 투기하지 말지니라."(갈 5:25~26)

09

성경의 옷장에 있는 옷들

성경은 말씀의 옷장이라고 부를 만큼 다양한 옷들이 등장하며, 그 옷에는 저마다 사연이 있다. 아담과 하와가 하나님께서 먹지 말라고 금지한 선악과를 따먹고 제일 먼저 한 일이 옷을 만든 일이다. 선악과를 먹은 아담과 하와는 서로의 부끄러운 곳을 가리기 위해 무화과나무 잎으로 치마를 해 입었다.

하나님께서 금지한 선악과를 먹고 죄를 지은 아담과 하와는 에덴동산에서 추방당하게 되었다. 하나님은 아담과 하와를 추방하시면서 그들에게 가죽옷을 만들어 주셨다. 무화과나무 잎으로 만든 옷은 건조한 기후에 금방 말라 부서지고 만다. 인간이 자신의 허물을 스스로 가리는 것이 얼마나 헛된지를 잘 보여준다.

고대 팔레스타인에서 가죽옷은 주로 양의 가죽으로 만들었다. 가죽옷을 만들려면 양을 죽여야 한다. 가죽옷은 양의 피를 흘리고 만든 옷이다. 하나님은 죄를 지은 아담과 하와를 에덴동산에서 추방하셨지만, 그들에게 가죽옷을 입혀 주심으로 험한 세상에서 살아갈 수 있는 길을 열어 주셨다. 가죽옷은 인간의 죄를 흠 없는 희생양의 피로 덮어 주신 하나님의 은혜의 증거다.

성경의 마지막 책인 요한계시록에도 옷이 등장한다. 마지막 때 어린양의 혼인잔치에 성도들에게 "빛나고 깨끗한 세마포 옷을 입도록 허락하셨으니 이

세마포 옷은 성도들의 옳은 행실"(계 19:8)이라고 하였다. 세마포는 십자가에 못 박혀 죽으신 예수님의 몸을 감쌌던 천이다. 세마포 옷은 예수님의 피가 묻은 옷이다. 천국에서 성도들이 세마포 흰 옷을 입는다는 것은 예수님의 피로 구원함을 받은 사람이라는 뜻이다.

그 외에도 성경에는 다양한 옷들이 나온다. 한나는 서원기도를 통해 낳은 아들 사무엘이 성전에서 자랄 때 해마다 사무엘을 위해 겉옷을 지어 올라갔다(삼상 2:19). 어린 사무엘의 겉옷에는 어머니의 사랑이 담겨 있다.

다윗이 사울에 의해 죽음의 위협을 받을 때 요나단은 자신의 겉옷을 다윗에게 입혀 구해 주었다. 친구의 우정이 담긴 겉옷이다(삼상 18:3~4). 사울을 피해 엔게디 동굴에 숨었던 다윗은 자기가 숨어 있는 줄 모르고 들어와 일을 보던 사울의 겉옷자락을 몰래 잘랐다(삼상 24:4). 사울을 죽여 원수를 갚을 수 있는 절호의 순간을 보복이 아닌 용서의 기회로 삼았으니 용서의 겉옷이다.

열두 해 동안 혈루병을 앓던 여인이 예수님의 겉옷을 붙잡았을 때 흐르던 피가 멈추었다(마 9:20~21). "딸아 네 믿음이 너를 구원하였다."는 주님의 말씀과 같이 믿음의 겉옷이다. 로마의 감옥에 있는 사도 바울도 디모데에게 편지를 쓰면서 "겉옷을 가지고 오고 또 책은 특별히 가죽 종이에 쓴 것을 가져오라."(딤후 4:13)고 부탁하였다. 겨울을 맞이하면서 사도 바울은 자신이 하나님께 부름받을 날이 가까웠음을 느끼고 있었다. 그래서 육신을 따뜻하게 해 줄 겉옷과 함께 영혼을 위해 성경(가죽 종이에 쓴 책)도 가져오도록 한 것이다.

말씀의 옷장에서 우리의 삶을 위한 사랑의 옷, 용서의 옷, 믿음의 옷을 미리미리 준비하자. 마지막 때가 되면 이미 늦기 때문이다. 예수님은 종말이 가까워 오는 징조를 보거든 "밭에 있는 자는 겉옷을 가지러 뒤로 돌이키지 말지어다."(마 24:18)라고 하셨다.

10

가인을 비난할 수 없는 이유

창세기 4장에 있는 가인과 아벨 이야기는 성경에 기록된 인류 최초의 살인 사건이다. 가인은 자기 동생 아벨을 죽인 인류 최초의 살인자로 낙인찍혀 있다. 가인과 아벨 이야기는 성서에만 기록된 태곳적 이야기가 아니라, 노벨문학상을 수상한 존 스타인벡이 '에덴의 동쪽'(East of Eden)에서 모티브로 쓸 만큼 우리 시대의 이야기이기도 하다. '에덴의 동쪽'은 1955년 제임스 딘을 주연으로 엘리아 카잔 감독이 만든 영화로도 유명하다.

사실 우리는 가인을 비난할 수 없다. 가인을 살인자로 비난한다고 해서 우리가 의로운 사람이 되는 것은 아니다. 가인이 가지고 있는 문제는 바로 우리의 문제이기 때문이다.

가인과 아벨 이야기의 문제는 하나님이 아벨의 제사는 받아들이고 가인의 제사는 받아들이지 않은 데서 시작되었다. 왜 하나님이 가인의 제사는 받아들이지 않았는가에 대해선 여러 가지 의견이 있다. 이유야 어찌 되었든 가인은 하나님이 아벨의 제물만을 받은 것이 너무 일방적이고 불공평하다는 불만을 가졌다.

우리도 하나님이 불공평하다고 생각할 때가 있고 억울하고 분하다는 생각이 들 때가 있다. "왜 하필이면 나에게 이런 일이 일어나는가?", "내 나름대로 열심히 신앙생활을 한다고 하는데, 왜 이렇게 어려운 일들이 많이 생기는가?", "다른 사람들은 그렇게 힘 안 들이고 많은 것을 얻는 것 같은데, 나는 성실하게 살려고 하는데도 왜 이렇게 힘이 드는가?"

가인은 자신이 가지고 있던 불만을 아벨에 대한 질투와 미움으로 대신하고, 마침내 살인이라는 파괴적인 행위를 저지르고 말았다. 우리도 마찬가지 아닌가? 우리도 불만이 있으면, 이것을 파괴적인 행동으로 표출한다. 다른 사람을 비방하든지, 자기 파괴적인 의욕상실에 빠져든다. 그러므로 우리가 직접 가인을 가리켜, "이 살인자야!" 하고 큰소리 칠 수 없다.

오히려 하나님이 심문하듯 가인에게 하신 하나님의 말씀을 우리에게 하신 말씀처럼 겸허하게 들어야 한다. 가인을 향한 하나님의 음성이 곧 우리를 향한 말씀임을 깨닫게 된다. 하나님은 가인에게 모두 네 번 말씀하셨다.(창 4:7, 9, 10~12, 15)

"죄가 너를 원하나 너는 죄를 다스릴지니라."(창 4:7)는 말씀은 마음속에 미움과 분노가 일지라도 그것이 죄로 연결되지 않도록 스스로 다스릴 줄 알아야 한다는 것을 강조한다. "네 아우 아벨이 어디 있느냐?"(창 4:9)는 말씀은 형제에 대한 책임을 강조하고 있다. 세 번째는 하나님께서 "네가 무엇을 하였느냐 네 아우의 핏소리가 땅에서부터 내게 호소하느니라."(창 4:10)는 말씀과 함께 가인에게 "너는 땅에서 피하며 유리하는 자가 되리라."(창 4:12)는 벌을 내리셨다. 마지막에 "가인을 죽이는 자는 벌을 칠 배나 받으리라"(창 4:15)고 말씀하시는 하나님은 "죄인의 생명을 원하지 죽음을 원치 않는 분"이라는 점을 깨닫게 한다.

가인에게 보호의 표를 주신 하나님(창 4:15)에게서 우리는 인간의 죄악을 뛰어넘는 지극한 사랑을 보여주시는 하나님을 만난다. 하나님은 가인에게 자신의 잘못을 분명하게 깨닫도록 하셨지만, 그가 새로운 용기와 적극적인 삶의 의지를 갖고 살기를 원하셨다. 가인을 심판하시되 새로운 삶의 가능성을 열어주신 하나님은 우리에 대해서도 많은 계획을 갖고 계신다. 그러므로 우리는 더 이상 가인처럼 해서는 안 된다.(요일 3:12 참고)

11

바벨탑과 블랙리스트

반정부적인 문화예술계 인사들에 대한 정부의 지원을 끊거나 불이익을 목적으로 비밀리에 작성한 명단을 블랙리스트(blacklist)라고 한다. 블랙리스트는 일종의 살생부(death note)로 다른 말을 하는 사람들을 배제함으로써 모든 사람이 하나의 말을 하도록 하여 권력의 중앙집권화를 이루려는 시도라고 할 수 있다.

바벨탑 이야기(창 11:1~9)는 하나의 언어를 사용하면서 하나님을 대적하여 높아지려고 했던 사람들의 이야기다. 우리가 공부할 때 가장 많은 시간을 할애하는 것 중의 하나가 영어나 중국어 등, 외국어를 공부하는 일이다. 바벨탑을 지을 때와 같이 모든 사람이 하나의 언어를 사용한다면 어렵게 외국어를 배울 필요도 없고 해외여행을 할 때 언어 때문에 겪는 불편함도 없을 것이니 얼마나 좋을까 생각해 본다.

일제 강점기에 일본은 한국을 식민지 통치하면서 한민족의 역사와 문화를 말살할 목적으로 황국신민화 정책을 추진하였다. 한국인의 이름을 일본식으로 바꾸는 창씨개명을 실시하고, 학교 수업에서 조선어 과목을 폐지하고, 관공서와 학교에서 일본어만을 사용하도록 강요하였다.

바벨탑 이야기에서 하나의 언어와 말을 하면서 "성읍과 탑을 건설하여 그 탑 꼭대기를 하늘에 닿게 하여 우리 이름을 내고 온 지면에 흩어짐을 면하자."(창 11:4)는 말은 절대 권력을 향한 중앙집권화를 추구한 것과 같다. 권력의 중앙집권화는 다른 의견과 생각을 배제하고 다른 말을 하는 사람들을 배척함으로써 전체를 하나로 통합시키고자 한다. 그렇게 할 때 국가는 강력한 추진력을 갖게 되고 신(神)과 대적할 만한 제국을 이룰 수 있다고 믿는다.

하나의 언어와 말로 절대 권력을 추구하는 자들은 '바벨'이 '신(神)의 문'이라고 생각했지만, 탑의 건축이 하나님의 주권과 능력에 대한 도전이라고 생각한 사람들에게 '바벨'은 '혼란'을 의미하였다. 전자는 정부의 정책에 대하여 하나의 생각과 말을 하도록 해야 강력한 국가를 이룰 수 있다고 생각하는 사람들이요, 후자는 다양한 생각과 말을 억압하면 오히려 사회는 혼란하게 된다고 생각하는 사람들이다.

하나님께서 "언어를 혼잡하게 하여 그들이 서로 알아듣지 못하게"(창 11:7) 하신 것이 불통의 사건이라면, 마가의 다락방 성령강림 사건은 "각 언어로 하나님의 큰 일을 말함을 듣는"(행 2:11) 소통의 사건이다. 마가의 다락방에서 성령을 받은 사람들은 서로 다른 언어로 하나님의 일을 말하고, 세계 곳곳에서 온 사람들은 자기들이 사용하는 언어로 알아들었다.

진정한 소통은 강자의 논리로 하나의 언어와 말을 사용하면서 다른 생각과 의견을 통제하는 것이 아니다. 진정한 소통은 무엇보다도 약자의 말에 귀를 기울이면서 다른 생각과 말을 존중하고 공동의 선을 추구해 나가는 데에 있다.

이런 점에서 바벨탑 이야기는 인류 최초의 블랙리스트 사건이다. 언어를 혼잡케 하시고 바벨탑을 허무신 하나님은, 교만하여 자랑하는 자들이 다시는 교만하지 않게 하고, 곤고하고 가난한 백성들이 보호를 받도록 하시는 분이다.(습 3:11~12)

12

하나님이 마음을 바꾸셨어요

창세기 1~11장은 원역사(原歷史, Ur-History)라고 한다. 원역사는 세계와 인간의 창조에서 대홍수 심판 그리고 온 세상에 흩어진 인류의 구원을 위한 아브라함의 선택에 이르기까지의 태고사다. 창세기 1~11장의 원역사는 우리에게 우주와 인류의 '근원'(origin)에 관한 중요한 정보를 제공하고 있다. 태양계와 자연의 순환에 대한 것뿐만 아니라, 선과 악, 결혼, 인종과 언어 그리고 문화의 근원에 대한 중요한 내용을 담고 있다.

원역사는 창세기 1장의 천지창조에 이어 크게 네 가지 사건을 다루고 있다. 에덴동산의 아담과 하와(타락), 가인과 아벨(살인), 노아의 대홍수, 바벨탑 등이다. 여기에서 하나님과 세계 그리고 인간에 대한 중요한 신학적 성찰을 얻을 수 있는데, 네 가지 사건이 모두 ① 인간의 **범죄** ② 범죄에 대한 하나님의 **심판** ③ 멸망당할 곳으로부터의 **구원**이라는 일정한 도식에 의해 기술되고 있다.

아담과 하와는 하나님께서 금지한 선악과를 따먹고 범죄하여 에덴동산에서 추방되었다. 가인은 분노와 질투로 인해 아벨을 죽였으며 하나님은 가인을 죽이지 않고 추방하셨다. 노아 시대에는 인구가 증가하면서 인간의 범죄도 증가하여 땅에 죄악이 가득하였으며, 하나님은 대홍수로 심판을 내리셨다. 사람들이 아직 하나의 언어를 사용하고 있을 때 탑을 쌓아 하나님처럼 높아지려고 하였다. 하나님은 바벨탑을 허물고 인간의 언어를 흩어버리셨다.

여기서 우리가 주목해야 할 것은 하나님이 인간의 죄에 대해 심판하시면서도 새로운 구원의 가능성을 열어 놓으셨다는 것이다. 하나님은 에덴동산에서 추방당한 아담과 하와를 위해 가죽옷을 지어 입혀 주시고, 형제살인을 한 가인이 다른 사람들로부터 해를 당하지 않도록 구원의 표를 주셨다. 죄악이 가득한 세상을 보시고 인간을 지으신 것을 후회하신 하나님이 대홍수로 인류를 심판하시되 완전히 멸하지 않으시고 방주를 통해 노아와 그의 가족들을 구원함으로 새로운 인류의 역사가 시작되도록 하셨다.

바벨탑 이야기도 마찬가지다. 교만한 인간을 심판하시기 위해 바벨탑을 허무시고 언어를 흩어 어둠 가운데 살게 된 인간을 다시 빛 가운데로 인도하시기 위해 갈대아 우르 지방에 있던 아브람(아브라함)이라는 한 인간을 선택하셨다.

그런데 인간이 자신의 죄에 대해 회개했다는 말이 없다. 아담과 하와 그리고 가인이 죄를 범했음에도 불구하고 다시 살 수 있었던 것은 그들이 회개했기 때문이 아니라, 하나님께서 마음을 바꾸셨기 때문이다. 구원의 역사는 하나님이 마음을 바꾸신 사건이다.

회개는 죄인들이 하는 것이 아니라 은혜 받은 사람들이 하는 것이다. 죄인들이라고 다 회개하는 것이 아니기 때문이다. 스스로 의롭다 하는 이들은 회개의 필요성을 못 느낀다. 죄인들이 은혜를 받으면 자신의 죄를 고백하게 된다. 스스로 의롭다 하는 이도 은혜를 받으면 자신이 죄인임을 깨닫고 고백하게 된다.

그러므로 회개는 구원의 조건이 아니라, 구원받은 자들의 첫 번째 모습이다. 구원은 내가 회개함으로 이루어진 것이 아니라, 하나님이 마음을 바꾸어 은혜를 베풀어 주셨기 때문이다. 아담과 하와의 가죽옷, 가인의 표, 노아의 방주, 아브라함의 선택은 하나님의 은혜의 증거다.

13

예수님은 태초부터 계셨네요

태고사인 창세기 2~11장에는 아담과 하와(2~3장), 가인과 아벨(4장), 노아의 대홍수(6~9장)와 바벨탑(11장) 등 크게 네 가지 사건이 나온다. 이 네 가지는 태곳적 사건이지만, 인간의 죄와 구원의 본질을 가르쳐 주는 동시에 각 사건 속에서 우리는 이미 예수님을 만나게 된다.

하나님이 아담과 하와에게 입혀 주신 가죽옷은 짐승의 피를 흘린 옷이다. 하나님은 아담과 하와에게 가죽옷을 입혀 주심으로 그들의 죄를 짐승의 피로 대신 덮어 주셨다. 그때부터 구약시대에는 인간의 죄를 대신하여 제물의 피를 제단에 뿌리는 희생제사가 시작되었다. 구약시대에는 짐승의 피로 인간의 죄를 덮어 주셨다면, 이 땅에 오신 예수님은 십자가에서 흘리신 피로 우리의 죄를 사해 주셨다.

하나님은 동생 아벨을 죽인 가인을 벌하여 추방하셨지만 죽이지는 않으셨다. 오히려 그의 이마에 보호의 표를 주어 다른 사람들이 그를 해하지 못하도록 은혜를 베풀어 주셨다. 표를 뜻하는 히브리어 '에트'의 '타우'는 히브리어 알파벳 마지막 글자로 고어의 형태는 X다. X는 십자가 형태인데, 십자가는 예수 그리스도를 통해 오늘 우리에게 주신 하나님의 구원의 표다.

대홍수는 단순한 물난리가 아니라, 궁창을 만들어 위의 물과 아래 물로 나뉜 것을 다시 합침으로 창조 이전의 상태로 돌아가겠다는 하나님의 심판이었다. 노아는 "내가 홍수를 땅에 일으켜 무릇 생명의 기운이 있는 모든 육체를 천하에서 멸절하리니 땅에 있는 것들이 다 죽으리라."(창 6:17)는 말씀을 믿고 가족들과 함께 방주를 만들어 멸망으로부터 구원을 받았다.

하늘 위의 물과 땅 아래 물이 합쳐질 때 그 물이 들어가지 못한 곳이 있었는데, 그곳이 방주였다. 노아의 방주는 하나님의 심판으로부터 구출된 구원의 방주다. 노아의 방주를 통하여 하나님은 인류의 새로운 역사가 시작되도록 하셨다. 하나님께서 노아에게 방주를 만들어 대홍수 심판으로부터 구원을 받도록 하셨던 것처럼, 오늘 우리가 마지막 때 최후의 심판으로부터 구원함을 받도록 하기 위해 교회를 이루도록 하셨다. 교회는 믿음의 공동체요 구원의 방주다.

마지막으로 하나님은 바벨탑 사건으로 인하여 언어의 혼란과 함께 인류가 온 세상에 흩어지도록 하셨다. 그러나 온 세상에 흩어져 어두움 가운데 있는 인류를 구원의 빛으로 인도하기 위해 하나님께서 한 사람을 선택하셨는데, 그가 아브라함이다. 그러나 아브라함의 육신의 후손들인 유대인들이 하나님의 선택된 민족이라는 것만 자랑하고, 아브라함을 선택한 하나님의 뜻을 온전하게 실천하지 못하였기에, 하나님은 예수 그리스도를 통하여 아브라함의 새로운 후손들을 택하셨다. 그들이 바로 예수의 제자들이요 오늘 우리들이다.

"이는 그리스도 예수 안에서 아브라함의 복이 이방인에게 미치게 하고 또 우리로 하여금 믿음으로 말미암아 성령의 약속을 받게 하려 함이라."(갈 3:14)

마가의 다락방 성령강림 사건은 바벨탑 사건으로 인한 하나님의 심판에 따른 언어의 혼란, 인류의 흩어짐으로부터 세상 모든 민족이 구원을 얻기까지 하나님께 인도함을 받는 새로운 구원역사로 전환하는 결정적인 사건이었다. 성령강림 사건을 통해 교회가 탄생하고, 땅 끝까지 이르러 복음을 전파하는 선교의 역사가 시작되었다.

14

족보의 주인공은 바로 나

족보는 혈연의 근원이 어디에서 시작되었는가를 알려주는 것으로 우리나라에서는 17세기 이전까지만 해도 왕족이나 양반 계층을 위한 것이었다. 17세기 이후 족보가 변질되고, 위조된 족보들이 범람하면서 뼈대 있는 집안이라는 것을 보여주기 위한 도구로 사용되어 왔다.

성경에서도 족보는 매우 중요한 역할을 하고 있다. 창세기 1~11장의 태고사에는 족보만 4개가 나온다. 신약성경의 첫 번째 책인 마태복음도 족보로 시작한다. 성경의 족보에 나오는 이름들은 고대 이스라엘과 중동 지역의 이름들이라 우리에게는 낯설다. 그러나 우리가 사람들과 친해지기 위해 그 사람의 이름을 기억하는 것처럼 우리가 성경과 친숙해지기 위한 좋은 방법 중의 하나는 성경에 나오는 이름들과 먼저 친숙해지는 것이다.

성경의 족보는 하나님의 은총의 증거다. 족보는 인간들이 죄악을 범했음에도 불구하고, 멸망당하지 않고 다시금 번성하고 있다는 하나님의 은총의 증거다. 성경의 족보는 오늘 우리가 이 땅에 번성하여 사는 것은 나의 의나 능력 때문이 아니라, 죽을 수밖에 없는 인간들에게 다시금 은혜를 베풀어 주시는 하나님의 은총 때문이라는 것을 깨닫게 한다.

성경의 족보는 세상의 족보와 다른 점이 있다. 우리나라에서 족보 있는 집안이란 조상들 중에 영광과 영화를 누린 사람들이 있다는 것을 말한다. 오늘

날 족보를 말하는 사람들은 과거 유명한 조상들을 통해 자신의 위신을 과시하려는 의식이 있는 것이라고 보기도 한다. 이런 점에서 세상의 족보는 과거지향적이다.

반면에 성경의 족보는 미래지향적이다. 세상의 족보는 조상들 중에 유명한 사람이 누가 있느냐가 중요하지만, 성경에 있는 족보는 맨 끝에 나오는 인물이 주인공이다. 아담의 족보(창 5장)의 주인공은 족보의 마지막 인물로 대홍수 심판에서 구원받은 노아다. 노아가 하나님께 은혜를 입어 구원받았기 때문에, 그 위의 조상들도 그 이름이 함께 남은 것이다. 셈의 족보(창 11장)의 주인공은 셈이 아니라, 족보의 마지막 인물인 아브라함이다. 족보에 따르면 노아는 아담의 10대손이고, 아브라함은 셈의 10대손이다. 수많은 셈의 후손들이 있지만, 아브라함만이 은혜를 입어 하나님의 택함 받은 백성이 되었다.

마태복음 1장에 있는 족보의 주인공도 마지막에 나오는 예수 그리스도다. 아브라함의 후손 중 이스마엘은 이방인의 조상이 되고, 이삭은 믿음의 조상이 되었다. 이삭의 쌍둥이 아들 중 에서는 에돔 족의 조상으로 나중에 하나님의 심판을 받았으며(오바댜서), 야곱은 이스라엘 열두 지파의 조상이 되었다. 야곱의 열두 아들 중 네 번째 아들인 유다가 다윗의 조상이 되었으며, 오직 예수 그리스도만이 하나님의 약속 있는 자손이 되었다.

"이 약속들은 아브라함과 그 자손에게 말씀하신 것인데 여럿을 가리켜 그 자손들이라 하지 아니하시고 오직 한 사람을 가리켜 네 자손이라 하셨으니 곧 그리스도라."(갈 3:16)

세상의 족보로 따져 보면, 우리는 다 이방인의 혈통이다. 그러나 우리는 믿음으로 그리스도 예수 안에서 하나님의 자녀들이 되었다. 그러므로 우리는 유대인이나 헬라인이나 종이나 자유자나 남자나 여자 할 것 없이 다 그리스도 예수 안에서 하나다. 하나님은 믿음의 족보를 통하여 온 세상에 아브라함의 복이 미치게 하셨다. 예수 그리스도와 함께 하나님의 구원의 약속을 받은 아브라함의 자손이요, 하나님의 약속대로 유업을 이어받을 상속자들이다. 우리는 이제 믿음의 족보를 가진 사람들이요 그 마지막에 이름이 있는 족보의 주인공들이다.

노아의 대홍수는 전 지구적인 사건이었다.
성경에 있는 대홍수를 믿지 않는 자연과학자들도
지구역사에 대격변이 있었다는 것은 인정하고 있다.
대홍수 사건은 창조 이전의 상태로 돌이키겠다는 하나님의 심판으로
지구의 대격변이라고 할 수 있다. 예수님께서도 마지막 때가
노아의 때와 같다는 경고를 하셨다.

제 3 장

노아의 대홍수

01

하늘로 승천한 두 예언자

창세기 5장은 아담에서 노아에 이르는 족보다. 그중에 에녹은 아담의 7대손으로 "하나님과 동행하더니 하나님이 그를 데려가시므로 세상에 있지 아니하였더라."(창 5:24)고 되어 있다.

히브리서 기자는 "하나님이 그를 데려가셨다."는 말을 "하늘로 승천한 것"으로 이해하였다.

"믿음으로 에녹은 죽음을 보지 않고 옮겨졌으니 하나님이 그를 옮기심으로 다시 보이지 아니하였느니라 그는 옮겨지기 전에 하나님을 기쁘시게 하는 자라 하는 증거를 받았느니라."(히 11:5)

'에녹'이란 이름은 '가르침'이란 뜻을 갖고 있다. 그가 "하나님과 동행하였다"는 말은 '하나님과 함께 걸었다' 혹은 '하나님이 원하시는 삶의 방식을 따랐다'는 뜻이다. 구약성경에 하나님이 원하시는 삶의 방식을 따르며 하나님의 말씀을 가르치고 선포한 사람들이 있는데 예언자들이었다.

에녹이 "하나님과 동행하였다"는 말은 세상에 가득한 죄에 대해 하나님의 말씀을 선포한 예언자적인 삶을 살았다는 것을 의미한다. 죄는 하나님의 방식에서 벗어나는 것을 말한다. 에녹은 당시 하나님에게서 떠나 죄의 길을 가던 사람들에게 돌이켜 하나님의 방식대로 살아갈 것을 촉구한 예언자였다.

에녹이 예언자적인 삶을 살았다는 증거는 그의 나이 65세에 낳은 아들 '므두셀라'의 이름에서도 찾아볼 수 있다. 자녀들의 이름을 통해 하나님의 심판 메시지를 전하는 예는 예언자 호세아와 이사야에게서도 찾아볼 수 있다. '므두셀라'라는 이름은 '그의 죽음이 ~을 가져온다'는 뜻으로 장차 일어날 대홍수 심판에 관한 메시지가 담겨 있었다. 므두셀라는 성경에서 가장 장수한 인물로 그가 죽던 해에 대홍수가 일어났다. 에녹이 지어 준 이름의 뜻대로 므두셀라의 죽음은 대홍수라는 하나님의 심판을 가져오는 신호탄이 되었다.

에녹보다 2,500년 후에 나타난 예언자 엘리야도 죽지 않고 하늘로 승천했다(왕하 2:11). 엘리야는 우상숭배가 극심하던 아합 왕 때 활동했던 예언자였다. '엘리야'라는 이름은 '나의 하나님은 여호와'란 뜻이다. 이스라엘 종교사적으로 이스라엘 백성들에게 여호와 신앙의 불을 가져다 준 사람이 모세라면, 갈멜산 정상에 불의 제단을 쌓았던 엘리야는 꺼져가던 여호와 신앙의 불꽃을 다시 타오르게 한 사람이다.

모세가 율법을 대표하는 사람이라면 엘리야는 예언을 대표하는 사람이다. 그러므로 예수님께서 변화산에서 모세와 엘리야를 만난 것은 결코 우연이 아니다(마 17:1~8). 구약의 마지막 예언자인 말라기 선지자는 엘리야가 다시 와서 회개의 설교를 할 것(말 4:5~6)이라고 예언하였는데, 변화산에서 모세와 엘리야를 만난 예수님은 제자들에게 말라기 예언자가 마지막 때에 다시 오리라고 한 엘리야가 세례 요한임을 말씀하셨다.(마 17:9~13)

연대기적으로 에녹은 아담과 아브라함의 중간 시대에, 엘리야는 아브라함과 그리스도의 중간 시대에 살았다. 에녹과 엘리야가 살았던 시대는 우상숭배와 신앙적 타락이 극에 달했던 때였다. 에녹과 엘리야는 마지막 때를 바라보며 하나님의 심판 메시지와 함께 회개를 촉구했던 예언자들이었다.

02

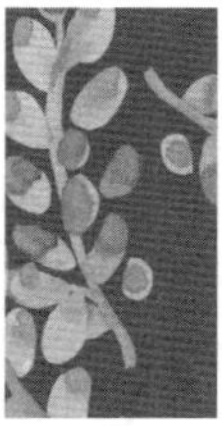

므두셀라가 가장 장수한 이유

러셀 크로우 주연의 '노아'(Noah)라는 영화를 보면, 성경의 내용과는 다른 방향에서 접근하고 있는데, 이 영화에서 노아는 방주에 탄 자신의 가족들마저도 다 죽어 인류가 완전히 멸망해야 하는 것이 그분의 뜻이라며 고뇌한다. 그런데 영화에 등장하는 므두셀라가 인상적이다. 므두셀라는 불임인 셈의 아내가 잉태할 수 있도록 하고, 수풀 사이에서 빨간 산딸기를 찾아 입에 물고 미소 지으며 대홍수의 마지막 순간을 맞이하였다.

'므두셀라'라는 이름을 '창의 사람'(man of spear) 혹은 '하나님(El)의 사람'이라고 이해하기도 하지만, 히브리어로 '므두'는 '그의 죽음'(his death)이라는 뜻이고 '셀라'는 '가져온다'(to bring) 혹은 '일어난다'(to come to pass)는 뜻이다. 그러므로 '므두셀라'는 '그의 죽음이 ~을 가져온다' 혹은 '그가 죽으므로 ~이 일어난다'는 뜻으로 해석하는 것이 정확하다. 므두셀라의 이름에는 대홍수 심판과 관련한 하나님의 중요한 계시가 담겨 있었다.

하나님의 대홍수 심판의 메시지를 담고 있는 므두셀라가 가장 오래 살았다는 것은 그만큼 하나님께서 심판하시기 전 인간들의 회개를 기다리셨다는 뜻이다. 그러므로 하나님의 심판이 더디다는 것은 한 영혼이라도 더 회개하여 구원받기를 원하시는 하나님의 은총의 증거다.(벧전 3:20)

므두셀라의 나이 300세에 아버지 에녹이 365세로 승천하였고, 므두셀라

369세에 노아가 태어나 므두셀라는 869세부터 노아가 방주짓는 것을 지켜 보았으며, 홍수가 나던 해에 969세로 운명했다. 대홍수는 므두셀라가 죽은 후 시작되었다. 므두셀라의 아들이요 노아의 아버지인 라멕은 므두셀라 187세에 태어나 777세를 향수하고 홍수가 나기 5년 전인 므두셀라의 나이 964세에 먼저 죽었다.

969세를 산 므두셀라는 성경에서 가장 오래 산 사람이다. 므두셀라의 나이가 가장 많았다는 것은 하나님께서 대홍수 심판을 내리시는 것을 최대한 늦추셨다는 뜻이기도 하다. 사도 베드로는 "그 때에 세상은 물이 넘침으로 멸망하였으되"(벧후 3:6) 하고 언급하면서 "사랑하는 자들아 주께는 하루가 천 년 같고 천 년이 하루 같다는 이 한 가지를 잊지 말라 주의 약속은 어떤 이들이 더디다고 생각하는 것 같이 더딘 것이 아니라 오직 주께서는 너희를 대하여 오래 참으사 아무도 멸망하지 아니하고 다 회개하기에 이르기를 원하시느니라."(벧후 3:8~9)고 강조한다.

죽음은 예고 없이 갑작스럽게 찾아온다. 므두셀라의 죽음도 마찬가지였을 것이다. 아무도 므두셀라의 죽음을 예측하지 않았고, 그의 죽음과 대홍수 심판의 연관성을 주목하지도 않았다. 만약 그랬다면 노아의 가족뿐만 아니라 더 많은 사람들이 구원을 받았을 것이다. 마지막 때 있을 주의 날도 마찬가지다. 예측 못한 죽음처럼 주의 날도 도적 같이 임한다.(벧후 3:10)

이렇듯 므두셀라의 일생에는 에녹의 승천과 노아의 탄생, 방주의 건축과 아들 라멕의 죽음 그리고 대홍수라는 당대 최고의 사건들이 망라되어 있으므로 므두셀라의 이름과 나이에는 마지막 시대를 준비하는 예언적인 메시지가 담겨 있다.

"이 모든 것이 이렇게 풀어지리니 너희가 어떠한 사람이 되어야 마땅하냐 거룩한 행실과 경건함으로 하나님의 날이 임하기를 바라보고 간절히 사모하라."(벧후 3:11~12)

03

토르소

토르소(torso)는 머리와 팔 다리가 없는 몸통만의 조각을 말한다. 하나님의 아들과 사람의 딸들이 결혼하여 거인을 낳았다는 내용으로 되어 있는 창세기 6장 1~4절은 오랫동안 구전으로 내려오던 것이 문서화된 것이다. 본문의 내용을 보면, 완전한 하나의 이야기가 아니라 불완전한 하나의 단편이라는 느낌을 갖는다. 그래서 독일의 유명한 신학자인 헤르만 궁켈(Hermann Gunkel)은 창세기 6장 1~4절을 '토르소'(a torso)라고 하였다.

창세기 6장 1~4절은 구약성경에서 신화적인 요소를 갖고 있는 대표적인 본문 중 하나다. 우리는 성경을 이야기할 때 '신화'라는 말을 쓰는 것을 꺼려한다. '신화'라고 하면 사실이 아닌 것, 진실이 아닌 것이라는 생각을 먼저 하기 때문이다. 그러나 신화는 공동체가 공유하는 이야기와 거기에 결부된 세계관을 말해 준다.

신화는 단순히 꾸며낸 이야기가 아니라 고대 사회에 우주와 자연 그리고 인간에 대한 이해를 담고 있는 이야기다. 신화라는 말의 그리스 어원인 뮈토스(mythos)는 '이야기' 혹은 '플롯'을 말한다. 신화는 신이나 인간 혹은 인간처럼 말하는 동물 등, 등장인물이 있고 시간과 공간의 배경을 갖고 있다.

신화에서 말하는 시간과 공간은 인간이 살고 있는 시공과는 다른 비현실적인 경우도 있다. 그럼에도 신화가 계속해서 전승되었다는 것은 태고의 사건에 대한 기억과 함께 신화가 속한 공동체의 관심사와 가치관을 설명하고 그 공동체를 구성하고 있는 인간들이 추구해야 할 행위가 무엇인지를 가르쳐 준다.

고대 신화를 해석하는 데 있어서 많은 방법론적인 문제들이 있다. 지금 우리에게 주어진 본문은 구전으로 내려오던 이야기가 저자나 편집자에 의해 심하게 편집되었기 때문이다. 구전과정에서 신화가 변형될 수 있고, 이것이 문서화되는 과정에서 구전 전통에서의 신화의 상황이 완전히 달라질 수도 있다.

하지만 고대의 저술가들은 새로운 것을 창작하려고 하기보다 기존의 것을 보존하려는 경향이 강하였다. 구전 형태의 신화와 고대의 저자들에 의해 문서화된 신화 사이의 차이점은 오늘날 인류학자들이나 민속학자들에 의해 늘 다루어지고 있는데 본문을 해석하는 데 있어서 고려해야 할 중심 문제다.

어떤 이들은 창세기 6장 1~4절이 하늘에서의 반역에 관한 이야기라고 이해한다. 하나님의 아들들은 하늘에서 반역을 하였으며 땅의 여자들과 성관계를 가진 것이 그들의 죄였다. 그러나 본문을 보면, 하나님의 아들들이 하늘에서 반역하였다거나 그들이 벌을 받았다는 분명한 내용이 없다. 또한 인간 여인들과 성관계를 가진 것에 대한 명백한 비난이 없다. 그러므로 하나님의 아들들은 하늘에서 반역을 하고 땅에 있는 여인들과 성관계를 가지는 죄를 범했다는 시각은 그다음에 나오는 5~12절의 내용과 연결하여 이해한 것이다.

창세기 6장 1~4절은 신적 존재와 인간의 혼합된 범주를 제시하는데, 하나님의 아들들과 사람의 딸들의 성적 혼합은 우주적 질서에 불균형과 혼란을 가져온다. 이로 인해 대홍수가 임하게 되었으며, 야기된 무질서의 상태를 제거하고 인류의 멸망을 가져왔다. 우주적 불균형은 거대한 파괴에 의해 해결되고, 거기서부터 다시 새로운 질서가 시작된다.

04

대홍수의 원인

메소포타미아의 대홍수의 동기는 우주에서의 불균형이다. 즉 땅에 인구가 넘쳐난 것이다. 인간의 소음이 엔릴(Enlil)의 잠을 방해하였다. 그래서 엔릴은 인간을 파멸시키기로 하였는데, 처음에는 여러 가지 재앙과 기근으로 하다가 마지막에는 홍수로 하였다. 아트라하시스 신화에 이런 구절이 있다. "땅은 사람들로 넘쳐났으며/땅은 황소처럼 울부짖었다/그들의 소음으로 인하여 신들이 화가 났다/엔릴이 그들의 소리를 들었다/그는 거대한 신들에게 명령을 내렸다/'사람들의 소리가 나에게 방해가 되었다/그들의 소음 때문에 나는 잠을 잘 수가 없다.'"

바빌론 창조서사시인 에누마 엘리쉬에서도 최고신은 넘쳐나는 행동들의 소리로 인해 방해를 받았다. 그래서 그는 파멸을 선언하였고 마침내 난폭한 신 엔키/에아의 행동에 의해 좌절되었다(에누마 엘리쉬 Tab. I.1~77). 아트라하시스 신화에서 엔키는 아트라하시스와 그 가족을 구하였다. 그래서 생명이 보존되도록 하였다.

바빌론 신화에서 인구과잉을 막기 위하여 신들이 여러 가지 방법을 사용하였다. 신들은 여인들이 아이를 갖지 못하도록 하고, 애기를 빼앗아가는 악마들을 만들었다. 그리고 그들은 인간의 수명을 고정시켰다. 죽음, 불임, 미혼녀들 그리고 아기의 죽음 등이 홍수를 촉발하는 불균형의 문제를 위한 해결책들이다.

그리스의 호머(Homeric)와 헤시오딕(Hesiodic) 전통에서 발견되는 트로이 전쟁의 신화적인 동기는 놀라울 정도로 창세기 6장 1~4절과 비슷하다. 신화에서는 제우스 신이 트로이 전쟁을 일으키게 된 동기가 신들과 인간의 혼합으로 인한 반신반인의 등장 때문이라고 말한다. 창세기 6장 4절에 "하나님의 아들들이 사람의 딸들에게로 들어와 자식을 낳았으니 그들은 용사라 고대에 명성이 있는 사람들이었더라."고 말씀하고 있다.

하나님은 반신반인의 등장과 함께 "사람의 죄악이 세상에 가득함과 그의 마음으로 생각하는 모든 계획이 항상 악할 뿐임을 보시고"(창 6:5) 대홍수로 심판을 내리기로 결심하셨다. 그리스의 제우스 신도 반신반인들을 죽이기 위해 전쟁을 일으켰다. 그렇게 함으로써 신들이 인간들과 섞이는 것을 막고 신들과 인간들이 서로 분리되어 살고자 하였다.

여기서의 불균형은 인구과잉이 아니라 인간존재의 혼합, 즉 반신반인으로 인한 것이다. 제우스는 반신반인의 영웅들을 죽이기 위해 트로이 전쟁을 일으켰고, 그렇게 함으로써 신과 인간 사이에 구별된 영역이 적절하게 보장받을 수 있기를 바랐다. 신과 인간을 구별하고자 하는 주제는 헤시오딕 신화, 프로메테우스의 희생과 판도라의 상자에서 두드러진다.

이러한 고대 신화의 이야기들은 오늘날 우리가 직면하고 있는 과학적 문제와 너무나 유사하다. 신화와 과학이 무슨 관계가 있느냐고 말할지 모르지만, 오늘날 우리의 세계를 과학이 대변하듯 신화는 고대 사회가 공유하고 있던 세계관을 반영하고 있다. 그 신화적 내용을 현대적인 용어로 표현하면, 인간의 번성은 인구과잉이라는 사회 경제적 문제고, 반신반인의 등장은 인간의 한계를 극복하고 생명을 연장하려는 과학 윤리적 문제다. 인간은 유한성을 극복하려는 시도를 끊임없이 하고 있는데, 최근에 활발하게 전개되고 있는 인공지능의 개발과 줄기세포 연구 등이 대표적이다.

05

타락한 천사와 아사셀

'하나님의 아들'이라는 말은 구약성경에서 '천사'를 가리키는 말이다. 그래서 헬라어역본인 70인역(LXX)에서도 창세기 6장 2절의 '하나님의 아들들'을 '하나님의 천사들'이라고 번역하였다. 그러나 여기서 중요한 것은 이들이 타락한 천사들이라는 것이다. 욥기 1장 6절에서는 '사탄'이라고 하였다. 이들은 악한 영들로 어둠의 세상권세를 주관하며 인간으로 하여금 하나님께 불순종하게 만드는 자들이다.

유대인들의 미드라쉬(midrash)는 타락한 천사 가운데 하나인 '아사셀'에 대한 이야기를 하고 있다. 미드라쉬는 분명한 의미를 밝히지 않은 성경본문들에 대해 유대인들이 해석 및 주석을 한 것으로, 성경본문에 대한 유대적인 사고를 엿볼 수 있다. 미드라쉬에 따르면, 타락한 천사 아사셀은 자기만 하나님을 대적하는 것이 아니라 어떻게 하든지 사람들이 하나님을 반역하고 살도록 온갖 방법을 다 동원하였다. 그래서 아사셀은 죄를 좋아하고 인간으로 하여금 죄를 짓게 하는 존재의 상징이 되었다.

해마다 대속죄일에는 대제사장이 두 마리의 양(혹은 염소)을 놓고 제비를 뽑는다. 대제사장은 아사셀로 제비 뽑힌 양의 뿔에 혀 모양의 진홍색 끈을 묶는다. 그리고 여호와를 위해 제비 뽑힌 양은 목에 끈을 감는다. 아사셀 염소는 동쪽을 바라보며 서 있다가 백성들의 죄를 짊어지고 광야로 나아간다.

제사장은 백성들의 죄를 짊어진 염소를 솔로몬의 행각을 통해 감람산을 향해 난 동쪽 문으로 끌고 나가 감람산에서 아사셀 염소를 인계받기 위해 기다리는 사람에게 넘겨준다. 그는 이방인이었다. 이방인은 광야로 끌고 나간 아사셀 염소의 뿔에 감긴 진홍색 끈을 반쯤 찢은 후 절벽에서 염소를 떨어뜨려 죽게 하였다.

아사셀 염소가 죽었다는 소식은 각 쉼터에 있던 사람들이 깃발을 흔들어 전달함으로써 예루살렘에 있는 백성들에게 전해졌다. 이 소식은 곧 성전에 있는 사람들에게까지 알려졌다. 이렇게 함으로써 여호와를 위하여 제비 뽑힌 염소와 아사셀을 위하여 제비 뽑힌 염소의 희생 의식이 마무리되었다.

아사셀이라는 말은 성경에서 레위기 16장에 한 번밖에 언급되지 않고 있다. 여기서 '아사셀'은 '사탄'을 의미한다고 말하는 사람도 있고, '완전한 제거'라고 이해하는 사람도 있다. 그러나 아사셀은 어원적으로 '완전히 멀리 가버리도록 하다'(wholly to go away)라는 뜻이다. 아사셀 염소를 광야에 끌고 나가 절벽에서 떨어뜨려 죽이는 것은 후기 유대교 전통에서 시작된 것이며, 성경에서는 다만 염소가 광야에서 자유롭게 가도록 하였다.(레 16:26 참고)

구약시대에는 하나님께서 이렇게 아사셀 양을 광야에 내보냄으로 인간의 죄를 일시적으로 사하여 주셨는데, 예수 그리스도께서 친히 성문 밖에 끌려나가 십자가에 달려 죽으신 희생양(scape-goat)이 되심으로 인간의 죄를 온전하게 사해 주셨다.

"우리는 다 양 같아서 그릇 행하여 각기 제 길로 갔거늘 여호와께서는 우리 모두의 죄악을 그에게 담당시키셨도다."(사 53:6)

06

네피림

창세기 6장 4절에 "당시에 땅에는 네피림이 있었고 그 후에도 하나님의 아들들이 사람의 딸들에게로 들어와 자식을 낳았으니 그들은 용사라 고대에 명성이 있는 사람이었더라."는 말씀이 있다. 네피림이라는 말은 문자적으로 '떨어진 존재'라는 뜻이다. 이는 명백하게 죽음에 떨어진 존재라는 것을 가리킨다. 네피림의 어원은 '나팔'로 '떨어지다, 쓰러지다, 엎어지다'의 뜻을 갖고 있다.

만일 네피림이 홍수 이전에 존재하였다면, 그들은 대홍수로 인해 멸망당했어야 했다. 그런데 성경에서는 노아 홍수 이전뿐만 아니라 이스라엘 역사 초기에도 네피림이 존재하였다. 모세가 출애굽한 이스라엘 백성들을 이끌고 바란 광야에 이르렀을 때 이스라엘 열두 지파에서 한 명씩 열두 명의 정탐꾼을 뽑아 약속의 땅 가나안을 정탐하고 돌아오게 하였다. 그때 열 명의 정탐꾼들이 부정적인 보고를 하면서 "거기서 본 모든 백성은 신장이 장대한 자들이며 거기서 네피림 후손인 아낙 자손의 거인들을 보았나니 우리는 스스로 보기에도 메뚜기 같으니 그들이 보기에도 그와 같았을 것이니라."(민 13:32~33)고 하였다.

그러나 여호수아의 인도 아래 약속의 땅 가나안을 차지할 때에 유다 지파의 갈렙은 아낙 자손을 물리치고 헤브론을 중심으로 한 땅을 기업으로 받았다.

"그 날에 여호와께서 말씀하신 이 산지를 지금 내게 주소서 당신도 그 날에 들으셨거니와 그 곳에는 아낙 사람이 있고 그 성읍들은 크고 견고할지라도 여호와께서 나와 함께 하시면 내가 여호와께서 말씀하신 대로 그들을 쫓아내리이다."(수 14:12)

다윗은 블레셋의 거인 장수 골리앗을 물리쳤으며(삼상 17장), 엘하난은 골리앗의 아우 라흐미를 죽였다(삼하 21:19). 그 외에도 세일, 아모리와 가자의 거인 족속들이 여호와에 의해 죽임을 당했다.(신 2:12, 20~23; 9:1~3; 암 2:9)

그리스의 플루타크 영웅전에도 보면 크레타의 미로에서 괴물 미노타우루스를 죽인 테세우스와 같이 비극적인 운명을 맞이했던 영웅들을 쉽게 찾을 수 있는데, 그리스의 비극에 나오는 영웅들의 운명과 성경에 나오는 거인 족속인 네피림의 운명을 비교해 보면 흥미로운 사실을 발견할 수 있다.

그리스의 비극에 등장하는 영웅들은 신과 인간, 혹은 인간과 인간 사이의 갈등 속에 운명적인 투쟁을 하면서 결국에는 공동체를 위해 영예롭게 죽어가는 반면에, 성경에서 네피림의 죽음에 대한 묘사는 부정적이다.

성경에서는 네피림의 역할이 한결같은데 홍수에 의해, 모세에 의해, 여호수아에 의해, 갈렙에 의해, 다윗에 의해 그리고 다른 사람들에 의해 죽임을 당했다. 네피림은 하나님의 권위에 도전하는 불경스러운 존재로 여겨졌다. 네피림의 멸망과 같은 거인 족속의 운명에 대해 에스겔은 이렇게 말한다.

"그들이 할례를 받지 못한 자 가운데에 이미 엎드러진 용사와 함께 누운 것이 마땅하지 아니하냐 이 용사들은 다 무기를 가지고 스올에 내려가서 자기의 칼을 베개로 삼았으니 그 백골이 자기 죄악을 졌음이여 생존하는 사람들의 세상에서 용사의 두려움이 있던 자로다."(겔 32:27)

07

대홍수

영화배우 러셀 크로우 주연의 '노아'(Noah)라는 영화가 상영되었을 때 스토리가 성경에 묘사된 내용과 많이 달라서 "성경적이지 않다"고 한 사람들이 있었다. 성경적이란 꼭 성경에 기록된 그대로 믿는 것일까? 성경에 기록된 이야기가 당시 고대인들의 세계인식이라면, 그 이야기를 오늘날 현대인들의 사고에 따라 새롭게 풀어내는 것이 오히려 더 성경적이지 않을까 생각한다. 성경에 기록된 그대로 믿는다는 것이 어쩌면 성경을 기록한 당시 사람들의 입장에서 보면 전혀 예상치 못한 엉뚱한 이해일 수도 있기 때문이다.

롤랜드 에머히리 감독의 '2012'라는 재난 영화도 '노아의 방주'를 모티브로 한 것이다. 어떤 내용으로 영화를 만들었든지 간에 인간이 겪게 될 자연재해나 핵전쟁의 위협 등이 이제는 더 이상 특정한 지역에만 국한된 것이 아니라 전 지구적인 영향을 주는 것이라는 경각심을 일깨워 준다.

고대 신화들은 현대 과학이 발달하기 이전에 우주의 근원, 자연의 변화와 예측, 인간의 본질과 사회의 가치관에 관한 의문을 고대인들 나름대로의 방식으로 풀어낸 것이다. 현대 과학에 있어서 직관과 통찰력이 갖는 중요성을 인식한다면 고대인들이 직관을 통해 인식한 세계에 대한 이해를 비과학적, 혹은 비현실적이라고 무시할 수만은 없다. 현대 과학이 상대성이론과 양자역

학을 거쳐 고대의 신화적 사고와 통찰에 오히려 가까이 접근하는 것을 보면 고대인들의 통찰력이 얼마나 뛰어났는지를 깨닫고 놀라게 된다.

창세기 6~9장에 기록된 대홍수(Deluge) 사건은 고대 중동지역의 신화에서 볼 수 있는 대표적인 이야기 가운데 하나다. 대홍수 사건은 성경에만 있는 것이 아니라, 고대 메소포타미아의 대표적 서사시인 '길가메쉬'에도 기록되어 있다. 1873년 니느웨의 앗수르바니팔 도서관에서 발굴된 길가메쉬 서사시 열한 번째 토판에 보면, 신이 우트나피쉬팀에게 와서 끔찍한 홍수에 대해 경고하면서 배를 건조하여 살아 있는 모든 종자들을 배에 실으라고 하였다. 배는 120규빗의 높이와 넓이와 길이로 되어 있으며, 배가 완성되었을 때 대홍수가 임하기 시작했다. 배는 나시르산에 정착했으며, 7일을 쉰 다음에 우트나피쉬팀은 비둘기와 제비 그리고 까마귀를 순서대로 내보냈다. 마지막으로 내보낸 까마귀가 돌아오지 않자 우트나피쉬팀은 물이 빠진 줄 알고 방주의 문을 열고 세상으로 나왔다.

노아의 대홍수와 비교해 볼 때, 방주의 크기, 방주에서 내보낸 새들의 종류 등, 내용적인 차이점들이 있지만 전체적인 구성에 있어서 유사성이 많아 대홍수 이야기가 고대인들이 경험한 공통된 역사적 사건에 기초한 것임을 보여준다. 길가메쉬 홍수 이야기의 핵심은 더 이상 불멸의 영생을 줄 수 없다는 내용인데, 성경의 기록에서도 대홍수 이후에 인간의 수명이 급격하게 줄어들었다.

노아의 대홍수는 전 지구적인 사건이었다. 성경에 있는 대홍수를 믿지 않는 자연과학자들도 지구역사에 대격변이 있었다는 것은 인정하고 있다. 대홍수 사건은 창조 이전의 상태로 돌이키겠다는 하나님의 심판으로 지구의 대격변이라고 할 수 있다. 예수님께서도 마지막 때가 노아의 때와 같다는 경고를 하셨다.(눅 17:26~30)

08

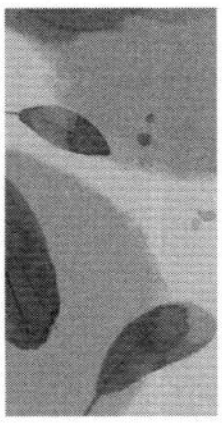

덮어 주세요

땅에 부패함과 포악함이 가득한 것을 보신 하나님은 인간들을 멸할 것을 결정하시고 노아에게 방주를 만들라고 하셨다.

"너는 고페르 나무로 너를 위하여 방주를 만들되 그 안에 칸들을 막고 역청을 그 안팎에 칠하라."(창 6:14)

'고페르 나무'는 개역성경에 '잣나무'로 번역하였지만, 성경에서 오직 여기에만 한 번 등장하기 때문에 정확하게 어떤 나무인지 알 수 없다. 그래서 개역개정판에서는 히브리원어를 그대로 음역하여 '고페르'라고 하였다. 어떤 나무든 방주를 만들기에 가장 좋은 나무로 만들었을 것이다. 그리고 안팎에 역청을 칠하였다. 아무리 좋은 나무로 배를 만든다고 하여도 안팎으로 역청을 칠하지 않으면 물이 배 안으로 스며들어와 온전한 역할을 할 수 없기 때문이다.

역청은 히브리원어로 '코페르'(kopher)다. 방주를 만든 나무인 '고페르'의 '고'는 히브리어로 '기멜'이고, 역청을 뜻하는 '코페르'의 '코'는 히브리어로 '카프'다. 서로 다른 글자다. 역청을 뜻하는 '코페르'의 동사형 '카파르'(kaphar)는 '덮는다'(cover)는 뜻을 갖고 있다.

'코페르'에는 또 다른 뜻이 있는데 '속죄'(atonement)다. 동사형으로는 '죄를 덮어주다 혹은 죄를 가리다'(cover over the sin)는 뜻이다. 여기서 더 나아가 '허물을 가려주다', '용서하다' 혹은 '화해하다'라는 뜻도 갖고 있다.

구약시대에 ‘속죄’란 ‘피로 죄를 덮는 것’을 의미한다. 성막과 성전에서는 속죄의 피로 죄악으로 인한 심판의 물결이 들어오지 못하도록 하였다면, 노아의 방주는 역청을 발라 세상에 가득한 심판의 물이 배 안으로 들어오지 못하도록 막았다. 이런 점에서 법궤에 속죄의 피를 바르는 것과 방주에 역청을 바르는 것은 의미상 같은 뜻을 갖는다.

성경에 ‘코페르’란 이름을 가진 식물이 있다. 아가서 1장 14절의 “나의 사랑하는 자는 내게 엔게디 포도원의 고벨화 송이로구나”라는 말씀에서 ‘고벨화’는 ‘코페르’를 그대로 음역한 것이다. 고벨화는 화장품의 재료로 쓰이는 꽃이다. 꽃잎을 말려 곱게 빻아 만든 것이 고벨화 분인데 영어로 ‘헤나 파우더’(henna powder)라고 한다. 이것으로 매니큐어나 염색약을 만들기도 하고, 손등에 아름다운 꽃무늬 그림을 그리기도 한다. 이집트 여왕 클레오파트라도 고벨화로 만든 화장품을 사용하였다고 한다. 화장품은 얼굴을 덮어 잡티나 주근깨 등을 가려 아름답게 꾸미는 데 쓰인다. 역청이 방주의 나무를 덮는 것처럼, 화장품은 얼굴을 덮는 것으로 모두 ‘덮는다’(covering)는 공통점을 갖고 있다.

성경에 ‘엔게디 포도원의 고벨화 송이’ 같은 사람이 있다. 사울을 피해 도망다니던 다윗은 엔게디 동굴에서 사울을 죽일 절호의 기회가 있었지만, 그의 겉옷 자락만 자르고 죽이지 않았다(삼상 24:4). 다윗은 엔게디에서 사울의 죄를 덮어 주었다. 하나님이 원수 갚을 기회를 주실 때는 보복하라고 주시는 것이 아니라 용서하라고 주시는 것이다.

교회를 구원의 방주라고 말한다. 노아의 방주 안팎을 역청으로 감싼 것처럼, 교회는 속죄의 피인 예수님의 보혈로 감싼 곳이다. 교회는 예수님께서 우리의 죄를 속죄피로 감싸주듯 서로 감싸주고 용납하는 사랑의 역청으로 하나가 된 믿음의 공동체다. 방주의 나무가 아무리 좋은 것이라도 역청이 없으면 안 되는 것처럼, 교회의 구성원들이 아무리 능력 있고 믿음이 좋은 사람들로 되어 있다고 할지라도 서로의 허물을 감싸주는 사랑으로 하나가 되지 않으면 온전한 구원의 공동체를 이루기 어렵다.

09

아라랏 산

노아의 방주가 머물렀다는 아라랏 산은 터키 동부의 이란, 아르메니아와 접경 지역에 위치해 있다. 아라랏 산은 높이가 5,165미터(16,945피트)로, 수백 개의 봉우리로 이루어진 우라르투(Urartu) 산맥의 최고봉이다. 아라랏 산 정상은 17평방마일이나 되는 빙하로 덮여 있으며, 빙하 깊이는 3백 피트에 이른다.

수천 평방마일에 이르는 이 지역은 기원전 858~585년 우라르투 왕국이 있다가 메데스에 의해 멸망하였으며, 그 이후 제1차 세계대전 때까지 아르메니아의 땅으로 아르메니아인과 쿠르드족, 투르크족이 공존하고 있었다. 수도인 반(Van)은 1차 대전 때 러시아인과 아르메니아인, 쿠르드족과 투르크족의 갈등과 전쟁으로 황폐화되어 버리고 말았다. 성경의 아라랏이라는 명칭과 우라르투는 같은 자음(rrt)을 갖고 있다. 우라르투라는 이름은 우라르투 왕국의 멸망과 함께 사라지고, 아르메니아인들이 성경에 따라 우라르투를 아라랏이라고 불렀다. 아르메니아는 주후 300년 로마보다 앞서 기독교를 국교로 공인한 최초의 국가이며, 한때 교회가 3천여 개 있었다고 한다.

성경에 따르면, 노아의 방주는 아라랏이나 우라르투 산지에 머물렀다. 쿠란(주후 600년경)에 따르면, 노아의 방주는 알 쿠디(Al Cudi) 혹은 쿠디 다디(Cudi Daðý)에 머물렀다. 미국에 있는 노아의 방주 탐험대는 쿠디 다디라는

이름의 다른 네 개의 산을 알아냈다. 하나는 씨즈르 근처의 남동부 터키에 있고, 또 하나는 하란 근처 터키의 남중부 지역, 또 다른 하나는 사우디아라비아 그리고 두루피나르(Durupinar, 1985년 이래)다. 그렇지만 아라랏 산은 다른 어느 곳보다 더 인상적이며, 높이도 두 배 이상 더 높다.

아라랏 산 위와 그 주변에 있었던 문화적 전통들과 문명 이전의 고고학적 증거들도 아라랏 산에 머물렀던 노아의 방주를 가리킬 수 있다. 아라랏 산 근처에 위치한 아호라(Ahora, Aghuri)는 전통적으로 노아가 방주에서 나와 아라랏 산을 내려온 후에 처음으로 포도농사를 지었다는 장소다. 아호라는 전통적으로 노아의 마을로 전해지고 있으며, 지금도 포도밭이 있다. 아호라 협곡 길목에 위치한 마을의 정상에는 성 야고보수도원이 있었는데 1840년 지진이 나면서 흙더미에 묻히고 말았다. 그동안 많은 사람들이 아라랏 산에 노아의 방주나 혹은 그 흔적이 있을 것이라 믿고 탐사를 계속해 왔지만, 아직까지 노아의 방주를 증명할 만한 명백한 증거는 나오지 않았다.

10

무지개를 바라보면

무지개는 하나님께서 노아와 맺은 영원한 언약의 증표다(창 9:11~17). 하나님께서 노아에게 "다시는 모든 생물을 홍수로 멸하지 아니할 것이라."(창 9:11)는 말씀과 함께 언약의 증거로 무지개를 주신 것은 무슨 뜻일까? 한국은 어린이 동산에서 무지개 그림을 볼 수 있어 매우 친숙한데, 미국은 무지개 색깔이 동성애의 다양성을 상징한다.

아리스토텔레스(Aristoteles, BC 384~322)는 빨주노초파남보 무지개의 일곱 색깔 중에서 빨간 색이 가장 순수하다고 하였는데, 14세기 초 테오도릭(Theodoric of Freiburg)은 로저 베이컨(Roger Bacon)의 이론을 응용해 무지개가 대기의 물방울이 태양 광선에 의해 반사되어 생긴다고 믿었으며, 1635년 데카르트(Descartes, 1596~1650)가 이를 증명하였다. 무지개에 관한 과학적인 이론에 따르면, 햇빛이 공중에 떠 있는 물방울 속으로 들어가면 빛의 경로는 꺾인다. 빛이 꺾이는 정도는 빛의 색깔마다 다른데 보라색이 빨간색보다 더 많이 꺾인다. 그리고 색깔별로 퍼지는데 물방울 안에서 진행하던 빛은 물방울과 공기의 경계면에서 반사한다. 물론 그중의 일부는 공기 중으로 꺾여 나간다. 이때 빛이 공기와 경계면으로 들어가는 각도와 반사하는 각도는 같다. 반사된 빛은 다시 물방울 속에서 진행하다가 공기와의 경계면과 만나면 일부는 반사하고 일부는 공기 중으로 꺾여서 물방울 밖으로 그 모습을 드러낸다. 이것이 우리가 보는 무지개다. 이때 덜 꺾인 빨간색 빛은 아래쪽으로, 많이 꺾인 보라색 빛은 위쪽으로 나온다. 물방울로 들어온 햇빛과 물방울에서 나오는 빨간색 빛 사이의 각도는 42도, 보라색 빛은 40도 정도 된다.

구약성경의 히브리원어로 무지개는 '케쉐트'(qesheth)인데, 전쟁의 무기인 '활'이라는 뜻도 갖고 있다. 무지개는 둥글게 휘어 있는 도습이 마치 하늘을 향해 화살을 당긴 활시위 같다. 하나님이 계신 하늘을 향해 화살을 당기고 있는 활의 모습과 같은 무지개는 인간의 반역과 배반에도 불구하고 하나님께서 친히 그 책임을 스스로 짊어지시겠다는 뜻이다. 즉 무지개는 자신의 죽음을 통해서라도 인간의 죄를 담당하시겠다는 은총의 표현이다. 이러한 하나님의 은총이 역사적으로 나타난 것이 예수 그리스도의 십자가 사건이다. 예수님은 인간이 감당해야 할 죄악의 화살을 십자가를 통해 친히 감당하심으로 우리를 구원해 주셨다. 그러므로 사도 요한이 환상 중에 본 보좌에 앉으신 이의 모양이 무지개 같았던 것(계 4:3)은 결코 우연이 아니다. 윌리엄 워즈워스(William Wordsworth, 1770~1850)가 무지개를 보고 아름다운 시를 쓴 것처럼 무지개를 통해 주님의 놀라운 은총을 노래하는 아름다운 마음을 잊어버리지 말자.

"하늘의 무지개 바라보면
내 마음 뛰노나니,
나 어려서 그러하였고
어른 된 지금도 그러하거늘
나 늙어서도 그러할지어다.
아니면 이제라도 나의 목숨 거둬 가소서.

어린이는 어른의 아버지
원하노니 내 생애의 하루하루가
천생의 경건한 마음으로 이어질진저…."

11

숫자 10과 70의 의미

성경에 따르면, 방주를 통해 대홍수 심판에서 구원받은 노아는 아담의 10대손(창 5장)이요 70민족의 조상(창 10장)이 되었다. 이렇듯 노아와 관련된 숫자로 10과 70이 있는데, 이는 인류의 구원과 관련한 중요한 숫자다.

창세기 10장에 있는 노아의 세 아들 셈과 함과 야벳의 후손 명단들을 모두 세어보면 70명인데, 이들이 인류의 조상이 되었다. 그래서 성경에서는 70이라는 숫자가 온 세상에 있는 모든 민족들을 가리키는 상징적인 숫자가 되었다.

노아가 아담의 10대손인 것처럼 믿음의 조상이 되는 아브라함은 셈의 10대손이요, 출애굽한 이스라엘 백성들을 이끌고 요단강을 건너 약속의 땅 가나안에 들어온 여호수아는 요셉이 애굽에서 낳은 아들 에브라임의 10대손이다. 에브라임은 둘째로 태어났지만 야곱에게 장자의 축복을 받았다(창 48장). 노아와 아브라함과 여호수아의 공통점이 있는데, 모두 옛 세상을 벗어나 새로운 세상을 연 구원의 사람들이다.

요셉이 애굽의 총리가 된 이후 그의 아버지 야곱과 형제들이 기근을 피해 애굽에 내려왔는데 모두 70명이었다(창 46:27). 그리고 400여 년 후에 이들 이스라엘 자손들은 큰 민족을 이루어 모세의 인도 아래 출애굽하여 광야를 지나 약속의 땅 가나안에 들어왔다.

모세가 광야에서 건축한 성막의 성소 안에는 정금 한 달란트(약 34kg)로 만든 등대가 하나 있었다. 등대는 가운데 줄기가 있고, 양쪽으로 가지가 세 개씩 있어 서로 연하였는데, 그 위에 등잔이 있었으니 등대 하나에 등잔이 7개였다. 이를 일곱 촛대 혹은 메노라(Menorah)라고 부른다.

이스라엘 백성들이 가나안에 왕국을 세우고 난 이후 솔로몬 왕이 성전을 건축하였는데, 솔로몬 성전에는 등대가 좌우로 5개씩 모두 10개가 있었다(왕상 7:49). 등대 하나에 등잔이 7개씩이니 성전 안에 있는 10개의 등대에 등잔은 모두 70개였다. 성전의 등대는 하나님의 구원의 빛이다. 성전 안 70개의 등잔은 온 세상에 있는 모든 민족에게 하나님의 구원의 빛을 밝히라는 뜻이다. 예수님께서 70인을 따로 세우시고 그들을 각 동네와 각 지역으로 둘씩 앞서 보내신 것(눅 10:1)도 땅 끝까지 이르러 모든 민족에게 복음을 전파할 사명을 일깨워주신 것이라고 할 수 있다.

이렇듯 10과 70은 구원과 관련한 중요한 상징적 숫자다. 70은 10과 7의 결합인데 10 곱하기 7 하면 70이 되고, 10 더하기 7 하면 17이 된다. 10과 7을 더한 17도 상징적 의미를 갖고 있다.

17은 요한복음 21장에서 베드로가 잡은 물고기 153마리(요 21:11)의 감춰진 숫자다. 1 + 2 + 3 + 4 … + 17, 이렇게 1부터 17까지를 더하면 153이 된다. 베드로가 잡은 물고기 수가 153마리라는 것은 베드로에게 땅 끝까지 이르러 주님의 복음을 증거함으로 세상 모든 백성들을 어두움에서 빛으로 인도해야 할 구원의 사명이 있음을 깨닫게 해 주는 것이다. 그래서 주님은 제자들과 아침을 드신 후 베드로를 따로 부르셔서 "요한의 아들 시몬아 네가 나를 사랑하느냐?"고 물으시고 "내 양을 먹이라."는 말씀을 하셨다.(요 21:15~18 참고)

12

노아와 대제사장의 공통점

구약의 이스라엘에서 대제사장 제도는 출애굽 시대의 아론에게 뿌리를 두고 있다. 출애굽한 백성들을 이끌고 시내산에 온 모세에게 하나님은 십계명과 율법을 주시고 성막을 건축하도록 하면서 제사장직은 아론과 그의 후손들이 맡도록 하셨다(출 27:21; 28:4~43). 아론은 초대 대제사장이었다. 제사장은 제사를 통해 인간의 죄를 사해 주실 것을 하나님께 간구하는 중재자 역할을 하였다. 한편 하나님은 제사장인 아론과 그의 후손들이 백성들을 축복하면 하나님께서 백성들에게 복을 주시겠다고 하셨다.

"여호와께서 모세에게 말씀하여 이르시되 아론과 그의 아들들에게 말하여 이르기를 너희는 이스라엘 자손을 위하여 이렇게 축복하여 이르되 여호와는 네게 복을 주시고 너를 지키시기를 원하며 여호와는 그의 얼굴을 네게 비추사 은혜 베푸시기를 원하며 여호와는 그 얼굴을 네게로 향하여 드사 평강 주시기를 원하노라 할지니라 하라 그들은 이같이 내 이름으로 이스라엘 자손에게 축복할지니 내가 그들에게 복을 주리라."(민 6:22~27)

그러나 아론 이전에도 대제사장이 있었는데, 아브라함 때에 살렘 왕이었던 멜기세덱(창 14:18)이다. 멜기세덱은 지극히 높으신 하나님의 제사장으로 아브라함이 가나안 왕들을 물리치고 돌아올 때에 떡과 포도주를 갖고 그를 맞이했으며, 아브라함은 멜기세덱에게 십일조를 드렸다(창 14:17~20). 왕이요 대제사장이었던 멜기세덱은 메시아적인 제사장의 예표가 되었다.

"여호와는 맹세하고 변하지 아니하시리라 이르시기를 너는 멜기세덱의 서열을 따라 영원한 제사장이라 하셨도다."(시 110:4; 히 7:1~4 참고)

그러나 성경에서 멜기세덱 이전에도 대제사장의 역할을 했던 사람을 한 사람 꼽을 수 있는데, 대홍수 심판 때 방주를 지어 구원함을 받았던 노아다. 노아와 대제사장을 비교하면 몇 가지 공통점을 발견할 수 있다.

첫째, 대제사장은 해마다 7월 10일 속죄의 피를 갖고 지성소로 들어가 온 이스라엘 백성들이 죄사함을 받도록 한다. 이날을 대속죄일(Yom Kippur, the day of atonement)이라고 한다. 7월 1일은 새해의 첫 번째 날로, 유대인들은 이날 세상이 창조되었다고 믿는다. 새해가 시작되었음을 알리기 위해 제사장이 나팔을 분다고 해서 이날을 나팔절이라고 한다. 7월 10일은 세상이 창조된 지 10일째 되는 날이다. 노아는 태초에 하나님께서 창조하신 아담의 10대손이다.

둘째, 대제사장이 대속죄일에 지성소에 들어가 법궤 위에 속죄 피를 뿌림으로 이스라엘 백성들은 죄에서 구속함을 받고 새해에 새로운 출발을 하였다. 노아는 방주의 안팎에 역청을 발라 대홍수 심판의 물에서 벗어나 인류의 새로운 역사가 시작되도록 하였다. 히브리어로 '속죄'와 '역청'은 '코페르'로 같은 단어다.

셋째, 대속죄일에 대제사장이 광야에 풀어 죽게 한 아사셀 양은 미드라쉬(midrash)에 따르면, 노아 때에 타락한 천사의 이름으로 인간들 사이에서 하나님을 배반하도록 한 미혹의 영이다. 미드라쉬는 어원이 히브리어 "다라쉬"(구하다, 찾다)로 성경본문을 해석한 유대인 랍비들의 주석을 모아 놓은 것이다.

사라는 믿음의 여인이지만 자기의 판단을 넘어설 때는
의심하는 모습을 보여준다. 여기서 우리는 장막 문에서
하나님의 말씀을 들은 사라의 마음에도 장막이 있음을 깨닫게 된다.
하나님을 믿는다고 하면서도 나의 판단이나 경험에 비추어
하나님의 말씀을 판단하는 내 마음의 장막을 벗어버려야 한다.

제4장

유목적 신앙인

01

아브라함은 왜 장자인가?

이스라엘 민족이 역사의 무대에 등장하기 시작한 것은 출애굽 시대부터라고 할 수 있다. 그러나 이스라엘 민족의 뿌리는 아브라함 때까지 거슬러 올라간다. 물론 창세기 1~11장에 아담에서 노아를 거쳐 아브라함에 이르는 태고사가 있지만, 이스라엘 민족의 실질적인 역사는 아브라함에게서부터 시작되었다고 볼 수 있다.

창세기 11장은 아브라함의 아버지 데라의 족보와 죽음에 대한 언급으로 끝을 맺고 있다. 창세기 11장 26절에 "데라는 칠십 세에 아브람(후에 아브라함으로 개명함)과 나홀과 하란을 낳았더라."고 되어 있는데, 32절에서는 "데라는 나이가 이백오세가 되어 하란에서 죽었더라."고 되어 있다. 그리고 아브라함이 하란을 떠날 때 나이가 75세였다.(창 12:4)

아브라함이 하란을 떠난 것은 데라가 죽고 난 다음이니까, 아브라함이 태어날 때 데라의 나이는 적어도 130세는 되었다. 이렇게 계산하면, 데라가 70세에 낳은 아들은 아브라함이 아니었다. 혈통적으로 볼 때 아브라함이 첫째 아들이 아니라는 것이다.

갈대아 우르에 있을 때 하란은 롯을 낳고 그곳에서 아버지 데라보다 먼저 죽었다(창 11:28). 하란에게는 딸이 있었는데, 이름이 밀가로 나홀의 아내가 되었다(창 11:29). 나홀이 하란의 딸 밀가와 결혼했다는 것은 그의 나이가 하란보다 어리다는 것을 짐작하게 한다. 나중에 아브라함의 아들 이삭이 아내로 맞은 리브가는 밀가가 나홀에게서 낳은 브두엘의 딸이다.(창 24:47)

하란의 딸이 나홀과 결혼하고 나홀의 손녀가 아브라함의 아들 이삭과 결혼한 것을 보면 한 세대씩 차이가 나는데, 이를 통해 데라가 70세에 낳은 아들은 하란이고, 그다음에 나홀을 낳았으며, 아브라함은 데라가 130세에 낳은 막내라고 볼 수 있다.

그럼 왜 성경에서는 이름의 순서가 막내인 아브라함이 제일 앞에 나오고 장남인 하란은 맨 뒤에 나오는가? 먼저 하란의 경우 갈대아 우르 지방에서 죽고 아버지 데라를 포함한 나머지 식구들은 하란(지명)으로 떠났다. 그의 아들 롯은 아브라함과 동행하여 가나안까지 함께 왔지만, 나중에 모압과 암몬의 조상이 되었다.(창 19:37~38)

나홀은 하란의 딸 밀가와 결혼하였으며, 아브라함과 함께 갈대아 우르 지방을 떠나 하란에 와서 그곳에 머물렀다. 데라의 세 아들 중 하란은 갈대아 우르에서 죽고, 나홀은 아버지 데라와 함께 하란에 와서 살았으며, 아버지 데라가 죽은 후 아브라함만이 약속의 땅 가나안으로 들어왔다.

아브라함이 가나안에서 100세에 낳은 아들 이삭이 하란에 있던 나홀의 아들 브두엘의 딸(나홀의 손녀)인 리브가와 결혼하였다. 나중에 이삭과 리브가의 아들 야곱은 하란에 있는 외삼촌 라반의 집에서 20년 동안 기거하면서 그의 딸 레아와 라헬과 결혼하여 이스라엘 열두 아들을 낳았으니 그들이 이스라엘 열두 지파의 조상이 되었다.

아브라함은 하나님의 약속의 땅에서 믿음의 조상이 되었으며, 나홀은 그 중간인 하란에 머물렀고, 하란은 가장 먼 곳인 갈대아 우르에서 죽었다. 그러므로 성경에 나오는 명칭의 순서는 혈통이 아닌 믿음의 순서임을 알 수 있다. 아브라함은 믿음의 장자다. 이삭, 야곱, 유다도 혈통적으로는 장남이 아니지만, 아브라함의 약속을 이어받은 믿음의 장자들이다.

02

스트리트 스마트

신앙인은 모범생이 아니라 모험생이다. 모범생은 주어진 문제 안에서 모범답안을 찾는 사람이고, 주어진 세계에 순응하여 시키는 일을 곧이곧대로 잘 따라하는 사람이다. 하지만 뭔가 새로운 일에 부딪치게 되면 겁을 먹는다. 예수님 당시의 바리새인들은 종교적 모범생들이었다. 바리새인들은 주어진 율법에 충실하면서 기존 관습을 철저하게 따라하는 사람들이었다. 그러나 그들에게 있어서 예수님의 가르침은 기존 세계를 흔드는 혁신적인 것이었다.

바리새인들이 예수님과 그를 따르는 제자들을 질시하고 박해하였던 것은 자신들이 속한 세계를 위협한다는 두려움 때문이었다. 모범생은 정해진 범위 안에서 뛰어난 성적을 올리면 칭찬을 받고, 엉뚱한 일이나 예상을 벗어나는 일을 하면 야단을 맞는 것처럼, 바리새인은 자신들이 생각하는 정상궤도에서 벗어나는 것을 용납하지 못하였다.

이스라엘은 사회적으로 농경문화를 기반으로 한 왕국을 이루고 있음에도 불구하고, 신명기 역사가들은 자신들의 뿌리를 유목문화 속에서 찾고 있다. 그 이유는 농경문화에 기반을 둔 왕국 시대의 지도자들과 이스라엘 백성들이 종교혼합주의에 빠졌을 때 레갑족과 같이 유목생활을 지켜 온 사람들은 여호와 신앙의 순수성을 유지하였기 때문이다.

“예레미야가 레갑 사람의 가문에게 이르되 만군의 여호와 이스라엘의 하나님께서 이와 같이 말씀하시기를 너희가 너희 선조 요나답의 명령을 순종하여 그의 모든 규율을 지키며 그가 너희에게 명령한 것을 행하였도다 그러므로 만군의 여호와 이스라엘의 하나님께서 이와 같이 말씀하시니라 레갑의 아들 요나답에게서 내 앞에 설 사람이 영원히 끊어지지 아니하리라 하시니라.”(렘 35:18~19)

레갑은 본래 미디안 광야의 유목민들로 장막생활을 좋아하는 겐 족속이었다(대상 2:25). 레갑의 아들 요나답은 당시 이세벨과 아합 왕의 종교혼합주의에 따른 종교적 타락에서 벗어나 여호와 하나님만을 섬기는 삶을 살았다. 그의 후손들인 레갑 족속이 “평생 동안 포도주를 마시지 아니하며”(렘 35:8), “장막에 살면서 우리 선조 요나답이 우리에게 명령한 대로 다 지켜 행하였노라.”(렘 35:10)고 한 예레미야 선지자의 말씀은 레갑 족속이 농경문화적인 쾌락, 사치와 종교적 타락 같은 세속화에 물들지 않았음을 강조하는 것이다.

농경문화는 정착민들을 중심으로 한 제도사회로 모범생들이 이끄는 사회다. 반면에 유목문화는 항상 새로운 곳을 찾아 미지의 세계로 떠나는 모험생들이 이끄는 사회다. 이스라엘의 조상인 아브라함은 갈대아 우르 지방을 떠나 하란을 거쳐 가나안으로 왔다.

“믿음으로 아브라함은 부르심을 받았을 때에 순종하여 장래의 유업으로 받을 땅에 나아갈새 갈 바를 알지 못하고 나아갔으며.”(히 11:8) 아브라함의 삶은 모범생의 삶이 아니라 모험생의 삶이었다. 아브라함과 조카 롯은 똑같이 갈대아 우르 지방을 떠나 하란을 거쳐 약속의 땅 가나안에 들어왔지만, 자기 눈에 보기에 좋은 곳에 안주하려고 하였던 롯은 이방인의 조상이 되고 하나님의 약속을 따라 끊임없는 도전을 하였던 아브라함은 믿음의 조상이 되었다.

성공하는 사람의 여덟 번째 습관은 성공한 사람의 뒤를 따라가지 않는다는 것이다. 모험생은 새로운 도전을 통해 살아가는 지혜를 터득하고 삶으로 앎을 가꾸어 나가는 ‘스트리트 스마트’(street smart)다.

03

마음의 할례와 세례의 의미

할례는 고대부터 셈족이나 이집트인들이 행하는 의식으로 남성의 표피를 베는 의식이다. 오늘날 남성들이 하는 포경수술을 생각하면 된다. 구약성경에서 할례는 히브리어로 "베리트 밀라"라고 하는데, '베리트'는 '언약'이고, '밀라'는 '할례'라는 뜻이다. 하나님이 아브라함과 영원한 언약을 체결하면서 그 증표로 행하도록 하셨다.

"너희 중 남자는 다 할례를 받으라 이것이 나와 너희와 너희 후손 사이에 지킬 내 언약이니라."(창 17:10)

할례는 태어난 지 8일째 되는 날 행하도록 하였다(창 17:12). 남자 아이를 낳은 여인은 7일 동안 부정하므로 8일째 되는 날을 할례일로 정하였는데(레 12:2), 8일째 되는 날이 안식일이라고 할지라도 할례는 반드시 행하도록 하였다. 랍비 전통에 따르면, 안식일에 할례를 행해야 할 경우 안식일도 지키고 할례도 하기 위해 가급적이면 안식일이 끝날 무렵에 행했다고 한다.

할례는 하나님께 자신의 모든 것을 드리는 결단 의식으로 유대인의 대표적인 표면적 증거다. 그러나 사도 바울은 할례를 받았다고 하면서도 율법은 지키지 않는 유대인들을 향해 "오직 이면적 유대인이 유대인이며 할례는 마음에 할지니 영에 있고 율법 조문에 있지 아니한 것이라."(롬 2:29a)고 비판하였다.

루마니아의 신부이자 작가인 게오르규(Gheorghiu, 1916~1992)는 '25시'라는 소설을 통해 제2차 세계대전의 참상을 고발하였다. 안소니 퀸 주연의 영화로도 널리 알려진 '25시'에 보면, 모리츠라는 주인공은 유대인이 아닌데도 불구하고 자신의 아내를 탐낸 루마니아 관리에 의해 유대인으로 몰려 수용소로 끌려간다. 독일군이 그의 바지를 내리고 확인까지 하였는데도 유대인이라고 무고를 당한 것은 표면적 증거조차 인간의 의도에 따라 왜곡될 수 있다는 것을 보여준다.

구약성경은 이미 육체의 할례가 중요한 것이 아니라 마음의 할례가 중요하다는 것을 강조하고 있다. 신명기 율법에서 "그러므로 너희는 마음에 할례를 행하고 다시는 목을 곧게 하지 말라."(신 10:16)고 분명히 말하고 있음에도 불구하고 신약시대 유대인들은 육신의 할례만을 강조하는 율법주의에 사로잡혀 있었다.(행 7:51 참고)

초대교회 이래 유대인의 할례를 기독교에서는 세례로 대신하게 되었다.

"또 그 안에서 너희가 손으로 하지 아니한 할례를 받았으니 곧 육의 몸을 벗는 것이요 그리스도의 할례니라 너희가 세례로 그리스도와 함께 장사되고 또 죽은 자들 가운데서 그를 일으키신 하나님의 역사를 믿음으로 말미암아 그 안에서 함께 일으키심을 받았느니라."(골 2:11~12)

할례와 마찬가지로 세례는 구원의 수단이 아니다. 구원은 예수 그리스도를 믿음으로 얻는 하나님의 선물이다. 세례는 구원받은 성도가 그리스도와 영적으로 하나가 되었다는 것을 많은 사람들 앞에서 고백하는 의식이다.

"너희가 세례로 그리스도와 함께 장사되고 또 죽은 자들 가운데서 그를 일으키신 하나님의 역사를 믿음으로 말미암아 그 안에서 함께 일으키심을 받았느니라."(골 2:12)

유대인들에게 있어서 육신의 할례가 아니라 마음의 할례가 중요한 것처럼 기독교인들도 형식적인 세례가 아니라 그리스도 안에서 거듭난 삶을 사는 세례의 진정한 의미를 회복해야 한다.

04

어떨 때 웃나요?

얼굴은 마음의 거울과도 같다. 얼굴 표정을 좌우하는 것은 눈빛이다. 그렇지만 입가에 머금은 웃음은 알 듯 모를 듯 신비한 요소가 있다. 프랑스 루브르 박물관을 방문한 적이 있다. 규모가 얼마나 큰지 두어 시간을 돌았는데 얼마 보지 못했다. 그래서 모나리자만 보고 나가려고 서둘렀던 기억이 있다. 그 신비로운 미소 때문에 모나리자가 눈썹이 없다는 것을 그때서야 알았다.

창세기 18장에 아브라함이 장막 문에 앉았다가 정오에 지나가는 나그네를 보고 송아지를 잡아 극진하게 대접하였는데 그들이 하나님의 천사들이었다. 천사들이 다시 길을 떠나면서 아브라함에게 "내년 이맘때… 네 아내 사라에게 아들이 있으리라."(창 18:10)고 한 말씀을 사라가 그 뒤 장막 문에서 듣고 속으로 웃었다.

"아브라함과 사라는 나이가 많아 늙었고 사라에게는 여성의 생리가 끊어졌는지라 사라가 속으로 웃고 이르되 내가 노쇠하였고 내 주인도 늙었으니 내게 무슨 즐거움이 있으리요."(창 18:11~12)

사라는 자기에게 아들이 있을 것이라는 약속의 말씀을 들었지만, 있을 수 없는 일이라 하여 웃었다. 특별히 "내년 이맘때" 이것을 개역성경에서는 "기한이 이를 때에"라고 번역하였는데 이 말이 사라를 웃게 만들었다. 사라의 생각에는 기한이 아직 이르지 않은 것이 아니라, 이미 지나가 버렸다. 아들을 주실 것이면, 제 때에 주셔야지 나이 90이 다 되도록 자식 하나 주시지 않고 이제 와서 무슨 말씀인가?

사라는 자기 남편 아브라함에게 하신 "하늘의 별처럼 땅의 모래알처럼 많은 후손을 주겠다."는 하나님의 약속을 믿었다. 그러나 그 약속이 자기를 통해 이루어지리라고는 미처 생각하지 못했다. 당시에는 부인이 아들을 낳지 못할 경우 양자를 들이든지 부인의 몸종을 통해 아이를 갖든지 하는 방법이 있었다. 그래서 아브라함은 다메섹 종 엘리에셀을 양자로 들이려고 했고, 사라는 자기 몸종 하갈을 통해 아브라함의 아들을 낳도록 하였다. 이것들은 법적으로 가능한 일이었지만 하나님이 원하시는 것은 아니었다.

우리도 마찬가지다. 하나님께서 모든 사람이 구원받기 원하시는 분이라는 것을 믿는다. 어떤 사람이 복음 전할 사명을 가지고 전도한 것에 대해 간증을 하면, "아멘" 하며 응답한다. 그러나 하나님께서 나를 통해 세상을 구원한 복음을 전하기 원한다고 할 때에는 "아유 뭘요. 나 말고도 믿는 좋은 사람들이 많은데요." 하고 웃어버린다. 우리는 하나님께서 모든 질병을 고쳐 주시는 분이라는 것을 믿는다. 어떤 사람이 병 고침을 받았다는 간증을 하면, "아멘" 하며 감격해 한다. 그러나 하나님께서 내 병을 고쳐 주신다고 할 때에는 웃어버리고 만다.

사라는 믿음의 여인이지만 자기의 판단을 넘어설 때는 의심하는 모습을 보여준다. 여기서 우리는 장막 문에서 하나님의 말씀을 들은 사라의 마음에도 장막이 있음을 깨닫게 된다. 하나님을 믿는다고 하면서도 나의 판단이나 경험에 비추어 하나님의 말씀을 판단하는 내 마음의 장막을 벗어버려야 한다.

창세기 21장 1~6절에 하나님의 말씀대로 사라는 아브라함의 아이를 낳았다. 여기서 '말씀대로'를 세 번씩이나 강조하고 있다. 사라가 아들의 이름을 '이삭'이라고 하였는데 '웃음'이란 뜻이다. 하나님은 사라로 하여금 다시 웃게 하셨는데, 비웃음을 기쁨이 가득한 진정한 웃음으로 바꾸셨다. 하나님은 우리의 의심을 기쁨으로 바꾸어 진정한 믿음을 갖게 하시는 분이다.

05

구약의 십자가

수난 주간은 사순절의 마지막 주간으로 예수님께서 십자가에서 죽기까지 당하신 고난에 동참하는 기간이다. 교회에서는 수난주간에 월요일부터 금요일까지 매일 십자가 묵상 기도회를 갖는다. 그리고 예수님께서 십자가에 달려 운명하신 금요일 저녁에는 성찬예배를 드리기로 하였다.

십자가는 페르시아 시대 때부터 본격적으로 죄인들을 처형하는 형틀로 사용되기 시작하여 로마 시대에는 반란자나 노예 계급에 속하는 극악한 범죄자들을 처형하는 방법으로 사용되었다. 죄인을 죽이는 처형도구인 십자가에 죄없으신 예수님께서 우리의 죄를 위하여 친히 달려 죽으심으로 십자가는 영생을 얻는 능력(요 3:15)이 되었으며, 오늘날에 이르기까지 기독교 구원의 상징이 되었다.

사실 십자가는 형틀로 사용되기 이전부터 고대 중동지역에서 태양신을 숭배하는 상징으로 사용되었다. 이집트에는 신들의 손에 잡고 있는 고리 모양의 십자가가 있는데 '앙크'라고 한다. '앙크'는 '영원한 생명'이라는 뜻을 가진 이집트 상형문자다. 이집트 기독교인 콥트 정교회에서는 앙크를 십자가 대신 사용하기도 한다.

가인과 아벨 이야기(창 4:1~15)에서 가인은 동생 아벨을 미워하여 들에 있을 때에 죽였다. 하나님은 동생을 죽인 가인의 죄를 심판하여 추방하셨지만, 죽이지는 않으시고 오히려 구원의 표를 주어 그를 보호하셨다. 표는 히브리원어로 '에트'인데, '트'는 히브리 알파벳의 마지막 글자인 '타우'다. '타우'의 고어가 X자 형태의 십자가 모양이다.

하나님이 가인에게 주신 표는 십자가의 모형(type)이다. 동생 아벨을 죽인 가인은 죽어 마땅한 죄인이었다. 그런데 하나님은 가인을 죽이지 않고 추방하시면서, 그의 생명을 보호하기 위해 표를 주셨다. 가인의 표는 죽음의 위협으로부터 보호를 받는 구원의 표가 되었다. 이와 같이 죄로 인해 죽을 수밖에 없는 인간은 예수 그리스도의 십자가를 통해 구원을 얻게 되었다.

"십자가의 도가 멸망하는 자들에게는 미련한 것이요 구원을 받는 우리에게는 하나님의 능력이라."(고전 1:18)

요셉이 형들의 미움을 받아 애굽에 종으로 팔려갔다. 요셉은 애굽에서 13년 동안 온갖 고생을 한 끝에 총리가 되었다. 총리가 된 요셉은 온의 제사장 보디베라의 딸과 결혼하여 므낫세와 에브라임을 얻었다(창 41:50~52). 그리고 흉년이 들어 양식을 구하러 온 형제들을 만나고 아버지 야곱과도 재회를 하였다. 요셉은 아버지 야곱에게 축복받기 위해 장남 므낫세를 야곱의 오른손 앞에 차남 에브라임을 왼손 앞에 세웠다. 그런데 야곱이 X자 모양으로 손을 엇바꾸어 얹고 에브라임에게 장자의 축복을 하였다(창 48:13~20). 에브라임은 차남으로 장자의 자격이 없는 사람이었지만, 야곱의 손을 엇바꾼 X(십자가) 모양을 통하여 장자의 축복을 받았다.

에브라임의 10대손인 여호수아는 출애굽한 이스라엘 백성들을 이끌고 약속의 땅 가나안에 들어가 열두 지파에게 땅을 분배하는 장자의 역할을 하였다. 오늘 우리도 장자의 자격이 없는 사람들이었지만 예수님의 십자가를 통하여 구원받는 존재들이 되었고, 땅 끝까지 이르러 복음을 증언하여 하나님의 나라를 이루어야 할 믿음의 장자들이 되었다.

06

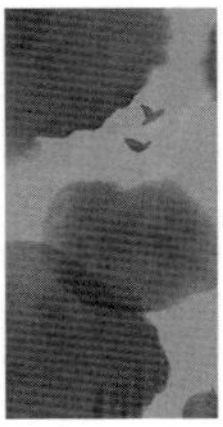

바데켄

브엘세바에 있는 아버지의 집을 떠난 야곱은 하란에 있는 외삼촌 라반의 집에 도착하였다. 야곱은 그곳에서 20년 동안 머물게 된다. 외삼촌 라반에게는 레아와 라헬이라는 두 딸이 있었는데, 야곱은 동생 라헬을 더 사랑하였다. 야곱은 라헬과 결혼하기 위해 라반의 집에서 7년 동안 무보수로 일하였다.

"야곱이 라헬을 위하여 칠 년 동안 라반을 섬겼으나 그를 사랑하는 까닭에 칠 년을 며칠 같이 여겼더라."(창 29:20)

야곱은 드디어 라반의 집에서 결혼식을 하게 되었다. 그런데 외삼촌 라반은 라헬이 아닌 레아를 야곱에게 들여보내고 그의 여종 실바를 레아의 시녀로 주었다. 첫날밤을 보내고 다음 날 신부가 라헬이 아닌 그의 언니 레아인 것을 확인한 야곱은 화가 났다.

"외삼촌이 어찌하여 내게 이같이 행하셨나이까 내가 라헬을 위하여 외삼촌을 섬기지 아니하였나이까 외삼촌이 나를 속이심은 어찌됨이니이까."(창 29:25)

그때 라반은 야곱에게 '라헬과도 결혼시켜 줄 테니 7년을 더 나를 섬기라.'고 말하며 "우리 집안에서는 언니를 두고 동생을 먼저 시집보낼 수 없다."(창 29:27)고 하였다. 야곱은 라헬과 결혼하고 7년 동안 더 라반을 섬겼으니, 결과적으로 라헬을 아내로 얻기 위해 14년 동안이나 무보수로 일해야 했다.

야곱은 왜 결혼식 당일 신부가 라헬이 아니라 레아라는 것을 알아채지 못했을까? 고대 이스라엘에서는 결혼식을 할 때 신부의 얼굴을 베일(veil)로 가린다. 이것은 리브가가 이삭을 처음으로 만났을 때 자기 얼굴을 가린 것에서 유래한다(창 24:65). 오늘날에는 신부의 베일이 얇은 망사 같은 것으로 이마만 살짝 가리기 때문에 신부의 얼굴이 그대로 드러나지만, 고대 이스라엘의 베일은 얼굴을 완전히 가려서 신부의 눈만 보인다. 그래서 결혼식이 진행되는 동안 신부의 얼굴을 알아볼 수가 없다. 야곱은 라헬과 결혼하고 싶었지만, 신부의 얼굴을 확인하지 못한 채 결혼식을 함으로써 레아와 결혼하게 되었던 것이다.

오늘날 유대인들의 결혼 풍습에 바데켄(Badeken)이라는 것이 있다. 본격적인 예식에 들어가기 전에 신랑은 양가 부모들과 랍비 그리고 친구들 앞에서 신부의 얼굴에 베일을 씌우는데 이것을 '바데켄'이라고 한다. 베일 자체는 리브가가 이삭을 만났을 때를 상징한다.

"리브가가 너울을 가지고 자기의 얼굴을 가리더라."(창 24:65)

신부는 결혼식이 끝날 때까지 베일을 쓰고 있지만, 예식에 들어가기 전 신랑이 신부의 베일을 열어 얼굴을 확인하는 순서가 있다. 이것은 야곱이 결혼식 때 신부의 얼굴을 확인하지 못해 라반에게 속아 라헬보다 먼저 레아와 결혼하게 된 것에서 유래한다. '바데켄'에는 신랑이 결혼식에 앞서 직접 신부의 얼굴을 확인하고 베일을 씌워 줌으로써 야곱의 실수를 반복하지 않는다는 뜻이 담겨 있다.

신랑과 신부가 결혼식을 치르는 방을 히브리어로 '후파'라고 한다. 시편 19편 5절의 "해는 그의 신방에서 나오는 신랑과 같고"라는 말씀에서 '신방'의 히브리원어는 '후파'다. '후파'는 우리가 생각하는 방(room)이 아니라, 네 개의 기둥을 세우고 그 위에 지붕처럼 천으로 덮개(canopy)를 씌운 것이다. '후파'는 이제 남편과 아내로서 한 부부가 되는 이들에 의해 세워질 새로운 가정을 상징한다. 결혼식 마지막 순서로는 신랑이 오른발로 유리잔을 깨뜨리고 하객들은 "축하합니다!" 하고 소리친다.

07

레아에 대한 편견

야곱의 두 아내인 레아와 라헬은 자매다. 그러나 야곱이 더 사랑한 아내는 라헬이었다. 성경에서 야곱이 레아보다 라헬을 더 사랑했다고 한 것 때문에 우리도 은연중에 라헬을 더 좋게 생각한다. 창세기 29장 17절에서 "레아는 시력이 약하고 라헬은 곱고 아리따우니"라는 구절은 히브리원문보다 70인역(LXX) 헬라어역본을 따른 것인데, 야곱의 사랑을 받지 못한 레아에 대한 편견에 따른 잘못된 번역이다.

헬라어로는 '약하다'(weak)라는 뜻의 '아스테네이스'로 되어 있지만, 히브리원문에는 '라코트'로 '우아한', '부드러운'의 뜻이다. 물론 '약하다'는 뜻도 있다. 그러므로 긍정적인 관점에서 창세기 29장 17절을 번역한다면, "레아는 눈이 우아하고 라헬은 곱고 아리땁다"라고 하는 것이 더 정확하다.

레아는 야곱의 사랑을 받지 못했지만, 많은 사랑을 받은 라헬보다 먼저 아들들을 낳았다. 레아가 낳은 아들을 보면, 첫째가 르우벤이다, '르우벤'의 히브리어원은 '라아'인데 '본다'는 뜻이다. 즉 '르우벤'은 "하나님께서 자신을 돌아보셨다"는 뜻으로 지었다. 둘째는 '시므온'이다. '시므온'의 히브리어원은 '샤마'인데, '듣는다'는 뜻이다. '시므온'은 "하나님께서 자신의 음성을 들으셨다"는 뜻으로 지은 것이다.

비록 레아가 남편 야곱의 사랑을 받지 못하였지만, 그녀가 지은 아들들의 이름을 보면 믿음의 이름으로 하나님께 기도하는 여인이었음을 알 수 있다. 아마도 레아는 남편에게 사랑받지 못하는 아픔을 하나님께 기도하면서 호소하고 위로받았던 것 같다. 레아는 계속해서 아들을 낳아 셋째는 '연합한다'는 뜻의 '레위'로, 넷째는 '찬양'이란 뜻으로 '유다'라고 지었다. '이제 내가 아들을 넷이나 낳았으니 하나님을 찬양한다'는 레아의 마음을 표현하고 있다.

레아의 네 번째 아들인 유다의 자손 중에 다윗이 태어나 이스라엘의 왕이 되었으며, 이때부터 유다 지파는 이스라엘 열두 지파의 실질적 장자 역할을 하게 되었다. 그리고 그 후손 중에 메시아이신 예수님께서 탄생하셨다.

반면에 야곱의 사랑을 많이 받은 라헬은 아들이 없었다. 남편 야곱의 사랑을 받지 못하는 언니는 어쩌다 한 번 남편이 다녀오는데도 아들을 계속해서 낳고 자기는 아이를 갖지 못하니까 자기의 몸종 빌하를 통해 야곱에게서 아들을 낳도록 하였다. 그렇게 해서 낳은 아들이 '단'과 '납달리'다.

'단'은 '이제야 원통함을 풀었다'는 뜻이고, '납달리'는 '내가 언니와 크게 경쟁하여 이겼다'(창 30:8)는 뜻으로 지었다. "크게 경쟁"이라는 말의 히브리어는 '납퉅레 엘로힘'인데, '납툴레'는 '경쟁'이라는 뜻이고 '엘로힘'은 '하나님'이라는 뜻이다. 글자 그대로 번역하면 '하나님의 경쟁'이라는 뜻이지만, '하나님' 명칭이 '경쟁'을 강조하는 최상급 형용사로 쓰였다. 라헬이 지은 아이들의 이름은 자신의 감정을 그대로 드러낸 인간적인 명칭임을 알 수 있다.

이런 점에서 레아가 야곱의 사랑을 받지 못했다고 해서 우리까지 레아를 싫어할 필요는 없다. 레아는 비록 남편에게 사랑받지 못한 여인이었지만, 자신의 아픔을 믿음으로 이겨냄으로써 이스라엘 열두 지파 중 유다 지파를 포함한 여섯 지파의 어머니가 되고 다윗의 조상이 되는 하나님의 놀라운 축복을 받았다.

08

라헬의 슬픔

선풍적인 인기를 누렸던 애니메이션 영화 '겨울왕국'이나 영화 '헌츠맨: 윈터스 워'의 공통점이 있다면, 두 자매 간의 갈등이 극의 중요한 요소로 작용하였다는 점이다. 성경에서도 두 자매 사이의 갈등이 이야기의 중요한 요소로 작용하는 대표적인 경우가 있는데, 레아와 라헬이다. 야곱의 두 아내인 레아와 라헬은 자매다.

그러나 야곱이 더 사랑한 아내는 라헬이었다. 레아는 남편의 사랑을 제대로 받지 못했지만, 라헬보다 먼저 아이들을 낳았다. 레아는 남편의 사랑을 받지 못한 아픔을 믿음으로 인내하고 하나님을 의지함으로 하나님의 은혜를 입었다. 모세는 레아가 낳은 레위의 후손이고 다윗은 레아가 낳은 유다의 후손이다.

반면에 라헬은 남편의 사랑을 많이 받았지만, 레아와는 또 다른 아픔을 갖고 있었다. 남편의 사랑을 그렇게 받으면서도 아이를 갖지 못했기 때문이다. 아들을 갖지 못한 여인의 아픔이 얼마나 큰지는 사무엘의 어머니 한나에게서도 찾아볼 수 있다.

아들을 간절히 원했던 라헬은 언니 레아가 아들을 계속해서 낳는 동안 자기는 아들을 갖지 못하자 몸종 빌하를 남편에게 주어 아이를 갖도록 하였다. 그렇게 해서 낳은 아들이 단과 납달리다. 단은 '드디어 나의 원통함을 푸셨다'

는 뜻으로 지은 이름이고, 납달리는 '내가 언니와 경쟁해서 이겼다'는 뜻으로 지은 이름이니 라헬의 심정을 짐작해 볼 수 있다.

라헬은 언니 레아가 다섯 명의 아들을 낳고 그의 몸종 실바가 두 명의 아들을 낳고 난 이후에야 겨우 임신하여 아이를 낳게 되었는데 그 이름을 '요셉'이라고 지었다. '요셉'은 '더한다'는 뜻으로 '하나님이 이제 나에게도 아들을 주셨으니 앞으로 더 주실 것'이라는 뜻으로 지은 것이다. 라헬은 야곱이 20년 동안의 나그네 생활을 정리하고 다시 고향 땅으로 돌아올 때에 아들 요셉을 데리고 동행하였다. 하지만 라헬은 벧엘에서 에브랏으로 가는 길목에서 해산하게 되었는데, 산고로 인해 베냐민을 낳다가 죽고 말았다.(창 35:15~18)

라헬은 비록 남편의 사랑을 많이 받은 여인이기는 하였지만, 아들로 인한 비통한 삶을 살았던 슬픔의 여인이었다. 그러나 라헬은 자신의 비통함을 어떻게 해서든 극복해 보려고 했던 적극적인 여인이었다. 남편의 사랑을 받으면서도 아이를 갖지 못했던 라헬의 아픔을 예레미야 선지자는 하나님의 사랑을 받으면서도 바벨론에 의해 죽임당하는 이스라엘의 고통에 비유하였다.

"여호와께서 이와 같이 말씀하시니라 라마에서 슬퍼하며 통곡하는 소리가 들리니 라헬이 그 자식 때문에 애곡하는 것이라 그가 자식이 없어져서 위로 받기를 거절하는도다."(렘 31:15)

라헬의 비극적이면서도 적극적인 삶의 태도는 바벨론에 의해 죽임을 당하고 포로로 끌려가 고통을 당하는 이스라엘 백성들에게 어떤 고난과 시련 속에서도 결코 절망하지 않고 적극적으로 자신들의 삶을 극복해 나가야 한다는 것을 깨닫도록 하였다.

예수님이 탄생할 때에도 헤롯 임금이 베들레헴 지역에 있는 두 살 아래 사내아이들을 다 죽였다. 그때 아들을 잃은 어머니들의 애통함을 예레미야가 예언한 것과 같이 라헬이 자식 때문에 애곡하는 것에 비유하였다.(마 2:17~18)

09

다말은 어떻게 예수님의 조상이 되었을까?

구약성경을 읽다 보면 당황할 때가 있다. 특히 윤리적으로 용납할 수 없는 일을 행하는 사람을 통하여 하나님께서 역사하시는 것을 보면 더욱 당황하게 된다. 그중에 가장 대표적인 것이 창세기 38장의 다말 이야기다.

유다가 남방에 내려가 가나안 사람 수아의 딸과 결혼하여 엘, 오난, 셀라 등, 세 명의 아들을 낳았다. 유다의 장자 엘이 다말과 결혼하였는데, 자식이 없이 죽었다. 구약시대의 '동서결혼'(Levirate)이라는 관습에 따라 형이 죽고 아들이 없으면, 그 동생이 형수를 맞이하여 아들을 낳아 형의 대를 잇도록 하였다. 그런데 오난은 그것이 싫어 설정을 하였다. 그래서 영어로 '오난'의 이름에서 유래된 '오나니즘'(Onanism)이란 말이 생겼는데, '피임', '산아제한' 혹은 '자위행위'란 뜻을 갖고 있다.

오난도 자식이 없이 죽자 혹 셋째 아들인 셀라도 죽을까 하여 유다는 다말에게 셀라가 장성할 때까지 기다리라고 말하고 친정으로 돌려보낸 후 자신은 먼 길을 떠나 버리고 말았다. 다말은 시아버지인 유다가 딤나에 있다는 소식을 듣고 창녀 복장을 하고 계획적으로 접근하여 동침하고 쌍둥이를 낳았다.

레위기 18장에 보면, 근친상간을 엄격하게 금하여 반드시 죽이도록 하였다. 그중에 며느리를 범하지 말라(레 18:15)는 말씀도 당연히 있다. 그런데 다말이 유다에게 행한 행위는 용서를 받았을 뿐만 아니라, 그로 인해 태어난 아들이 다윗 왕과 예수 그리스도의 조상이 된다. 마태복음 1장에 나오는 예수님의 족보에서 다말은 첫 번째로 나오는 여인이 되었다.

다말 이야기의 주인공은 다말이 아니라 하나님이시다. 세상에는 다말보다 더 정숙하고 아름다운 여인들도 많이 있었을 것이다. 그런데 왜 하필이면 다말이었을까? 중요한 것은 다말과 같은 여인을 통해서도 역사하신 하나님을 이해하는 것이다.

다말 이야기를 통해 경험하는 하나님의 세 가지 모습이 있다. 첫째, 하나님은 보편적인 하나님이다. 하나님은 이스라엘 민족뿐만 아니라 모든 민족들에게 열려 있는 분이다. 예수님의 족보에 나오는 다말, 라합, 룻, 우리야의 아내(밧세바)는 모두 가나안 여인으로 이방 사람들이었다. 하나님은 모든 민족이 구원받기를 원하시고 이를 위해 이방인도 하나님의 도구로 쓰시는 분이다.

둘째, 하나님은 새사람으로 만들어 일꾼으로 쓰시는 분이다. 다말이 유다의 아들과 결혼할 때는 가나안 여인이었다. 그러나 과부가 된 다말이 유다의 쌍둥이를 낳았을 때는 법적으로 이미 이스라엘 여인이었다. 우리도 마찬가지다. 하나님이 우리를 구원하실 때에는 죄에 속한 사람이었다. 그러나 하나님이 우리를 쓰실 때에는 옛 모습, 옛 습관대로가 아니라 그리스도 안에서 새사람이 된 우리를 일꾼으로 쓰신다. 하나님은 옛 사람을 벗어버리고 거듭난 사람을 통하여 역사하신다.(엡 4:22~24)

셋째, 하나님은 율법적인 하나님이 아니라 계약의 하나님이다. 율법적으로 보면 다말의 행위는 죽어 마땅한 범죄다. 그러나 범죄의 원인은 다말에게 '동서결혼'이라는 계약을 지키지 않은 유다에게 있었다. 다말의 행동은 시아버지 유다에게 계약의 문제를 제기한 것이다. 하나님의 말씀은 계약법이다. 하나님은 계약관계 속에서 인간의 행동을 판단하신다. 하나님은 다말로 하여금 버림받은 자신의 삶에 대해 좌절하지 않고, 절망적인 상황을 극복하도록 하셨다.

10

고통의 숫자 5

성경에는 많은 숫자들이 언급되어 있고, 그중에는 상징적인 의미를 가진 숫자들이 있다. 성경의 숫자는 다양하게 해석되므로 본문의 뜻을 이해하는 데 참고할 뿐 그 숫자들을 모두 상징적으로 해석하는 데 집착할 필요는 없다.

성경에서 '5'라는 숫자를 생각하면 제일 먼저 모세오경(Pentateuch)이 떠오른다. 신약성경에서 마태복음은 예수님이 행하신 5개의 설교로 구성되어 있는데, 학자들은 모세오경을 모델로 한 것이라고 본다. 예수님께서 오병이어로 5천 명을 먹이고 열두 광주리가 남는 이야기(마 15:32~39; 막 8:1~10)에 등장하는 숫자 5도 오경의 백성, 즉 이스라엘 백성들을 의미한다고 이해하기도 한다.

그러나 성경에서 숫자 5는 인간의 고통과 관련된 숫자이기도 하다. 요셉이 애굽의 총리가 되었을 때 온 땅에 흉년이 들어 야곱이 아들들과 함께 애굽에 내려가게 되었다. 그곳에서 죽은 줄로만 알았던 요셉을 만났다. 형제들이 애굽에서 양식을 구해 고향으로 돌아가려고 할 때, 요셉은 아직도 흉년이 5년이나 더 남았으니 아버지 야곱과 형제들을 고센 땅에 머물게 하며 보살피겠다고 말했다(창 45:11). 그래서 야곱의 가족들 70명이 애굽에 내려와 살게 되었다.

다윗이 블레셋의 거인 장수 골리앗과 싸울 때였다. 칼과 창과 단창으로 무장하고 나오는 골리앗과 대적하기 위해 어린 다윗은 시냇가에서 돌을 집었는데, 모두 다섯 개였다(삼상 17:40). 다윗은 담대한 믿음으로 골리앗과 대적하였지만, 돌 다섯 개를 집었다는 표현에서 그의 심정이 얼마나 비장했는가를 짐작할 수 있다. 다윗의 용기는 철부지처럼 겁 없이 덤비는 만용이 아니라, 두려움을 극복한 담대한 믿음이었다.

예수님께서 사마리아를 지나시다가 수가성에서 정오에 물을 길러 오는 사마리아 여인을 만나셨다. 예수님이 여인에게 네 남편을 불러 오라고 하시니 그녀는 남편이 없다고 대답하였다(요 4:16~17a). 그러자 예수님이 여인에게 대답하셨다.

"네가 남편이 없다 하는 말이 옳도다 너에게 남편 다섯이 있었고 지금 있는 자도 네 남편이 아니니 네 말이 참되도다."(요 4:17b~18)

남편이 다섯이나 있었다는 것은 한 여인으로서 얼마나 많은 아픔과 고통의 삶을 살았는지를 보여준다. 사마리아는 북이스라엘의 수도였는데, 앗수르가 기원전 722년 북이스라엘을 멸망시킨 후 사마리아를 초토화시키고 그곳에 이방민족들을 이주시켰다. 그때부터 사마리아 사람은 같은 동족이면서도 유대인들에게 이방인 취급을 받았다.

고대 이스라엘에서는 여인들이 보통 서늘한 저녁에 물을 길러 가는데, 사마리아 여인이 인적이 드문 정오에 물을 길러 갔다는 것은 단순히 먹을 물을 구하러 간 것이 아니라 그녀의 정신적인 삶이 얼마나 힘들고 영적인 갈증이 있었는가를 보여준다.

온갖 병자들이 모이는 베데스다 연못에 솔로몬 행각이 다섯 개가 있었고, 그곳에 온갖 질병으로 고통당하고 있는 인간들이 있었다(요 5:2~3). 예수님께서도 그곳을 방문하셔서 38년 동안 고통당하던 병자를 고쳐 주셨다.

예수님이 십자가에서 흘리신 피는 인간의 고통의 절정이었다. 예수님은 오늘도 고통당하는 사람들 곁에 계셔서 위로해 주심으로 믿음 안에서 승리하는 삶을 살도록 인도하시는 우리의 주님이시다.

11

요셉에게 예수님 모습이 있네요

요셉은 야곱의 사랑하는 아내 라헬의 첫 번째 아들이다. 야곱은 이미 라헬의 언니 레아에게서 6명, 라헬의 몸종 빌하를 통해 2명, 레아의 몸종 실바를 통해 2명 등, 10명의 아들을 낳았으니 요셉은 야곱의 열한 번째 아들이었다. 성경에서는 요셉을 왕적인 인물인 동시에 부정적인 것은 찾아볼 수 없는 이상적인 인물로 묘사하고 있는데, 학자들은 구약의 요셉이 신약의 예수님을 예표하고 있다고 말한다.

요셉은 메시아적 모형으로서 예수 그리스도의 사역을 다양한 방법으로 보여주었다. 모형(type)이란 말은 헬라어 '튜포스'에서 나온 말이다. 이 말은 '치다'는 뜻을 가진 헬라어 동사 '튜프토'에서 파생되었다. 라헬의 장자인 요셉에게는 채색옷(황태자의 옷)이 입혀졌으며, 가장 낮은 종의 신분에 처하였다가 이집트의 총리라는 왕적 지위에까지 이르렀다. 요셉은 왕적 지위를 부여받고 왕의 임무를 수행하면서 아브라함과 이삭의 씨를 구원하고 보호하며 풍성케 하였다.

모형론적인 의미에서 보면, 요셉은 아버지의 사랑은 받았지만 형제들의 미움을 받았다.

"요셉은 노년에 얻은 아들이므로 이스라엘이 여러 아들들보다 그를 더 사랑하므로 그를 위하여 채색옷을 지었더니 그의 형들이 아버지가 형들보다 그

를 더 사랑함을 보고 그를 미워하여 그에게 편안하게 말할 수 없었더라."(창 37:3~4)

요셉의 형제들은 모세를 죽이려고 서로 모의하였으며, 요셉의 채색옷을 빼앗았다. 예수님도 같은 동족인 유대인들이 그를 죽이려고 모의하였고 십자가에 달리실 때 입고 있던 옷을 빼앗겼다. 요셉은 은전 20개에 종으로 팔렸으며 예수님은 은전 30개에 팔렸다. 이는 고대 사회에서 노예를 거래하던 가격으로 종으로 팔려갈 때 당시 요셉의 나이가 17세로 몸값이 은전 20개였으며, 예수님은 나이가 30세로 은전 30개였다.

요셉은 이집트 왕 바로의 시위대장 보디발의 집에서 종으로 일할 때 보디발의 아내가 한 유혹을 뿌리침으로써 거짓으로 고발을 당해 감옥에 갇혔다. 예수님께서도 사단의 시험을 물리쳤으나 나중에 거짓 증인들에 의해 고발을 당했다.(마 26:59~60)

요셉은 감옥에 있을 때 왕실 감옥 간수장의 조수가 되었으며(창 39:21~23), 왕의 꿈을 해석한 요셉에게 바로는 왕적인 권위를 부여하였다. 요셉은 이집트의 7년 풍년을 효과적으로 관리하여 7년 흉년을 잘 극복함으로써 왕적 직무 중 필수적 의무인 '목자 역할'을 훌륭하게 수행하였다.

요셉은 형제들이 이집트에 왔을 때 명철한 통치자요 인격적인 재판관 역할을 훌륭히 하였으며, 고센 땅을 야곱과 그 가족들이 거할 곳으로 정해 줌으로써 자신의 왕적인 특권과 능력과 지혜를 행사하였다. 요셉은 라헬이 드디어 아들을 낳고 이제 아들을 더하여 주실 것이라는 의미에서 이름을 지은 것인데, 하나님은 요셉에게 장자에게 주어지는 두 배의 복을 주셨다. 요셉의 두 아들 므낫세와 에브라임은 이스라엘 열두 지파의 조상이 되었다.

요셉은 애굽에 종으로 팔려가게 된 것이나 감옥에 죄수로 갇힌 것으로 인해 원망과 분노를 품고 복수하기보다, 장차 이루어질 구원을 위하여 하나님께서 자신을 먼저 보내셔서 준비하게 하시고 자신의 모든 삶을 인도하셨다고 고백하였다.

광야 40년 동안 하늘에서 내린 만나는 변함이 없었는데, 이스라엘 백성들에게 만나의 맛이 달랐다. 감사한 마음일 때는 꿀 섞은 과자 같던 만나가 탐욕이 생기니까 맛이 없어지고, 시험에 빠지니까 하찮게 여길 정도로 지겨워졌다. 혹 말씀의 맛이 달라진 것 같다면, 먼저 내 마음을 살펴보고 한결같은 믿음으로 광야와 같은 세상을 잘 극복해 나가도록 하자.

제5장

모세와 출애굽

01

성과 속의 경계표

모세는 히브리인 노예의 아들이었지만 애굽 왕궁에서 자랐다. 나이 40이 되었을 때 히브리인 노예를 구타하는 애굽 병사를 죽이고 미디안 광야로 도망쳐 목자로 40년을 지냈다. 그리고 나이 80이 되었을 때 시내산에서 하나님의 음성을 들었다.

"하나님이 이르시되 이리로 가까이 오지 말라 네가 선 곳은 거룩한 땅이니 네 발에서 신을 벗으라."(출 3:5)

여기서 신은 히브리원어로 '나알'(na'al)인데, '샌달'(sandal)을 말한다. 모세는 양떼를 모는 목자로서 샌달을 신고 다녔다. 사막기후의 메마른 땅을 걷는데 유용한 신발인 샌달은 세상의 흙과 먼지 등, 온갖 속된 것들이 묻어 있다. 모세가 하나님의 음성을 들은 곳은 거룩한 땅으로 세상의 속된 신발을 벗어야 했다.

신발은 사람의 가장 아래쪽, 땅과 맞닿는 부분인 발에 신는 것으로, 세상의 먼지와 티끌이 묻어 있다. 신발은 세속적인 삶의 흔적을 가장 많이 갖고 있는 부분이다. "신발을 벗는다"는 것은 속된 것을 버린다는 뜻이다. 여기서 신발은 거룩한 것과 속된 것의 경계표와도 같은 역할을 한다.

성(聖)과 속(俗)의 경계표로서의 신발에 대한 이미지는 성경뿐만 아니라, 동서양을 막론하고 다른 여러 문헌에서도 찾아볼 수 있다. 그리스의 '플루타크 영웅전'에 보면, 테세우스가 선돌 밑에서 찾아낸 아버지의 신표가 단검 한 자루와 가죽신 한 켤레였다. 고려시대 일연이 쓴 '삼국유사'에도 주몽의 아들 유리가 부러진 단검을 신표로 하여 아버지를 찾아가는 장면이 있는데, 이것은 테세우스의 신표와 유사하다.

거룩한 것과 속된 것, 이 세상과 저 세상을 구별하는 경계표로서 신발의 이미지는 신데렐라와 같은 동화에서도 찾아볼 수 있다. 재투성이 부엌데기였던 신데렐라는 마법에 의해 공주가 되어 왕자의 파티에 참여하였다. 12시 정한 시간이 되자 마법이 풀려 모든 것이 사라지고 제자리로 돌아올 때 신데렐라가 급하게 나오다가 신발 한 짝이 벗어졌다. 동화는 왕자가 신발의 주인을 찾아 나서게 되고 신데렐라를 다시 만난다는 해피 엔딩으로 끝맺는다. 여기서 신발은 현실과 이상이라는 두 세계를 연결하는 매체이자 통로가 된다.

모세가 성막을 건축한 이후 제사장들은 성막에서 신발을 벗고 일하였으며, 솔로몬이 건축한 성전에서도 마찬가지였다. 그리고 제사장들은 성소에 들어갈 때마다 물두멍에서 손발을 닦았다(출 30:19~20). 제사장은 이미 거룩하게 구별된 사람들이지만, 세상의 흙먼지 등이 묻은 손발을 늘 닦아야 했다. 이와 같이 하나님의 일을 하는 성도들도 자신을 정결케 하는 기도를 해야 한다. 성소에 많이 들어가는 제사장일수록 더 많이 손발을 씻는 것처럼, 하나님의 일을 많이 하는 사람일수록 더 많이 기도해야 한다.

예수님은 베드로의 발을 씻겨 주시며 "내가 너를 씻어 주지 아니하면 네가 나와 상관이 없느니라."(요 13:8)고 말씀하셨다. 흔히 예수님이 제자들의 발을 씻기신 것을 겸손의 표현으로 이해하지만, 이 말씀은 하나님의 일을 한다고 하면서도 속된 것을 버리지 못하는 종교지도자들에 대한 경고의 말씀이다.

02

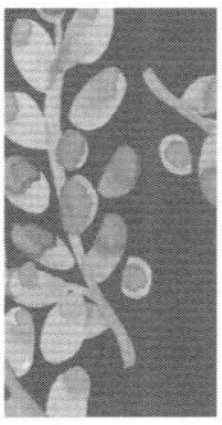

내조의 여왕, 십보라

십보라는 미디안 제사장 이드로의 딸로 모세가 이집트 병사를 죽이고 광야로 도망쳤을 때 만나 결혼한 아내였다. 십보라와 결혼한 모세는 두 아들을 낳아 그 이름을 '게르솜'과 '엘리에셀'이라고 하였다(출 18:3). '게르솜'의 '게르'는 '나그네'란 뜻이고 '솜'은 이곳이란 뜻이다. '엘리에셀'은 '나의 하나님'이란 뜻의 '엘리'와 '돕는 자'라는 뜻의 '에셀'이 결합된 말이다.

모세는 십보라와 결혼하고 광야에서 40년 동안 목자로 있다가 시내산에서 하나님의 음성을 듣고 고통당하는 동족을 출애굽시키라는 소명을 받았다. 모세가 그의 아내 십보라와 두 아들들을 데리고 이집트로 가던 중 여호와께서 갑자기 모세를 죽이려고 하셨다(출 4:24). 이때 십보라가 아들의 포피를 잘라 그의 발에 댐으로 모세의 생명을 구하였다.(출 4:25~26)

십보라는 나그네인 모세를 남편으로 맞이한 뒤 아들을 낳아 안정된 가정을 가질 수 있도록 하였으며, 하나님의 소명을 받고 이집트로 가던 도중 모세의 생명이 위급한 상황에 신속하게 대응하여 그의 생명을 구해 주었다. 그리고 두 아들과 함께 친정으로 돌아가고 이집트에는 모세만 갔다.

이집트에서 행한 모세의 사역과 관련하여 십보라는 전혀 등장하지 않는다. 모세가 출애굽한 이스라엘 백성들을 이끌고 홍해를 건너 광야에 들어와 장인 이드로를 만났을 때 십보라와 아들들을 다시 만났다. "모세의 장인 이드로가 모세가 돌려보냈던 그의 아내 십보라와 그의 두 아들을 데리고 왔으니"(출 18:2~3)에서 '모세가 돌려보냈다'는 말은 십보라가 자기 집으로 돌아가는 것을 모세가 허락했다는 뜻이다.

민수기 12장 1절에 보면, 모세가 구스 여자를 취한 것 때문에 미리암과 아론이 비방하였다. 구스는 에티오피아를 말하지만, 유대인들은 전통적으로 '모세가 취한 구스 여자'가 십보라를 가리키는 것이라고 한다. 미디안 종족인 십보라는 검은 피부로 인해 구스 여자로 취급받았던 것이다. 광야에서 재회한 십보라를 보고 누이 미리암과 형 아론이 모세를 비방한 것을 보면, 십보라가 모세와 함께 이집트에 가지 않은 것은 자기 때문에 그의 사역에 지장을 주는 일이 없도록 배려한 것이다. 십보라는 자신을 감추고 오직 모세만이 드러나도록 하였다.

출애굽한 이스라엘 백성들을 이끌고 온 모세를 다시 만난 십보라는 또 한 가지 중요한 역할을 하였다. 출애굽한 이스라엘 백성들이 광야에서 만난 민족들은 모두 그 길을 막고 방해하였으나 미디안은 달랐다. 이스라엘 백성들이 미디안 땅에서 환대를 받았는데, 미디안의 제사장 이드로의 집에 모세의 아내 십보라와 그의 아들들이 있었기 때문이었다.

미디안 제사장 이드로는 모세에게 십부장, 오십부장, 백부장, 천부장 등을 세워 백성들을 조직적으로 이끌도록 조언하였다. 이드로가 그렇게 한 배경에는 모세를 염려한 십보라 마음도 일조하였을 것이다. 누구보다 남편 모세를 걱정한 십보라는 모세가 이스라엘의 지도자로서 백성들을 효과적으로 이끌 수 있도록 내조하였던 것이다.

십보라는 눈에 보이지 않지만 꼭 필요한 산소 같은 존재였다. 십보라는 모세가 가장 어려웠던 시기인 광야에서 함께 생활한 최고의 반려자요, 죽을 뻔했던 모세의 생명을 구하고, 출애굽 사역을 잘 감당하도록 한 내조의 여왕이었다.

03

치료하시는 하나님

이스라엘 백성들은 유대력(음력)으로 1월 14일 출애굽하였다. 양력으로는 3월 중순에서 하순경으로 봄이다. 출애굽한 이스라엘 백성들은 홍해를 건너 수르 광야로 들어 왔다. 광야에서 사흘 길을 가는 동안 물이 없어 목말라 죽을 지경이 되었을 때 마라라는 곳에 이르렀다.

백성들이 '마라'의 물을 마시려고 했으나 써서 먹을 수 없었다. '마라'라는 말은 '쓰다'는 뜻이다. 하나님께서 모세에게 한 나무를 가리키고, 그가 물에 던지니 쓴 물이 단 물이 되었다(출 15:25). 백성들은 물을 먹고 갈증을 해소할 수 있게 되었다. 그때 하나님이 말씀하셨다.

"너희가 너희 하나님 나 여호와의 말을 들어 순종하고 내가 보기에 의를 행하며 내 계명에 귀를 기울이며 내 모든 규례를 지키면 내가 애굽 사람에게 내린 모든 질병 중 하나도 너희에게 내리지 아니하리니 나는 너희를 치료하는 여호와임이라."(출 15:26)

'치료하다'는 말의 히브리어는 '라파'다. 성경에 나타난 병의 이해를 보면, 하나님이 병을 주시지는 않는다. 죄(계약 파괴)가 모든 질병의 간접적인 원인이다. 예를 들면, 출애굽한 이스라엘 백성들이 광야생활을 할 때 모세가 구스 여자를 취한 것 때문에 비방한 미리암이 나병에 걸려 살이 반이나 썩었다. 그 때 모세가 "그를 고쳐 주옵소서(르파, 라파의 명령형)."(민 12:13) 하고 하나님께 부르짖었다.

그리고 하나님을 멸시하거나(민 14:11~12) 불순종할 때(신 28:20~22) 질병의 고통을 겪게 된다. 예레미야 예언자는 예루살렘 백성들의 완고함을 비판하면서 "길르앗에는 유향이 있지 아니한가 그 곳에는 의사가 있지 아니한가 딸 내 백성이 치료(로페, '라파'의 분사형)를 받지 못함은 어찌 됨인고." (렘 8:22) 하고 하나님의 심판을 예언하였다.

성경은 병을 고치시는 하나님에 대해 증언하는데, 히스기야가 병들어 죽게 되었을 때 간절히 기도하였더니 이사야 선지자가 하나님이 고쳐 주실 것이라는 예언을 하였다.

"왕의 조상 다윗의 하나님 여호와의 말씀이 내가 네 기도를 들었고 네 눈물을 보았노라 내가 너를 낫게 하리니(로페, '라파'의 분사형) 네가 삼 일 만에 여호와의 성전에 올라가겠고 내가 네 날에 십오 년을 더할 것이며."(왕하 20:5~6)

성경은 질병과 관련하여 치료보다 예방을 더 중요시한다. 이와 관련한 본문으로는 공중위생도덕(출 29:10~14), 청결케 함(레 15:1~33), 전염가능성이 있는 경우 격리시킴(민 5:4), 식이요법(단 1:10~16), 운동(민 6장), 휴식(레 25:1~12) 등을 들 수 있다. 시편 23편은 하나님의 정신요법이라고 할 수 있다.

예수님께서도 말씀이나 안수 등을 통해 병자들을 치료하셨다. 예수님께서 병자들을 고치신 것은 사랑의 표현(나사로, 요 11:33)이요, 기도의 응답(소경, 마 9:27)이며, 믿음을 보시고(백부장의 하인, 마 8:10; 혈루증 여인, 마 9:22) 행하셨다. 예수님께서는 병을 죄의 결과로 정죄하기보다 하나님의 영광을 위한 것(요 9:3)이라 하셨으며, 병자는 사랑하셨으나 병은 미워하셨다(막 1:25, 더러운 귀신). 성령의 은사는 하나님이 주신 특별한 은혜로 돈으로 살 수 없으며, 그중에 병 고치는 은사는 주님의 구속적인 은총에 기초를 두고 있다.(고전 12:4~11 참고)

04

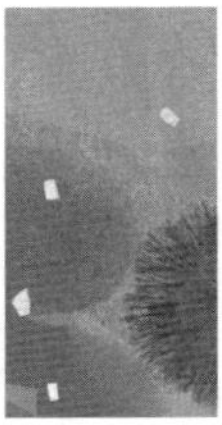

만나의 맛이 달라졌어요

첫째 달 십사일에 이집트에서 나온 이스라엘 백성들은 홍해를 건너 광야에 들어온 후 둘째 달 십오일에 신 광야에 이르렀는데 양식이 떨어져서 모세와 아론을 원망하였다(출 16:3). 그때에 하나님께서 하늘에서 양식을 비같이 내리셨는데, 아침에는 만나를, 저녁에는 메추라기를 주셨다. 히브리어 '만나'의 뜻은 '이것이 무엇이냐'인데 이스라엘 백성들이 아침에 이슬처럼 내린 것을 보고 놀라서 한 말이 그대로 이름이 되었다. 이때 먹은 만나의 맛이 '꿀 섞은 과자'(출 16:31) 같다고 했다.

광야시대 40년 동안에 먹은 만나는 하늘로부터 내려온 음식이다. 오늘 우리에게는 하나님의 말씀이 만나와 같다. 시편 19편 10절에 하나님의 말씀은 "꿀과 송이꿀보다 더 달도다."라고 했다. 그런데 이스라엘 백성들에게 만나의 맛은 한결같지 않았다.

이스라엘 백성들은 만나를 먹으며 시내 광야에 도착해 장막을 쳤다. 모세는 시내산에 올라가 십계명 돌판과 율법을 받고 성막 건축에 관한 상세한 말씀을 들었다. 이스라엘 백성들은 모세로부터 율법을 전해 듣고 성막 건축을 마칠 때까지 시내 광야에 머물렀다. 출애굽한 지 1년째가 될 때 첫 번째 유월절을 지키고 한 달 뒤 미처 유월절을 지키지 못한 사람들을 위해 두 번째 유월절을 지킨 후 다시 광야 길을 가기 위해 출발하였다. 이때 이스라엘 백성들이 또 불평하였다.

"누가 우리에게 고기를 주어 먹게 하랴 우리가 애굽에 있을 때에는 값없이 생선과 오이와 참외와 부추와 파와 마늘들을 먹은 것이 생각나거늘 이제는 우리의 기력이 다하여 이 만나 외에는 보이는 것이 아무 것도 없도다."(민 11:4~6)

불평하는 이스라엘 백성들은 만나의 맛이 "기름 섞은 과자 맛"(민 11:8) 같다고 하였다. 약 일 년 전 광야에서 처음 만나를 먹고 '꿀 섞은 과자' 같다고 했던 이스라엘 백성들이 이제는 만나 맛이 '기름 섞은 과자 맛' 같다고 하였다. 이것은 배가 고파서가 아니다. 탐욕 때문이다. 하나님은 배고픈 자에게 먹을 것을 주시지만, 탐욕은 싫어하신다. 불평하는 자들에게 메추라기를 가슴 높이까지 쌓게 하여 먹도록 하고는 그들을 죽이셨다. 탐욕은 영적인 식욕을 떨어뜨린다. 그래서 모든 일을 자기중심적으로만 생각하게 되면서 그의 영혼은 죽어가고 있는 것이다.

민수기 21장에 보면, 이스라엘 백성들이 약속의 땅 가나안 남쪽에 이르러 지름길로 가지 못하고, 동쪽으로 돌아가게 되었다. 그곳에 에서의 후예들인 에돔 족속이 있었기 때문에, 하나님께서 그들에게 피해를 주지 말고 돌아가도록 하셨기 때문이다. 그런데 길을 돌아가는 것 때문에 백성들이 시험에 빠졌다. 그리고 불평하기를 '이 하찮은 음식'(민 21:5)을 싫어한다고 하였다. 불평하던 많은 사람들이 불뱀에 물려 죽는 일이 일어났다.

광야 40년 동안 하늘에서 내린 만나는 변함이 없었는데, 이스라엘 백성들에게 만나의 맛이 달랐다. 감사한 마음일 때는 꿀 섞은 과자 같던 만나가 탐욕이 생기니까 맛이 없어지고, 시험에 빠지니까 하찮게 여길 정도로 지겨워졌다. 혹 말씀의 맛이 달라진 것 같다면, 먼저 내 마음을 살펴보고 한결같은 믿음으로 광야와 같은 세상을 잘 극복해 나가도록 하자.

05

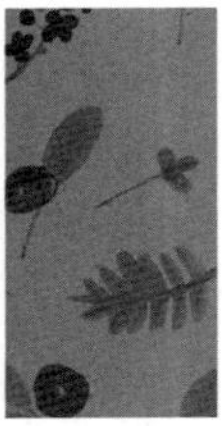

바로의 노예에서 하나님의 일꾼으로

이스라엘의 역사적 신앙고백의 핵심은 출애굽 사건이다. 모세가 애굽 왕 바로에게 요청한 것은 이스라엘 백성들을 광야로 데리고 나가 하나님께 예배하도록 해 달라는 것이었다. 그런 의미에서 출애굽의 1차적 목적지는 모세가 하나님을 만났던 시내산이었다. 성경은 출애굽에서 시내산까지의 여정을 비교적 상세하게 기록하고 있다.

이스라엘 백성들이 출애굽한 날은 니산월(아빕월) 14일이었다. 이날을 기념해서 지키는 절기가 유월절이다. 예수님께서 십자가에 달려 운명하신 날도 유월절이었다(고전 5:7). 출애굽을 통해 종살이하던 이스라엘 백성들이 해방된 것처럼 우리는 예수님의 십자가 사건을 통해 죄악의 노예에서 해방되었다.

그다음 날부터 1주일 동안 무교절을 지킨다. 무교절에는 출애굽 사건을 통한 하나님의 은혜를 기념하여 누룩을 넣지 않은 빵인 무교병을 만들어 먹었다. 무교병은 빵을 발효시킬 시간적 여유가 없을 때나 장거리 여행을 할 때 주로 먹었다. 또한 누룩은 효소 작용을 하여 발효를 시키는데, 이러한 효소의 분해 작용을 물질이 썩는 것으로 이해하여 성경에서는 누룩을 '부패'와 '타락'의 상징으로 사용하기도 한다.

"너희는 누룩 없는 자인데 새 덩어리가 되기 위하여 묵은 누룩을 내버리라 우리의 유월절 양 곧 그리스도께서 희생되셨느니라 이러므로 우리가 명절을 지키되 묵은 누룩으로도 말고 악하고 악의에 찬 누룩으로도 말고 누룩이 없이 오직 순전함과 진실함의 떡으로 하자."(고전 5:7~8)

유월절이 지난 안식 후 첫날에는 그해에 난 첫 이삭을 하나님께 드렸다. 예수님께서 부활하신 날이 바로 이날이다. 유대인들은 이날부터 매일 저녁 날짜를 계산하는데 일주일씩 일곱 주간을 계산한다. 예를 들면 이렇다. "오늘은 열일곱째 날입니다." "오늘은 둘째 주 셋째 날입니다." 날짜를 계수한 후에는 보통 시편 67편을 낭송한다. 일주일씩 일곱 번 계산하면 49일이 되고 그다음 날이 50일째 되는 날로 하나님이 시내산에 강림하신 '오순절'(Shavuot)이다.

홍해를 건넌 후 2월(시브월) 15일에 신 광야에 도착하는데, 이때 양식이 떨어졌다. 하나님은 이스라엘 백성들을 위해 이때부터 만나와 메추라기를 주셨다(출 16장). 이스라엘 백성들은 3월(시반월) 1일 시내산이 있는 시내 광야에 도착하였고, 2일에 시내 광야에 장막을 쳤다.(출 19:2~6)

이날은 새 달의 첫 날(초하루)과 3일간 정결하게 하는 날을 연결하는 날이다. 이날 하나님은 모세를 통해 "세계가 다 내게 속하였나니 너희가 내 말을 잘 듣고 내 언약을 지키면 너희는 모든 민족 중에서 내 소유가 되겠고 너희가 내게 대하여 제사장 나라가 되며 거룩한 백성이 되리라."(출 19:5~6)는 말씀을 이스라엘 백성들에게 전하셨다.

3일부터 5일까지 모든 이스라엘 백성들이 정결하게 한 후(출 19:10~11) 모세가 시내산에 올라갔으며 6일에 하나님께서 시내산에 강림하셨다. 이날이 오순절이다. 유대인들은 오순절을 하나님께서 모세를 통해 율법을 주신 것을 기념하는 율법수여절로 지킨다. 하나님께서 이스라엘 백성들을 출애굽시켜 시내산으로 인도하여 율법을 주신 것은 그들을 '제사장 나라요 거룩한 백성'으로 삼기 위해서였다.(출 19:5~6)

06

모세의 얼굴에 난 광채

모세는 시내산에서 십계명 돌판을 두 번 받았다. 첫 번째 돌판은 하나님께서 직접 만드셔서 십계명을 새겨 주셨는데(출 32:15), 모세가 산 아래에 내려와 백성들이 송아지 앞에서 춤추고 노래하는 것을 보고 깨뜨려 버렸다(출 32:19). 두 번째 돌판은 하나님께서 모세에게 직접 깎아 만들어 오도록 하셨다(출 34:1). 우리의 마음 판도 마찬가지다. 우리가 처음 하나님을 믿을 때에는 죄로 물든 우리의 마음 판을 하나님께서 직접 다듬어 주시고 말씀을 주시지만, 시험에 빠져 마음이 깨어지고 난 뒤에 다시 하나님의 말씀을 받기 위해선 우리의 마음 판을 우리가 직접 다듬어야 한다. 그래서 처음 믿는 사람보다 한 번 믿었다가 시험에 빠진 사람을 다시 전도하는 것이 더 힘들다.

모세가 두 번째 돌판에 하나님께서 새겨 주신 십계명을 받아 내려올 때 모세의 얼굴에 광채가 났다(출 34:19~20). 광채라는 말의 히브리원어는 '카란'(qaran)이다. 그런데 '카란'은 '광채'라는 뜻뿐만 아니라, '뿔'이라는 뜻도 갖고 있다.

로마에 가면 미켈란젤로가 조각한 유명한 '모세상'이 있는데, 모세의 머리에 두 뿔이 나 있다. 당시 로마 가톨릭 교회의 경전인 '불가타'(Vulgate) 라틴어 성경은 히브리어 '카란'을 '뿔'(cornu)로 이해하여 "그 얼굴에 뿔이 돋아 있

었다."(quod cornuta esset facies sua)로 번역하였다. 디켈란젤로는 '불가타' 성경의 내용에 따라 모세상을 조각한 것이다.

모세의 얼굴에 난 광채로 인하여 백성들은 그에게 가까이 가는 것을 두려워하였다. 그래서 모세는 하나님의 말씀을 전할 때에 수건으로 자기 얼굴을 가리게 되었으며, 백성들도 하나님의 말씀을 받을 때에 다음의 수건을 쓰고 받게 되었다. 이로 인해 이스라엘 백성들에게 생명이 되어야 할 하나님의 말씀이 정죄하고 두려워하는 율법이 되어 버렸다.

하나님의 말씀은 수건을 쓰고 보면 율법이요 수건을 벗고 보면 복음이다. 예수님은 율법을 폐하러 오신 것이 아니라 완성하러 오셨는데(마 5:17), 이것은 새로운 말씀을 주시기 위한 것이 아니라 수건을 벗은 얼굴로 거울을 보는 것 같이 주의 영광을 보도록 하기 위한 것이다.(고후 3:18 참고)

07

무덤 없는 사람, 모세

성경에 세 번씩 간구하고도 응답받지 못한 사람이 있다. 구약의 모세와 신약의 사도 바울이다. 그들은 하나님의 놀라운 이적을 행하고, 그들을 통해 많은 사람들이 병 고침과 구원의 은혜를 받았다. 그런데 모세는 약속의 땅 가나안에 들어가게 해 달라는 간청을 드렸지만 "그만해도 족하다"며 응답받지 못했고, 사도 바울은 몸에 가시 같은 질병을 고쳐 달라고 간구했지만 "네 은혜가 족하다"는 말씀만 들었다.

서구 신학자들은 기독교가 "바울의 종교냐 예수의 종교냐" 하는 논쟁을 하고 있다. 기독교가 "예수의 종교"인 것은 누구보다 사도 바울이 강조하였다. 사도 바울은 사람들이 자기를 신격화하는 것을 강력하게 반대하면서 '나도 너희들과 똑같은 성정을 가진 사람'이라는 것을 강조하였다.

만약 모세가 이스라엘 백성들을 이끌고 요단강을 건너 약속의 땅 가나안에 들어갔다면, 구약의 종교는 '여호와의 종교'가 아니라 '모세의 종교'가 되었을지도 모른다. 출애굽한 이스라엘 백성들은 모세를 신적 능력을 가진 지도자로 인식하였으며, 심지어 그가 지팡이 놋뱀을 만들어 단 것도 히스기야 시대 때까지 숭배하였다.

"그가 여러 산당들을 제거하며 주상을 깨뜨리며 아세라 목상을 찍으며 모세가 만들었던 놋뱀을 이스라엘 자손이 이때까지 향하여 분향하므로 그것을

부수고 느후스단이라 일컬었더라."(왕하 18:4)

모세가 약속의 땅 가나안에 들어가지 못한 것은 인간적으로 볼 때 서운할 수 있지만, 영적으로는 모세가 하나님의 영광을 가리는 일이 없도록 만든 복이었다. 이스라엘 백성들을 출애굽시켜 약속의 땅 가나안까지 인도한 것은 모세가 아니라 하나님이시기 때문이다. 하나님은 요단강을 건너 약속의 땅 가나안을 정복하는 일은 모세의 후계자 여호수아가 하도록 하셨다.

요단강을 건너는 것은 약속의 성취를 이루는 마지막 테이프를 끊는 것이라고 볼 수 있다. 여호수아는 법궤를 멘 제사장들이 요단강에 먼저 들어가 그 물이 끊어지도록 함으로써 이스라엘 백성들이 약속의 땅 가나안에 들어가는 영광을 하나님께 돌렸다.

그리고 모세는 요단강 저편 모압 땅에서 죽어 느보산에 묻혔는데 무덤이 어디에 있는지 모른다고 한다(신 34:6). 상식적으로 이해할 수 없는 일이다. 그리던 땅에 살아서 못 가면 죽어서라도 가고 싶은 것이 사람의 마음이다. 요셉이 그랬다. 이스라엘 자손이 출애굽할 때 400여 년 전 죽은 요셉의 유골을 갖고 나와 약속의 땅 세겜에 묻어 주었다(수 24:32). 지금도 세겜에 가면 요셉의 무덤이 있다. 그런데 왜 모세는 무덤이 어디 있는지조차 모른다고 할까?

무덤 없는 사람 모세, 그는 이 땅에 육신의 그림자를 전혀 남기지 않았다. 모세는 이스라엘의 설립자, 해방자, 율법수여자, 제사장, 재판관, 정치가, 교사, 예언자, 위로자, 안내자 등, 모든 리더십이 하나로 결집된 이스라엘 역사상 가장 위대한 지도자였다. 그러나 모세는 이 땅에 자기 육신의 흔적을 남기지 않음으로 오직 하나님의 영광만이 드러나도록 하였다. "천지는 없어질지언정 내 말은 없어지지 아니하리라."(마 24:35)는 말씀처럼 모세가 이스라엘 백성들에게 전한 토라(Torah, 모세오경)는 영원히 존재하며, 하나님의 말씀과 함께 모세도 영원히 존재하는 인물이 되었다.

십계명을 한 단어로 요약하면 '사랑'이다.
십계명의 핵심이 사랑인 것은 결혼의 핵심이 사랑인 것과 같다.
십계명은 신랑 되신 하나님과 신부 되는 이스라엘 백성들 사이에
주어진 언약의 계명이다.

제 6 장

십계명

01

율법과 복음의 차이

십계명은 출애굽한 이스라엘 백성들이 시내산에서 모세를 통해 받은 하나님의 계명이다. 이스라엘 백성들이 십계명을 지키고 출애굽한 것이 아니라 출애굽한 후에 십계명을 받았다는 점에서 율법은 구원의 조건이 아니다. 십계명은 구원받은 자들이 광야 같은 세상에서 온전한 삶을 살도록 하는 생명의 법이다. 그런데 왜 십계명을 포함한 하나님의 계명이 이스라엘 백성들에게는 정죄하고 심판하는 율법이 되었는가?

모세는 하나님으로부터 십계명 돌판을 두 번 받았다. 첫 번째 돌판은 하나님께서 직접 준비하셔서 십계명을 새겨 주셨는데(출 32:16), 모세가 산에서 내려오면서 이스라엘 백성들이 금송아지를 만들어 춤추는 것을 보고 노하여 그 판들을 산 아래로 던져 깨뜨려 버리고 말았다.(출 32:19)

두 번째 돌판은 하나님께서 모세에게 처음 것과 같이 만들어 갖고 오라고 하셨다.

"여호와께서 모세에게 이르시되 너는 돌판 둘을 처음 것과 같이 다듬어 만들라 네가 깨뜨린 처음 판에 있던 말을 내가 그 판에 쓰리니."(출 34:1)

우리가 처음 믿을 때는 세상에 있는 모습 그대로 하나님께 나아가면 하나님께서 말씀을 통하여 우리의 마음을 다듬어 주신다. 그러나 우리의 마음이 시험에 들어 깨졌다가 다시 하나님께 나아가려고 하면 우리 스스로 우리의 마음을 다듬어야 하나님의 말씀을 받아들일 수 있는 것과 같다.

모세가 두 번째 돌판을 들고 내려올 때에 그의 얼굴 피부에 광채가 나는 것을 보고 이스라엘 백성들이 가까이 하기를 두려워하므로 모세가 수건으로 자기의 얼굴을 가렸다(출 34:29~33). 모세가 얼굴에 수건을 쓰고 하나님의 계명을 전하니 이스라엘 백성들도 마음의 수건을 쓰고 받음으로 그 마음이 완고하여졌다(고후 3:14). 이스라엘 백성들의 마음이 완고하여진 것은 그들도 마음의 수건을 쓰고 받아들였기 때문이다.

사도 바울은 "오늘까지 모세의 글을 읽을 때에 수건이 그 마음을 덮었도다."(고후 3:15)고 함으로써 이스라엘 백성들이 얼굴에 수건을 가림으로 말씀을 읽을 때에도 마음에 수건을 가리고 읽게 되었다는 것을 지적한다. 마음의 수건을 쓰고 받았다는 것은 자신의 생각과 판단에 따라 받아들였다는 뜻이다. 결과적으로 하나님의 말씀이 사람들의 생각과 필요에 따라 이용되고 다른 사람을 판단하거나 정죄하는 도구로 율법화되었다. 은혜 아래 율법이 있어야 하는데, 율법 아래 은혜가 있는 꼴이 된 것이다.

"그러나 언제든지 주께로 돌아가면 그 수건이 벗겨지리라 주는 영이시니 주의 영이 계신 곳에는 자유가 있느니라."(고후 3:16~17)

결혼식에서 신랑이 신부의 얼굴을 가린 수건을 벗겨 주어 하나가 되듯 신랑 되신 예수님께서 십자가 사건을 통하여 하나님과 우리 사이를 가린 수건을 벗겨 주셨다. 율법의 완성은 율법을 덮고 있던 수건을 벗기는 것이다. 하나님의 계명은 구약이나 신약이나 동일한데, 수건을 쓰고 보면 율법이요 마음의 수건을 벗고 보면 복음이다.

02

십계명은 왜 서로 다른가?

십계명은 출애굽기 20장과 신명기 5장에 나온다. 이 두 십계명은 내용적으로 큰 차이가 없는데, 다만 안식일 계명과 관련하여 차이점을 보이고 있다. 출애굽기 20장의 안식일 계명은 하나님께서 6일 동안 세상을 창조하시고 제7일에 안식하셨다는 창조신앙에 근거를 두고 있고, 신명기 5장의 안식일 계명은 이집트에서 종살이를 할 때에는 안식하지 못했는데 이제는 자유인이 되었으므로 모두 안식하라는 출애굽 신앙에 근거를 두고 있다.

한편 유대교와 개신교, 가톨릭 사이에도 십계명은 차이가 있다. 개신교의 경우 출애굽기 20장에 기초하여 “나는 너를 애굽 땅, 종 되었던 집에서 인도하여 낸 네 하나님 여호와니라.”(출 20:2)는 말씀을 서론으로 하고 3절 “너는 나 외에는 다른 신들을 네게 두지 말라”는 말씀을 1계명으로 해서 17절 “네 이웃의 집을 탐내지 말라 네 이웃의 아내나 그의 남종이나 그의 여종이나 그의 소나 그의 나귀나 무릇 네 이웃의 소유를 탐내지 말라”는 말씀까지 십계명으로 되어 있다. 그래서 1계명부터 4계명까지는 하나님을 향한 수직적 계명, 5계명부터 10계명까지는 이웃을 향한 수평적 계명으로 구분하고 있다. 이를 소위 ‘십자가 구조’라고 말한다.

유대교는 개신교에서 서론으로 한 출애굽기 20장 2절을 1계명으로 하고 기독교의 2계명과 3계명을 묶어서 2계명으로 하고 있다. 그래서 유대교의 십계명에는 1계명과 2계명의 주어가 하나님 1인칭으로 되어 있다. 유대인들은 모세가 시내산에서 하나님으로부터 받은 율법을 613개로 분류하는데, 그 근거는 율법의 히브리어 '토라'의 네 글자가 갖고 있는 수치(400+6+200+5)의 합인 611에 하나님 1인칭으로 되어 있는 십계명 둘을 합하여 613이라고 한 것이다. 613개의 계명 중 "하지 말라"는 부정적인 계명이 365개고, "하라"는 긍정적인 계명이 248개다.

가톨릭은 또 다르다. 1계명은 가톨릭과 개신교가 같이 출발한다. 그러나 가톨릭에서는 개신교에서 2계명으로 구분한 출애굽기 20장 4~6절의 "우상을 만들거나 섬기지 말라"는 계명이 빠져 있다. 1계명인 "너는 나 외에는 다른 신들을 네게 두지 말라"는 말씀 속에 함께 포함시키고 있다.

중세 가톨릭교회는 성 제롬이 번역한 라틴어 성경(Vulgate)를 경전으로 하면서 다른 언어로의 번역을 금지시키고 미사도 라틴어로 하였기 때문에 영어나 독일어 등을 사용하는 일반 백성들은 성경을 읽을 수도 이해할 수도 없었다. 그래서 성경을 알지 못하는 백성들을 교화할 목적으로 교회 안에 다양한 조각과 성화, 모자이크 등을 발전시켜 왔는데, 아마도 이런 이유 때문에 십계명에서 아무 형상이든지 만들지 말라는 계명을 뺀 것은 아닌가 생각된다.

반면에 개신교는 '오직 성경'이라는 종교개혁 정신에 따라 "우상을 만들어 섬기지 말라"는 계명을 중시하였다. 가톨릭에서는 개신교에서 말하는 열 번째 계명을 둘로 나누어 9계명과 10계명으로 구분하고 있다. 가톨릭은 신명기 5장 21절에 근거하여 "네 이웃의 아내를 탐내지 말지니라"를 9계명으로, "네 이웃의 집이나 그의 밭이나 그의 남종이나 그의 여종이나 그의 소나 그의 나귀나 네 이웃의 모든 소유를 탐내지 말지니라"를 10계명으로 하고 있다.

이렇듯 유대교와 개신교, 가톨릭 사이에 내용적으로는 차이가 없어 보이는 십계명이 그들의 신학(혹은 교리)에 따라 계명을 구분하는 데 미묘한 차이를 드러내고 있다.

03

제1계명 : 하나님과의 혼인서약

"너는 나 외에는 다른 신들을 네게 두지 말라."(출 20:3)

제1계명은 신랑 되신 하나님과 신부 이스라엘 백성들 사이의 혼인서약이다. 하나님은 모세를 통해 이스라엘 백성들을 종살이하던 애굽에서 해방하여 하나님의 산인 시내산으로 인도하셨다. 유대력으로 니산월(1월) 14일 출애굽한 이스라엘 백성들은 홍해를 건너 광야에 들어와 시반월(3월) 1일 시내 광야에 도착하였다. 2일에 장막을 치고 3일부터 5일까지 모든 백성들이 정결하게 한 후 6일에 모세가 올라간 시내산에 하나님이 강림하셨다.

여호수아 24장은 신랑 되신 하나님에 대하여 잘 묘사하고 있다. 하나님은 이스라엘의 조상 아브라함을 강 저편에서 이끌어내신 분이다. '히브리인'('ibri)이란 말의 히브리어는 '건너오다'라는 뜻을 갖고 있는데, '강 저편에서 이편으로 넘어온 사람', 즉 '옛 세계에서 새로운 세계로 넘어온 사람'이란 뜻이다. 아브라함은 혼돈의 땅 바벨에서 약속의 땅 가나안으로 넘어온 히브리인(창 14:13)이었다.

출애굽한 이스라엘 백성들도 마찬가지다. 출애굽은 애굽 왕 바로의 종이었던 이스라엘 백성들이 하나님의 종, 즉 '제사장 나라'(출 19:6)가 되는 사건이었다. 제사장이란 하나님의 말씀을 받아 백성들에게 전하는 축복의 전달자다. 하나님이 시내산에서 이스라엘 백성들에게 율법을 주신 이유도 마찬가지다. 이스라엘 백성들은 하나님의 율법을 받아 세상에 전할 사명을 받은 제사장들이다. 이것이 하나님의 신부로서 해야 할 중요한 역할이다.

모세가 시내산에서 율법을 받은 것을 기념하여 지키는 절기가 오순절인데, 오순절 직전에 있는 안식일을 '샤바트 칼라'(Shabbat Kallah)라고 한다. 유대인들은 자기 일생에 '샤바트 칼라'인 날이 있는데, 그날은 결혼식 직전에 있는 안식일이다. 결혼의 핵심은 사랑, 히브리어로 '헤세드'(hesed)다. 룻기는 신랑 하나님과 신부 이스라엘 사이의 사랑의 관계를 잘 표현하고 있다. 모압 여인이었던 룻은 남편이 죽은 후 시어머니 나오미를 따라 베들레헴에 와서 보아스와 결혼함으로 다윗의 조상이 되었다. "어머니의 백성이 나의 백성이 되고 어머니의 하나님이 나의 하나님이 되시리니"(룻 1:16)라는 룻의 고백은 하나님이 이스라엘 백성들을 출애굽시켜 제사장 나라를 삼고 율법을 주신 목적을 가장 잘 표현하고 있다. 룻기는 오순절에 읽는 절기 두루마리인데, 룻의 고백이 오순절의 의미를 잘 표현하고 있기 때문이며, 룻과 보아스 사이의 사랑이 이루어진 것이 맥추절 보리밭이었기 때문이다. 맥추절과 오순절은 같은 절기를 가리킨다.

신랑 되신 하나님은 이스라엘 백성들을 위해 광야에서 모든 대적들을 물리치시고, 요단강을 마르게 하셨으며, 약속의 땅을 주셨다. 신부 되는 이스라엘 백성들은 혼돈의 땅에서 약속의 땅으로 나온 백성이요 세상의 노예로부터 하나님의 종으로 부름받은 사람들이다.

"한마음으로 당신을 위하면 당신께서도 한마음으로 위해 주십니다. 흠없이 당신을 위하면 당신께서도 흠없이 위해 주십니다."(시 18:25, 공동번역)

04

제2계명 : 이스라엘의 역사적 원죄

"너를 위하여 새긴 우상을 만들지 말고 또 위로 하늘에 있는 것이나 아래로 땅에 있는 것이나 땅 아래 물 속에 있는 것의 아무 형상이든지 만들지 말며 그것들에게 절하지 말며 그것들을 섬기지 말라 나 네 하나님 여호와는 질투하는 하나님인즉 나를 미워하는 자의 죄를 갚되 아버지로부터 아들에게로 삼사 대까지 이르게 하거니와 나를 사랑하고 내 계명을 지키는 자에게는 천 대까지 은혜를 베푸느니라."(출 20:4~6)

제1계명이 경배의 대상이 되는 유일하신 하나님을 강조하고 있다면, "너를 위하여 새긴 우상을 만들지 말고…"로 시작하는 제2계명은 하나님을 경배하는 참된 예배에 대하여 가르쳐 준다. 다시 말해 우리의 예배가 우상숭배 혹은 미신적인 예배가 되어서는 안 된다는 것을 나타낸다.

모세가 율법을 받기 위해 시내산에 40일 동안 머물렀다(출 24:18). 이스라엘 백성들은 모세가 산에서 내려오는 것이 더딤을 보고 아론에게 "우리를 위하여 우리를 인도할 신을 만들라."(출 32:1)고 요구하였다. 여기서 '신'은 히브리어로 '엘로힘'인데, 영어성경은 대부분 'gods'라고 번역을 하였다. 그러나 백성들이 요구한 '엘로힘'(Elohim)은 자신들이 숭배할 '신'이 아니라 모세의 역할을 대신할 '리더'를 만들어 달라는 것이었다.

이집트의 바로가 신적 존재의 리더였던 것처럼, 이스라엘 백성들에게 모세는 신적 존재의 리더였다. 이스라엘 백성들은 이집트에서 종살이하던 때의 습성이 남아 있어 바로 대신 모세를 신적 존재의 리더로 따랐던 것이다. 이스라엘 백성들은 모세를 신적 존재로 여길 만큼 의지하였는데 산에서 지체하고 있으니 두려워하게 된 것이다.

아론은 백성들의 요구를 거절하지 못하고 금송아지를 만들었다(출 32:1~6). 모세가 하나님으로부터 율법을 받는 가장 중요한 순간에 아론과 이스라엘 백성들은 금송아지를 만드는 우상숭배의 죄를 범하였으니 이것은 이스라엘의 역사적 원죄라고 말할 수 있다. 이스라엘 백성들은 40년간 광야생활을 할 때뿐만이 아니라 가나안 땅에서도 계속해서 우상숭배의 죄를 범하였다. 남북 이스라엘 왕국이 멸망한 것도 우상숭배 때문이다.(겔 8:5~18)

우상숭배란 무엇인가? 첫째, 하나님보다 더 사랑하는 모든 것은 모두 우상숭배다. 우상숭배는 인간의 탐심에서 나온 것이기 때문이다(엡 5:5; 골 3:5). 둘째, 예배의 수단이 목적으로 변질된 것도 우상숭배다. 셋째, 생명이나 인격이 없는 사물을 경배의 대상으로 삼는 것도 우상숭배다(시 115:4~7; 사 46:6). 이것은 믿음의 대상이 아니라 자기 욕망의 실현도구이기 때문이다.

다양한 형태의 우상숭배에 빠지는 역사적 원죄로부터 구원받을 수 있는 것은 십자가뿐이다. 예수님은 단 한 번 죽으심으로 완전한 구원을 이루시고(히 9:24~26), 원죄로부터 우리를 구원하셨기 때문이다.(롬 5:12~21)

"주는 영이시니 주의 영이 계신 곳에는 자유가 있느니라."(고후 3:17)

05

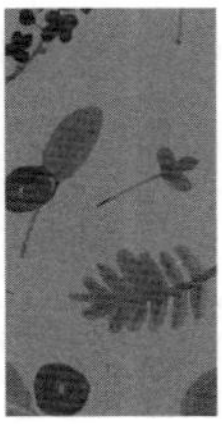

제3계명 : 하나님의 이름에 숨겨진 비밀

"너는 네 하나님 여호와의 이름을 망령되게 부르지 말라 여호와는 그의 이름을 망령되게 부르는 자를 죄 없다 하지 아니하리라."(출 20:7)

제3계명은 하나님의 이름에 관한 것이다. 성경에서 하나님 명칭은 '엘로힘'(하나님)과 '여호와' 두 가지가 사용되고 있다. '엘로힘'이 처음 등장하는 곳은 창세기 1장에 하나님이 천지를 창조하실 때였다. "태초에 하나님이 천지를 창조하시니라."(창 1:1)로 시작하는 하나님의 창조는 "하나님이 이르시되"로 시작하여 6일 동안 온 우주만물을 창조하셨다. 우리가 '엘로힘'(하나님)을 부를 때에는 온 우주만물을 창조하시고 나를 지으신 분을 고백하는 것이다.

'여호와'는 창세기 2장 4절부터 등장하는데, 여호와 하나님이 지으신 최초의 인간 아담을 위해 에덴동산을 창설하셔서 온갖 식물을 주시고 돕는 베필로 여자를 주셨는데, 인간들은 하나님께서 금지하신 선악과를 따먹고 범죄하였다. 여호와 하나님은 범죄한 인간을 에덴동산에서 추방하시면서 그들에게 가죽옷을 입혀 주셨다. 여호와 하나님은 인간의 죄를 심판하시되 멸망치 않으시고 다시금 살 길을 열어 주시는 구원의 하나님이시다.

그러므로 우리가 여호와를 부를 때에는 나를 세상의 권세로부터, 죄악으로부터 구원하여 주신 역사의 주인 되시는 하나님을 고백하는 것이다. 여호와 하나님은 갈대아 우르 지방에 있던 아브라함을 부르신 하나님이시요 애굽에서 400여 년간 종살이하던 이스라엘 백성들을 모세를 통해 출애굽시킨 하나님이시다.

여호와는 히브리어 자음 '요드', '헤', '봐우', '헤', 네 글자로 되어 있는데, 본래 이스라엘 백성들은 하나님의 거룩한 이름을 직접 부르지 않고 두 손을 모아 기도하는 자세로 '아도나이'(나의 주님)라고 읽었다. 그래서 '요드', '헤', '봐우', '헤', 네 글자로 된 본래 이름을 어떻게 부르는지는 아무도 모르게 되었다. '여호와'라는 명칭은 영어성경인 제임스왕역(King James Version)의 표기에 따른 것이다. 오늘날 학자들은 하나님의 본래 명칭이 '야훼'였다고 주장하기도 한다. 그래서 공동번역에서는 하나님 명칭을 '야훼'로 표기하였다.

'이름'이란 말의 히브리어는 '셈'(shem)이다. 노아의 세 아들 중 셈의 후손들을 가리켜 셈족이라고 하는데, 유대인들은 "셈의 하나님 여호와를 찬송하리로다."(창 9:26)는 말씀에 기초하여 셈족이란 하나님의 이름을 가진 민족이란 뜻으로 이해한다. 바벨탑 사건 이후 하나님께서 부르신 이스라엘의 조상 아브라함은 셈의 10대 손이다. 하나님의 계시(말씀)를 셈의 후손(아브라함-이스라엘)이 받아서 그 말씀을 모든 백성들(함과 야벳)에게 전하는 것이다.

'망령되다'는 말은 '공허하다'는 뜻이다. 성경에서는 '허탄하다'(시 24:4), '무익하다'(렘 2:30) 등으로 표현하고 있다. "하나님 여호와의 이름을 망령되게 부르지 말라."는 계명은 하나님의 이름이 공허하고 무익하게 사용되어서는 안 된다는 말씀이다. 하나님의 이름을 망령되게 일컫는 경우는 헛된 약속이나 성원을 하는 것(레 19:12), 악한 일에 이용하는 것(렘 7:10~11), 바람직하지 못한 대화에서 사용하는 것(마 12:36~37) 등을 들 수 있다.

06

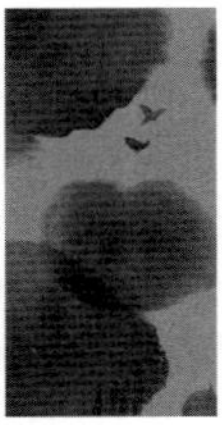

제4계명 : 안식일과 주일

"안식일을 기억하여 거룩하게 지키라 엿새 동안은 힘써 네 모든 일을 행할 것이나 일곱째 날은 네 하나님 여호와의 안식일인즉 너나 네 아들이나 네 딸이나 네 남종이나 네 여종이나 네 가축이나 네 문안에 머무는 객이라도 아무 일도 하지 말라 이는 엿새 동안에 나 여호와가 하늘과 땅과 바다와 그 가운데 모든 것을 만들고 일곱째 날에 쉬었음이라 그러므로 나 여호와가 안식일을 복되게 하여 그 날을 거룩하게 하였느니라."(출 20:8~11)

"네 하나님 여호와가 네게 명령한 대로 안식일을 지켜 거룩하게 하라 엿새 동안은 힘써 네 모든 일을 행할 것이나 일곱째 날은 네 하나님 여호와의 안식일인즉 너나 네 아들이나 네 딸이나 네 남종이나 네 여종이나 네 소나 네 나귀나 네 모든 가축이나 네 문 안에 유하는 객이라도 아무 일도 하지 못하게 하고 네 남종이나 네 여종에게 너 같이 안식하게 할지니라 너는 기억하라 네가 애굽 땅에서 종이 되었더니 네 하나님 여호와가 강한 손과 편 팔로 거기서 너를 인도하여 내었나니 그러므로 네 하나님 여호와가 네게 명령하여 안식일을 지키라 하느니라."(신 5:12~15)

출애굽기 20장과 신명기 5장에 나오는 두 십계명 사이의 가장 큰 차이점 중의 하나는 제4계명인 안식일 계명이다. 출애굽기 20장 8~11절에 있는 안식일 계명은 하나님께서 엿새 동안 천지만물을 창조하시고 제칠일에 안식하셨다는 하나님의 창조역사에 근거하고 있다면, 신명기 5장 12~15절에 있는 안식일 계명은 애굽에서 종 되었던 백성들을 인도하여 내신 하나님의 구원역사에 근거하고 있다.

특별히 안식일 계명은 출애굽한 이스라엘 백성들과 맺은 영원한 언약의 증표(출 31:12~18)다. 모세가 시내산에서 십계명과 율법을 받아 내려와 이스라엘 백성들에게 전할 때 첫 번째로 전한 말씀이 안식일 계명이었다. 안식일은 단순히 여러 계명 중의 하나가 아니라 신랑 하나님과 신부 이스라엘 백성들이 맺은 혼인서약의 증표와 같다.

율법을 완성하러 오신 예수 그리스도(마 5:17)는 안식일의 주인(마 12:3~8)이 되시며, 단 한번 죽으심으로 온 인류의 죄를 사하시고(히 9:1~14), 일요일 새벽에 부활하심으로 우리에게 영원한 안식을 주셨다(히 4:4~11). 기독교인들이 일요일을 주(主)일이라 부른 것은 요한계시록 1장 10절 "주의 날에 내가 성령에 감동되어"라는 성경 말씀에 근거한 것이다. 일요일은 성부 하나님께서 이 세상을 창조하신 첫 번째 날이요, 성자 예수님께서 부활하신 날이며, 성령께서 강림하신 주의 날이다.

초대교회 교인들은 안식 후 첫 날에 모여 성만찬을 행하고(행 20:7), 연보를 하였다(고전 16:2). 주일은 주님을 기억하는 날이요(행 20:7), 하나님의 말씀을 받는 날이요(계 1:10), 헌금을 통해 감사와 봉사를 하는 날이요(고전 16:2), 성도들과 교제하는 날이다.(시 133:1~3)

07

제5계명 : 효-존재중심

"네 부모를 공경하라 그리하면 네 하나님 여호와가 네게 준 땅에서 네 생명이 길리라."(출 20:12)

십계명의 제1계명에서 제4계명까지는 하나님과의 관계에서 지켜야 할 계명이라면, 제5계명부터 제10계명까지는 인간과의 관계에서 지켜야 할 계명들이다. 인간과의 관계에서 지켜야 할 첫 번째 계명으로 나온 제5계명은 "부모 공경의 말씀"이 인간 사회에서 그만큼 중요한 위치를 차지하고 있다는 것을 보여준다.(막 7:1~13 참고)

'공경하라'는 말의 히브리원어는 '카베드'인데, '간' 혹은 '무겁다'는 뜻을 갖고 있다. '간'은 소화를 돕고 해독작용(피를 걸러줌)을 하며, 한번 손상을 입으면 회복이 어렵고, 생명에 치명적인 결과를 가져온다. 이런 점에서 부모는 신체의 '간'과 같이 소중한 존재다.

간은 가장 무거운 장기로 '무겁다'는 뜻을 갖고 있다. 부모를 공경한다는 것은 부모를 무겁게 여긴다는 뜻이요, 부모의 말에 순종한다는 뜻이다.

"자녀들아 주 안에서 너희 부모에게 순종하라 이것이 옳으니라 네 아버지와 어머니를 공경하라 이것은 약속이 있는 첫 계명이니 이로써 네가 잘되고 땅에서 장수하리라."(엡 6:1~3)

“네가 잘되고 땅에서 장수하리라.”는 말씀은 부모 공경의 유익이 공경 받는 부모가 아닌 공경하는 자식에게 있다는 것을 가르쳐 준다. 우리가 하나님을 경외하는 것도 마찬가지다. 하나님은 당신의 유익을 위해서가 아니라 인간에게 유익을 주기 위하여 하나님을 경외하고 그 말씀에 순종하도록 하신다.

존 칼빈(John Calvin)은 부모를 공경하라는 제5계명이 살인하지 말라는 제6계명보다 앞선 것은 하나님에 대한 공경과도 연관되어 있기 때문이라고 하였다. 공경한다는 것은 곧 순종한다는 것을 의미하며, 이것은 자기중심주의를 떠나 존재중심주의로 돌아가는 것을 의미하기 때문이다.

성경은 친부모뿐만 아니라 우리가 부모처럼 여기고 존중해야 할 사람들이 있다는 것을 가르쳐 준다. 첫째는 나라의 통치자다. 다윗은 사울을 “내 아버지여”(삼상 24:11)라고 불렀다. 둘째는 영적인 지도자다. 엘리사는 자기 스승 엘리야를 향하여 “내 아버지여 내 아버지여”(왕하 2:12) 하고 불렀다.

그리고 우리가 속한 사회와 교회 등, 공동체 내에 함께 살고 있는 연로한 노인들이다.

“너는 센 머리 앞에서 일어서고 노인의 얼굴을 공경하며 네 하나님을 경외하라 나는 여호와이니라.”(레 19:32)

“젊은 자의 영화는 그의 힘이요 늙은 자의 아름다움은 백발이니라.”(잠 20:29)

“늙은이를 꾸짖지 말고 권하되 아버지에게 하듯 하며 젊은이에게는 형제에게 하듯 하고 늙은 여자에게는 어머니에게 하듯 하며 젊은 여자에게는 온전히 깨끗함으로 자매에게 하듯 하라.”(딤전 5:1~2)

08

제6계명 : 가인처럼 하지 말라

"살인하지 말라."(출 20:13)

십계명의 제6계명인 "살인하지 말라."(출 20:13)는 인간 보호의 계명이다. 하나님은 대홍수 심판 이후에 노아에게 산 동물을 채소같이 먹을 것으로 주시면서 "고기를 그 생명 되는 피째 먹지 말 것"(창 9:4)을 말씀하시고 다음과 같이 강조하셨다.

"내가 반드시 너희의 피 곧 너희의 생명의 피를 찾으리니 짐승이면 그 짐승에게서, 사람이나 사람의 형제면 그에게서 그의 생명을 찾으리라 다른 사람의 피를 흘리면 그 사람의 피도 흘릴 것이니 이는 하나님이 자기 형상대로 사람을 지으셨음이니라."(창 9:5~6)

성경의 기록에서 최초의 살인자는 가인이다. 가인은 하나님께서 아벨의 제사만 받아들이고 자신의 제사는 받아들이지 않은 것으로 인해 아벨을 미워하여 들에서 그를 죽였다. 가인의 입장에서 보면 불공평하다거나 억울하다고 생각할 수도 있다. 그렇다고 사람을 죽일 수는 없다. 가인의 살인은 자신의 마음속에 일어난 미움을 스스로 다스리지 못한 결과다. 그래서 하나님은 가인에게 "네가 선을 행하면 어찌 낯을 들지 못하겠느냐 선을 행하지 아니하면 죄가 문에 엎드려 있느니라 죄가 너를 원하나 너는 죄를 다스릴지니라."(창

4:7)고 말씀하셨다.

신약성경은 가인이 아벨을 죽인 동기에 대해서 "가인 같이 하지 말라 그는 악한 자에게 속하여 그 아우를 죽였으니 어떤 이유로 죽였느냐 자기의 행위는 악하고 그의 아우의 행위는 의로움이라."(요일 3:12)고 하였다. 가인의 아벨을 죽인 행위는 결과적으로 그의 제사가 믿음의 제사가 아니었음을 보여주는 반증이기도 하다.(히 11:4 참고)

하나님은 아벨을 죽인 가인에게 벌을 주시면서 다른 사람들이 그를 함부로 죽이지 못하도록 보호의 표(창 4:15)를 주셨다. 가인의 족보에 나오는 '야발(도시의 건설자), 유발(음악인의 조상), 두발가인(금속문명의 창조자)' 등은 문명사회로 발전해 온 인간의 내면에는 가인과 같은 죄악성이 있음을 암시하고 있다. 경쟁사회 속에서 어떤 이유에서든 상대방이 미울 때가 있는데, 그럴 때에라도 가인처럼 악을 행하면 안 된다.

한편 성경은 정당방위에 의한 살인(출 22:2~3), 우발적인 사고에 의해 사람을 죽게 한 살인자를 위해서 도피성 제도(수 20장)를 두어 부지중의 살인에 대해 공정한 재판을 받도록 보장하고 있다. 그러므로 제6계명이 의미하는 살인은 불의하게 폭력적으로 사람을 죽이는 것이라고 할 수 있다.

살인이란 생명을 끊는 것이다. 다른 사람을 죽인 것을 타살, 자신을 죽인 것을 자살이라고 한다. 그리고 영적 살인이 있는데 그것은 무관심이다(겔 3:18~19). 살인은 미움에서 시작된다(마 5:21~22; 요일 3:15 참고). 미움이 분노로, 분노가 살인에까지 이르는데 이것은 마귀의 역사다(요 8:44). 살인을 극복하는 방법은 사랑밖에 없다. 원수까지도 사랑하는 마음(레 19:17~18; 마 5:43~45), 형제를 사랑하는 마음(요일 4:20~21)으로 내 속에 있는 죄의 소원을 다스릴 수 있는 영적 능력을 가져야 한다.

09

제7계명 : 피해야 할 죄

"간음하지 말라."(출 20:14)

제7계명인 "간음하지 말라."(출 20:14)는 도덕적이고 성적인 금지만을 뜻하는 것이 아니라 가족과 생명을 보호하기 위한 계명이다. 성경에 음행과 간음이라는 표현이 나오는데, 음행은 모든 종류의 성범죄, 강간, 남색, 동성연애, 매음행위 등등 광범위한 의미에서 사용되는 말이고, 간음은 기혼자가 자기의 남편이나 아내 이외의 이성과 맺는 불법적인 성관계를 의미한다. 구약의 예언자들은 하나님을 떠나 우상숭배하는 것을 영적인 간음이라고 하였다.(렘 3:8~10)

간음은 무엇보다 먼저 자기 자신을 파멸에 이르게 한다(잠 6:20~35; 고전 6:18~20). 그리고 간음은 가정을 파괴하고(살전 4:3~8; 히 13:4), 사회를 파멸의 길로 가게 한다. 소돔과 고모라는 손님 접대에 관한 풍습의 파괴와 성적인 타락에 따른 사회적 혼란으로 인해 멸망하였다.(창 19:4~14)

고대 로마의 농업과 상업중심지였던 폼페이(Pompei)는 79년 베수비오 산의 화산 폭발로 인해 멸망한 도시다. 화산재에 묻혀 있던 폼페이는 1549년 수로공사 중에 유적이 발견되면서 발굴이 시작되어 목욕탕, 원형극장 등 건축물뿐만 아니라 많은 유물들이 출토되었다. 화산재에 덮여 죽은 사람의 형상들은 당시의 참상을 그대로 보여주고 있는데, 많은 유적들을 통해 폼페이가 성적 타락과 부패가 심한 도시였다는 것이 드러났다. 역사학자들은 "로마는 희랍을 정복했지만, 희랍의 다신문화와 성문화는 로마를 정복하고 말았다." 고 평가한다.

예수님은 음욕을 품는 것 자체를 경계하셨다(마 5:27~28). 음욕은 단순한 성적 호기심이 아니라 마음속의 그릇된 계획이다. 당시 간음을 하면 주로 여자들이 비난을 받았는데, 예수님은 간음한 여인에 대해 "나도 너를 정죄하지 아니하노니 가서 다시는 죄를 범하지 말라."(요 8:11)는 용서의 말씀을 하시기도 하셨다.

다윗은 밧세바와 간음한 이후 충성스러운 장군이었던 그녀의 남편 우리야를 죽이는 죄까지 범하였다(삼하 11~12장). 그러나 예언자 나단이 와서 다윗의 잘못을 지적하자 다윗은 눈물로 자신의 죄를 회개함으로 용서를 받았으며(시 51편), 다시는 같은 죄를 범하지 않았다.

간음죄는 싸워야 할 죄가 아니라 피해야 할 죄다. 유혹을 피하기 위해서는 하나님을 두려워함으로 경건한 삶을 살도록 끊임없이 노력해야 한다.

"또한 너는 청년의 정욕을 피하고 주를 깨끗한 마음으로 부르는 자들과 함께 의와 믿음과 사랑과 화평을 따르라."(딤후 2:22)

"그러므로 너희는 죄가 너희 죽을 몸을 지배하지 못하게 하여 몸의 사욕에 순종하지 말고 또한 너희 지체를 불의의 무기로 죄에게 내주지 말고 오직 너희 자신을 죽은 자 가운데서 다시 살아난 자 같이 하나님께 드리며 너희 지체를 의의 무기로 하나님께 드리라."(롬 6:12~13)

하나님의 가장 큰 심판은 그냥 그대로 내버려두는 것이다. 남편과 아내의 관계는 그리스도와 교회의 관계와 같다(엡 5:22~33). 부부간의 진정한 사랑을 통해 천국과도 같은 가정을 이루도록 하자.

10

제8계명 : 도둑 같은 마음을 버리라

"도둑질하지 말라."(출 20:15)

제8계명인 "도둑질하지 말라."는 기독교인의 윤리관, 특별히 물질에 관한 계명이다. '도둑질'이란 말의 뜻은 '옆으로 제쳐 놓는다'(put aside)는 뜻이다. 새로운 공동체의 출발에 가장 걸림돌이 되는 것 중의 하나가 도둑질하는 것이다.

출애굽한 이스라엘 백성들이 40년 광야생활을 지나 가나안에 들어와 약속의 땅을 차지하는 새로운 역사가 시작되는 순간에 유다 지파의 아간이란 사람이 여리고에서 하나님께 속한 것을 따로 챙겨 놓는 도적질을 하였다(수 7:11~13). 이 일로 인하여 이스라엘 백성들은 아이성 전투에서 패하였다.

초대교회에서도 이와 유사한 일이 일어났는데, 아나니아와 삽비라 부부가 자기들의 밭을 팔아 일부를 챙기고 나머지를 하나님께 드렸다(행 5:1~11). 이들은 바나바가 자기의 소유를 팔아 전부 하나님께 드리는 것을 보고 자기들도 소유를 팔아 하나님께 드렸다. 문제는 바쳤다고 말한 재산 중 일부를 빼돌린 것이었다. 이 일로 인하여 아나니아와 삽비라는 하나님께 드리고도 죽임을 당하는 어리석은 사람들이 되었다.

도둑질에는 크게 두 가지가 있는데, 첫째는 하나님의 것을 도적질하는 것이다.

"사람이 어찌 하나님의 것을 도둑질하겠느냐 그러나 너희는 나의 것을 도둑질하고도 말하기를 우리가 어떻게 주의 것을 도둑질하였나이까 하는도다 이는 곧 십일조와 봉헌물이라."(말 3:8)

십일조와 하나님께 드리는 헌물은 하나님께 속한 것인데, 헌물은 서원한 것(신 23:21~23; 전 5:4~6), 흠 없는 것(레 22:18~22), 예물로 드린 것들이다. 그리고 가장 큰 도적질은 하나님께 속한 영광을 가로채는 것이다(단 5:22~23). 사도들은 무엇보다도 하나님의 영광을 가로채는 일이 없도록 유의하였다.(행 3:12, 베드로; 행 14:8~15, 바울과 바나바 참고)

둘째는 사람의 것을 도둑질하는 것이다. 예를 들면, 부정직한 상거래(레 19:35~36), 빌린 돈을 갚지 않는 것(시 37:21), 품삯을 떼어 먹는 것(약 5:4), 높은 이자놀이 하는 것(출 22:25), 뇌물을 받는 것(출 23:8) 등이다.

도둑질은 성령의 역사와 반대된다. 도둑질은 하나님 앞에서 거짓말하는 것과 같기 때문이다. 그러므로 도적과 같은 마음은 사탄의 역사다. 제자들 중 돈궤를 맡은 가룟 유다가 대제사장에게 은전 30냥을 받고 예수님을 배신한 것은 그 속에 사탄이 들어와 도둑 같은 마음을 가졌기 때문이다.(요 13:27)

성도는 이와 같은 사탄의 역사를 물리쳐야 한다. 이를 위해서는 올바른 물질관을 가져야 한다. 도둑질은 탐심이 원인(약 1:15)이므로 자족할 줄 알고(잠 30:8~9; 빌 4:11~13, 19) 베풀 줄 알아야 한다(엡 4:28; 행 9:36~43, 다비다). 윤리적인 사람이 다 기독교인은 아니지만, 기독교인은 윤리적인 삶을 살아야 한다.

11

제9계명 : 거짓 증거란 무엇인가?

"네 이웃에 대하여 거짓 증거하지 말라."(출 20:16)

십계명의 제9계명인 "네 이웃에 대하여 거짓 증거하지 말라."는 제8계명의 "도둑질"과 함께 거짓과 관련된 것이다. 도둑질은 재산에 대한 문제요, 거짓 증거는 명예에 관한 문제다. 이 둘 중 어느 것이 더 나쁠까? 물질은 눈에 보이는 손해를 입히기 때문에 더 나쁜 것 같지만 돌려 줄 수 있는 것이다. 그러나 명예는 한번 손상을 입으면 다시 회복하기 어렵다는 점에서 더 심각하다.

성경에 거짓 증거로 고소를 당한 요셉은 감옥에 갇혔고(창 39:7~20), 포도원을 탐낸 아합 왕을 위해 왕비 이세벨이 꾸민 거짓 증거로 인해 나봇은 억울하게 죽임을 당하였다(왕상 21:1~14). 초대교회 일곱 집사 중 한 사람으로 최초로 순교한 스데반 집사도 거짓 증거로 죽임을 당했다.

"스데반이 지혜와 성령으로 말함을 그들이 능히 당하지 못하여 사람들을 매수하여 말하게 하되 이 사람이 모세와 하나님을 모독하는 말을 하는 것을 우리가 들었노라 하게 하고."(행 6:10~11)

성경에는 혀에 대한 경계의 말씀이 많이 있다(잠 18:21; 15:4; 25:18; 시 52:2; 140:3; 약 3:5~6). 하나님은 특별히 거짓을 말하는 망령된 증인을 미워하신다(잠 6:16). 거짓 증거의 종류로는 참소(딤전 3:11, 남을 헐뜯어서 없는 죄를 있는 듯이 꾸며 고해바치는 일), 헛소문의 유포(잠 20:19), 지나친 비판(레 19:16), 위증(신 19:15~21) 등이 있다. 이런 점에서 거짓 증거는 단순히 법정에서의 위증만을 이야기하는 것이 아니라 일생생활 속에서 일어날 수 있는 이웃의 명예와 이익을 침해하는 모든 말들이 포함될 수 있다.

우리가 거짓 증거의 죄를 범하지 않기 위해서는 무엇보다 거짓말을 인정해야 한다(요일 1:9). 남의 일에 간섭하지 말고(벧전 4:15~16), 자기 일에 충실하며 경건하고 거룩한 일에 바쁜 사람이 되어야 한다(잠 20:19; 레 19:16). 그리고 가능하면 말을 적게 하고(잠 10:19; 약 1:19), 참된 것을 말하고(엡 4:25), 주님께 열납될 수 있는 말을 해야 한다.(시 189:14)

이사야 53장 9절에, "그는 강포를 행하지 아니하였고 그의 입에 거짓이 없었으나 그의 무덤이 악인들과 함께 있었으며 그가 죽은 후에 부자와 함께 있었도다."라는 예언의 말씀은 예수님의 십자가 사건과 함께 성취되었다. 예수님을 심문하면서 "진리가 무엇이냐?"고 물었던 로마 총독 빌라도는 예수님이 죄가 없는 것을 알면서도 유대인들의 성화에 못 이겨 그들이 원하는 대로 예수님을 내어 주었다. 이렇듯 죄가 없는 것을 알면서 모른 척하는 것도 거짓 증거의 일종이다. 그러므로 거짓 증거하지 말라는 계명은 인간의 영혼과 삶을 위한 참된 진리에 어긋나지 않도록 하기 위한 것이다.

"생명을 사랑하고 좋은 날 보기를 원하는 자는 혀를 금하여 악한 말을 그치며 그 입술로 거짓을 말하지 말고 악에서 떠나 선을 행하고 화평을 구하며 그것을 따르라."(벧전 3:10)

12

제10계명 : 탐심과 거룩한 야망

"네 이웃의 집을 탐내지 말라 네 이웃의 아내나 그의 남종이나 그의 여종이나 그의 소나 그의 나귀나 무릇 네 이웃의 소유를 탐내지 말라."(출 20:17)

제10계명은 탐심을 경계한 말씀이다. 탐심은 불법적인 방법으로 더욱 많이 지나치게 갖고자 하는 욕심을 말한다. 특별히 '네 이웃의', '그의' 등 소유격을 많이 사용함으로써 탐심이란 나의 소유가 아닌 것에 대해 불의한 욕심을 갖는 것임을 강조하고 있다.

탐심은 죄악의 뿌리다. "욕심이 잉태한즉 죄를 낳고 죄가 장성한즉 사망을 낳느니라."(약 1:15)는 말씀처럼 태초에 에덴동산에서 인간을 유혹한 뱀은 그들의 눈과 입과 마음을 자극하여 하나님께서 금지한 선악과를 따먹도록 하였다. 그리고 "돈을 사랑함이 일만 악의 뿌리가 되나니"(딤전 6:10)라는 말씀처럼 탐심은 모든 범죄의 동기를 제공한다.

"탐심은 곧 우상 숭배"(골 3:5)다. 우상을 섬기는 자는 종교를 자신의 욕망을 채우기 위한 수단으로 삼기 때문이다. "그들[쾌락을 탐하던 사람들]의 신은 배"(빌 3:19)라는 말씀이 바로 그 말씀이다.

탐심에는 끝이 없다. 어느 날 한 백작이 아침 일찍 부엌문을 지나다가 "5파운드만 있으면 얼마나 좋을까!" 하는 요리사의 한탄을 들었다. "죽은 사람 소원도 들어준다는데…." 하고는 그녀에게 5파운드를 건네주었다. 그리고 그녀를 살짝 엿보았더니 "내가 미쳤지. 10파운드라고 할 걸, 5파운드 가지고 무엇을 한담." 하며 한탄했다고 한다.

"은을 사랑하는 자는 은으로 만족하지 못하고 풍부를 사랑하는 자는 소득으로 만족하지 아니하나니."(전 5:10)

탐심은 영적인 식욕을 떨어뜨리며, 삶을 파괴한다(잠 28:16). 사람은 탐심으로 인해 유혹에 빠지기 쉽다.

"부하려 하는 자들은 시험과 올무와 여러 가지 어리석고 해로운 욕심에 떨어지나니 곧 사람으로 파멸과 멸망에 빠지게 하는 것이라."(딤전 6:9)

탐심으로 인해 유혹에 빠지면 자기 자신뿐만 아니라 사회 전체를 곤경에 빠뜨리기도 한다. 출애굽한 이스라엘 백성들이 여리고 성을 점령하고 아이성을 공격하였을 때 패하였는데, 그 이유는 유다 지파 아간의 탐심 때문이었다.(수 7:1~15)

창세기 2장에 나오는 아담과 하와 이야기는 탐심이 범죄로 발전하는 단계를 잘 보여준다. 첫째, 생각이 떠오른다.(뱀의 유혹) 둘째, 눈을 통해 감정의 변화가 온다.(보암직도 하고) 셋째, 마음의 즐거움이 의지를 움직인다.(먹음직도 할 만큼 탐스럽다) 넷째, 행동으로 옮긴다.(선악과를 따서 먹고 아담에게도 준다) 다섯째, 책임 전가다.(잘못을 인정하기보다 자기 합리화를 한다)

그럼 탐심을 극복하기 위해서는 어떻게 해야 할까? 첫째, 자족할 줄 알아야 한다(딤전 6:6~8; 빌 4:12~13). 둘째, 드리는 법을 배워야 한다(잠 21:26). 셋째, 거룩한 야망을 가져야 한다(렘 45:5; 골 3:2). 자기중심적인 욕심을 하나님을 위한 소명으로 바꾸도록 하라.

"한 인간의 야망을 그를 향한 하나님의 계획에 일치시켜 보라. 그러면 광대무변한 바다라도 성실히 그를 인도할 북극성을 소유하게 되리라."(S. D. Gordon)

13

사랑은 율법의 완성

유대인들은 전통적으로 모세가 시내산에서 받은 계명이 모두 613개라고 믿는다. 십계명은 613개의 계명을 10개로 집약한 것이라고 볼 수 있다. 십계명은 크게 하나님과 인간 사이에서 지켜야 할 계명, 인간과 인간 사이에서 지켜야 할 계명으로 요약할 수 있는데, 예수님께서 말씀하신 것과 같다.

"예수께서 이르시되 네 마음을 다하고 목숨을 다하고 뜻을 다하여 주 너의 하나님을 사랑하라 하셨으니 이것이 크고 첫째 되는 계명이요 둘째도 그와 같으니 네 이웃을 네 자신 같이 사랑하라 하셨으니 이 두 계명이 온 율법과 선지자의 강령이니라."(마 22:37~40)

예수님은 율법을 폐하러 오신 것이 아니라 율법을 완성하러 오셨다고 말씀하셨다(마 5:16~17). 예수님 당시 유대인들은 율법을 지키기 위해 엄격한 법을 많이 만들었다. 당시 율법에 열심을 가진 바리새인들의 모토는 "울타리를 쳐라"였다.

학교 화단이 있는데 꽃들을 보호하기 위해 울타리를 치고 학생들이 접근하지 못하도록 하였다. 학생들이 울타리를 건드리면 꽃이 상한 것도 아닌데 선생님에게 야단을 맞았다. 이와 같이 바리새인들은 계명을 보호한다는 구실로 보다 엄격한 울타리 법을 다양하게 만들어 놓고 그 법을 어기면 벌을 주었다.

구원의 법이 되어야 할 하나님의 계명이 정죄하고 심판하는 도구가 되어 버렸다.

예수님은 바리새인들이 쳐 놓은 율법의 부적절한 울타리들을 제거함으로써 하나님의 계명이 갖고 있는 본래의 의미를 회복시키셨다. 율법의 완성은 복음이며, 복음의 핵심은 사랑이다. 사도 바울은 로마서 13장 8절에서 "남을 사랑하는 자는 율법을 다 이루었느니라."고 하였다.

이런 점에서 십계명을 한 단어로 요약하면 '사랑'이다. 십계명의 핵심이 사랑인 것은 결혼의 핵심이 사랑인 것과 같다. 십계명은 신랑 되신 하나님과 신부 되는 이스라엘 백성들 사이에 주어진 언약의 계명이다.

그런데 왜 십계명이 이스라엘 백성들에게 두려운 율법이 되었는가? 출애굽기 34장에서 모세가 하나님으로부터 받은 계명을 이스라엘 백성들에게 전할 때 얼굴에 난 광채를 가리기 위해 수건을 쓰고 전했다. 그러자 두려움에 사로잡힌 이스라엘 백성들도 마음의 수건을 쓰고 받아들이게 되었다. 하나님이 은혜로 주신 계명이 백성들을 두렵게 하는 율법이 되어 버린 것이다. 은혜 아래 율법이 있어야 하는데 율법 아래 은혜가 있게 되었다.

결혼식에서 신부가 입장할 때 얼굴에 수건을 쓰고 등장하지만, 결혼서약을 하고 나면 신랑이 그 수건을 벗겨준다. 이와 같이 신랑 되신 주님께서도 우리 마음의 수건을 벗겨 주신다.

"오늘까지 모세의 글을 읽을 때에 수건이 그 마음을 덮었도다 그러나 언제든지 주께로 돌아가면 그 수건이 벗겨지리라 주는 영이시니 주의 영이 계신 곳에는 자유가 있느니라 우리가 다 수건을 벗은 얼굴로 거울을 보는 것 같이 주의 영광을 보매 그와 같은 형상으로 변화하여 영광에서 영광에 이르니 곧 주의 영으로 말미암음이니라."(고후 3:15~18)

14

십계명과 우리의 자세

십계명에 관한 말씀의 마무리를 하면서 십계명을 통한 우리의 자세에 관해 함께 생각해 보고자 한다. 십계명을 통한 하나님과 우리의 관계를 신랑과 신부에 비유하였는데, 다른 한편으로는 아버지와 아들의 관계로 이해할 수도 있다. 로마서 8장 15절에, "너희는 다시 무서워하는 종의 영을 받지 아니하였고 양자의 영을 받았으므로 아바 아버지라 부르짖느니라."(개역한글)는 말씀은 우리가 하나님을 아바 아버지라 부를 수 있는 자녀들임을 가르쳐 준다.

'아바'란 히브리어로 '아브'(아버지)라는 명사와 '바-'(온다)라는 동사의 합성어다. '아바'라는 말에는 "아버지께서 오셨다"는 뜻을 함축하고 있다. 아버지가 퇴근하고 돌아올 때 집에 있던 자녀들이 '아빠~' 하고 부를 때와 같은 의미다. 자녀들이 '아빠'라고 소리치는 음성은 "아버지가 오셨다"는 마음을 그대로 담고 있는 것이다.

십계명을 주시기 위해 하나님이 시내산에 강림하신 사건은 한마디로 아버지가 오신 사건이다. 이날이 오순절인데 기독교인들에게는 성령께서 강림하신 날이다. 성령강림은 하늘에 계신 아버지께서 성령의 모습으로 오셔서 우리 가운데 거하신 사건이다. 오순절은 하나님과 우리 사이가 아버지와 아들 관계 혹은 신랑과 신부의 관계처럼 밀접한 관계성을 갖는 영적인 사건이며 십계명은 아들로서 혹은 신부로서 지켜야 할 삶의 바른 도리를 가르쳐 주고 있다.

예수님께서 길을 가실 때 한 사람이 묻기를 "선한 선생님이여 내가 무엇을 하여야 영생을 얻으리이까?"(막 10:17) 하고 물었다. 예수님께서 십계명에 관한 말씀을 하시니 그가 "이것은 내가 어려서부터 다 지켰나이다."(막 10:20) 하고 대답했다. 그러자 예수님은 "네게 아직도 한 가지 부족한 것이 있으니 가서 네게 있는 것을 다 팔아 가난한 자들에게 주라 그리하면 하늘에서 보화가 네게 있으리라 그리고 와서 나를 따르라."(막 10:21) 하고 말씀하셨다.

이 말씀에 감동받은 성 프란치스코는 자신의 모든 재산을 팔아 가난한 사람들에게 나누어 주고 평생 단순한 삶을 살면서 거리에서 복음을 전파하였다. 그의 삶에 감동을 받은 사람들이 점차 많아져 그들을 '작은 형제들'이라고 불렀으며, 나중에 프란치스코 수도회를 설립하게 되었다.

십계명은 단순히 암송하거나 의례적으로 지키는 데에 머물러서는 안 된다. 그리스도의 가르침을 따라 그의 발자국을 따라가는 행동까지 나아가야 한다. 이런 점에서 십계명을 통한 우리의 삶의 자세는 첫째, 진심으로 사랑해야 한다. 창세기 29장 20절에, "야곱이 라헬을 위하여 칠 년 동안 라반을 섬겼으나 그를 사랑하는 까닭에 칠 년을 며칠 같이 여겼더라."는 말씀처럼 사랑은 짐을 가볍게 한다.

둘째, 기쁨의 생활을 해야 한다. 기쁨을 영어로 Joy라고 하는데, 이것은 J(Jesus, 주님) → O(others, 이웃) → Y(you, 나)의 순서로 생각할 때 진정한 기쁨을 누릴 수 있다는 뜻이다.

셋째, 승리의 삶을 살아야 한다. 출애굽한 이스라엘 백성들 중 시험에 빠지거나 반역하여 광야에서 죽은 사람들도 있었지만 약속의 땅을 기업으로 얻는 백성이 되는 것이 더 중요하다. 하나님께서 이스라엘 백성들을 애굽에서 불러내신 것은 승리의 삶으로 인도하기 위함이며, 우리를 죄악 가운데에서 구원하신 것은 세상을 이길 힘을 주시기 위함이다.(요일 5:4)

만인제사장설은 성직자와 성도의 역할에 구별이 없다는 뜻이 아니라
성직자나 성도의 역할에 차별이 없다는 뜻이다.
즉 하나님의 일은 성직자가 하는 일인 설교, 성례전, 예배 집례 등의 목회만이 아니라
성도들이 종사하는 그들의 올바른 직업들도 하나님의 소명을 받은 일이라는 뜻이다.
모든 기독교인들은 그들이 성직자든, 일반 신자든 하나님의 부르심에 합당한
그들의 직업에 의해 온 세상을 구원하고자 하시는
거룩한 하나님의 일에 종사하는 것이다.

제7장

구약의 절기와 구속사

01

하나님의 구속사와 자연의 절기 관계

하나님은 온 우주만물을 창조하신 창조주이시며, 선택하신 백성들을 자유케 하신 구원자이시다. 창조주 하나님의 섭리는 자연의 절기를 통해서 나타난다. 대홍수 이후 하나님이 노아에게 "땅이 있을 동안에는 심음과 거둠과 추위와 더위와 여름과 겨울과 낮과 밤이 쉬지 아니하리라." (창 8:22)고 말씀하셨던 것처럼 인간은 자연의 변화와 더불어 살아가는 존재들이 되었다.

구원자 하나님의 역사는 출애굽을 통하여 구체적으로 나타났다. 이스라엘의 가장 중요한 세 절기인 유월절과 오순절 그리고 초막절은 출애굽을 통한 하나님의 구속사적인 사건과 연관되어 있다. 유월절은 출애굽을 기념하는 절기요, 오순절은 출애굽한 이스라엘 백성들이 시내산에 도착하여 율법을 받은 율법수여절이 되었으며, 초막절은 40년 광야생활을 지나 약속의 땅 가나안에 들어간 백성들이 지키는 구원의 절기가 되었다.

자연의 계절로 보면 유월절은 봄, 오순절은 초여름이다. 초막절은 가을인데, 이스라엘에서는 우기가 시작되는 때다. 이 절기들은 농경문화적인 배경을 가진 농사의 절기와도 밀접한 관계를 갖고 있는데, 유월절은 보리이삭, 오순절은 밀 수확 그리고 초막절은 포도 수확 및 여러 과실들의 수확과 관련되어 있다.

이런 점에서 이스라엘의 절기는 본래 농경문화에 그 뿌리를 두고 있다고 볼 수 있다. 그럼에도 불구하고 성경에서 이스라엘의 유목문화적인 전통이 강하게 드러나고 있는 것은 종교사적으로 이해해 볼 수 있다. 이스라엘의 조상들인 아브라함과 이삭과 야곱은 반농반목(半農半牧)의 반(半)유목민(Semi-nomad)들로 등장한다. 포로기에 이스라엘 역사를 기록한 신명기 사가들은 가나안 농경문화가 바알과 아세라 등 우상숭배를 조장하였다는 부정적인 인식을 갖고 있는 반면에 갈렙과 겐족 등, 유목민들은 농경문화의 혼합주의적인 신앙에 물들지 않고 여호와 하나님에 대한 신앙의 순수성을 유지하였다는 점에서 긍정적으로 평가하였다.

그래서 성경은 이스라엘 신앙의 정체성을 강조할 때에 농경문화적인 배경을 갖고 있는 절기에 출애굽을 통한 하나님의 구속사적인 사건을 밀접하게 결합시켰다. 이렇듯 자연의 계절적인 변화와 하나님의 구속사적 사건이 절묘하게 결합된 것은 '여호와 하나님은 온 우주만물을 창조하고 섭리하시는 창조주 하나님이시요, 역사를 주관하고 이끄시는 구원자 하나님'이라는 고백에 근거하고 있다.

이스라엘 예언자들도 '하나님은 하늘에서 비를 내리게 하고 열매를 맺게 하시는 창조주'이심을 선포하면서 '여호와는 역사를 주관하셔서 인간의 불의와 죄악을 심판하시고 의로운 자들을 구원하시는 구원자'이심을 분명히 하였다. 하나님은 백성들에게 농작물을 자라게 하는 비를 주시는 분이다. 가난한 자들과 억압당하는 자들을 해방하시는 하나님의 구원을 체험한 백성들은 이 땅에 하나님의 공의를 실현해야 할 사명이 있다.

"내가 오늘 너희에게 명하는 내 명령을 너희가 만일 청종하고 너희의 하나님 여호와를 사랑하여 마음을 다하고 뜻을 다하여 섬기면 여호와께서 너희의 땅에 이른 비, 늦은 비를 적당한 때에 내리시리니 너희가 곡식과 포도주와 기름을 얻을 것이요."(신 11:13~14)

02

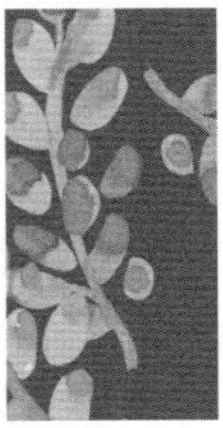

예수님은 왜 세례를 받으셨을까?

교회력에서 1월 6일은 주현절(主顯節)로 '주님이 나타나신 날'이다. 교회사적으로 보면 성탄절보다 주현절이 훨씬 더 오래된 역사를 갖고 있다. 주현절은 예수님의 탄생과 세례를 기념하는 절기로 지켰으며, 탄생과 세례를 동시에 기념하는 것은 세례를 출생일에 한다는 관습에 근거한 것이다. 동방교회에서는 주현절을 예수님의 세례와 관련하여 이해한 반면에 4세기부터 주현절을 지키기 시작한 서방교회에서는 동방박사들의 베들레헴 방문과 관련시켰다.

어쨌든 예수님의 공생애는 세례 요한에게 세례를 받으심으로 시작된다. 세례 요한의 세례는 물세례로 죄 사함을 얻게 하는 회개의 세례다. 그런데 왜 죄가 없으신 예수님께서 세례 요한의 세례를 받으셨을까? 예수님이 세례를 받으신 이유는 우리에게 세례의 모범을 보여주신 것이라고 하지만, 그보다 더 근본적인 이유가 있지 않았을까 생각해 본다.

예수님께서 받으신 세례 요한의 세례는 우리가 죄 사함을 얻기 위해 받는 세례와 근본적인 차이점이 있다. 우리는 '세례' 하면 흔히 물을 먼저 생각한다. 그래서 약식 세례니 침례니 하는 것이 논쟁거리가 되기도 한다. 그러나 세례의 핵심은 물보다 안수다. 구약시대부터 안수를 통해 성별함을 얻고 안수를 통해 축복이 임하였다. 안수는 맨 손으로 하는 경우도 있고, 기름으로 하는 경우도 있고, 물로 하는 경우도 있다.

예수님께서 받으신 세례의 올바른 뜻을 이해하려면 구약의 안수에 대한 이해가 필요하다. 구약의 성전에서 양과 같은 희생 제물을 드릴 때 제물을 가져온 사람이 먼저 번제물의 머리에 안수를 한다(레 1:4). 이것은 희생 제물에 자신의 죄를 전가하는 것이다. 흠 없는 양이 인간의 죄를 대신 뒤집어쓰고 번제물로 희생되는 것이다.

예수님께서 세례받기 위해 오실 때 세례 요한은 "보라 세상 죄를 지고 가는 하나님의 어린 양이로다."(요 1:29)고 했다. "세상 죄를 지고 가는 양"은 대속죄일에 백성들의 죄를 뒤집어쓰고 광야로 나가는 아사셀 양이다. 이스라엘 온 백성들의 죄를 짊어진 어린 양은 광야에 나가 죽을 때까지 걸어간다.

이 양은 흠이 없는 양이어야 한다. 대제사장은 안수를 통해 사람들의 죄를 양에게 전가시킨다. 죄없는 양이 사람의 죄를 뒤집어쓰고 광야에서 죽는 것이다. 예수님께서는 십자가 처형을 당하기 전 빌라도 총독에 의해 죄가 없다(눅 23:4)는 것이 확인되었다. 그럼에도 불구하고 십자가에서 죽으신 것은 인간들의 죗값을 대신 치르신 것이다. 세례 요한의 아버지는 제사장이었다. 제사장 집안의 사람으로 죄에 대해 가장 민감하였던 세례 요한의 세례는 죄가 없으신 예수님께 인간의 모든 죄를 부과하는 것이었다.

예수님께서는 이때부터 인간의 모든 죄를 짊어지고 광야와 같은 세상길을 십자가에서 죽기까지 걸으신 것이다. 예수님께서 세례 요한에게 세례를 받고 물에서 올라오심으로 온 인류를 향한 구원의 새로운 역사가 시작되었다. 구약시대에는 해마다 다른 어린 양에게 죄를 전가하여 광야에 내보내 죽게 하였지만, 예수님께서는 한 번 세례를 받고 한 번 십자가에 죽으심으로 우리의 구원을 온전하게 이루셨다. 이제는 죄악과 세상 염려의 짐을 벗어 버리고 영원한 하늘나라에 대한 소망을 갖고 믿음으로 힘차게 나아가야 한다.

03

최후의 만찬과 유월절 만찬

예수님께서 성찬을 제정하신 것은 마지막 잡히시던 밤에 제자들과 함께 한 최후의 만찬 때였다. 이날 예수님이 제자들과 함께 행한 최후의 만찬은 유대교 전통에 따른 유월절 식사였다. 유월절은 출애굽 사건을 기념하여 지키는 절기로 유대력으로 1월 14일이다. 예수님이 십자가에 못 박혀 죽으신 날이 유월절이었다.

유월절 양은 석류나무로 만든 불꼬챙이에 꿰어 굽는다. 양을 굽는 동안에 고기를 만져서는 안 된다. 만약 손이 닿은 부분이 있으면 그 부분을 잘라내 버린다. 이것은 유월절 양은 외부에 의해 결코 더럽혀져서는 안 된다는 엄격한 랍비 전통에 따른 것으로, 작은 실수가 전체의 조화를 손상시킬 수 있다는 인식에서 비롯된 것이다.

유월절 양의 뼈는 부러뜨려서는 안 된다. 이와 같이 십자가에 달려 유월절 희생양이 되신 예수님의 뼈도 꺾이지 않으셨다. 머리와 다리는 물에 젖지 않도록 하고 내장과 함께 불에 구워야 한다. 먹고 남은 것은 불에 태워 아침까지 남아 있지 않도록 한다(출 12:8~10). 이렇듯 부러지지 않은 완전한 희생은 하나님과의 부러지지 않고 완전히 하나가 되는 관계를 의미한다. 사도 바울이 성찬식 때 떡과 포도주를 함께 나눔으로 그리스도와 모두 하나가 된다고 말한 것도 같은 뜻이다.

"우리가 축복하는 바 축복의 잔은 그리스도의 피에 참여함이 아니며 우리가 떼는 떡은 그리스도의 몸에 참여함이 아니냐 떡이 하나요 많은 우리가 한 몸이니 이는 우리가 다 한 떡에 참여함이라."(고전 10:16~17)

예수님께서 마가의 다락방에서 행하신 최후의 만찬은 유월절 만찬이었다. 예수님은 제자들과 함께 앉으셨다. 예수님은 최후의 만찬을 통해 예수님의 십자가 사건을 예표하셨으며, 우리는 성만찬을 통하여 참여한다.

예수님과 제자들은 다른 유대인들처럼 바닥에 비스듬하게 앉아서 유월절 만찬 음식을 먹었다. 서서 먹는 것은 종의 태도고 바닥에 비스듬하게 앉아 먹는 것은 자유인의 모습이다. 자유롭게 비스듬한 자세를 취함으로써 종에서 해방된 자유인이라는 것을 보여준다. 레오나르도 다빈치가 그린 최후의 만찬에서 예수님과 제자들이 의자에 앉아 있는 모습은 서구화된 그림이다. 지금도 중동지역에서는 보통 바닥에 비스듬하게 앉아 왼쪽 팔꿈치를 식탁에 놓고 머리를 손에 기대고 오른손으로 음식을 집어 먹는다. 최후의 만찬에서 식사한 것이 이런 자세라고 생각하면 예수님의 제자 중 하나(일반적으로 요한이라고 생각함)가 "예수의 품에 의지하여 누웠는지라"(요 13:23), "예수의 가슴에 그대로 의지하여"(요 13:25) 말한 것이 이해가 된다.

출애굽 사건이 예수님의 십자가 사건의 예표라면, 유월절 만찬은 예수님께서 친히 제정하신 성찬의 예표라고 할 수 있다. 그러므로 성찬의 본질적인 의미는 유월절 식사에서 찾아볼 수 있다. 유월절 식탁에는 양고기, 누룩을 넣지 않은 떡, 포도주, 쓴 나물 등이 올라간다. 예수님께서는 이 식탁에 있는 떡과 포도주를 "나의 살, 나의 피"라고 선언하시면서 온 인류를 위한 화목제물이 될 자신과 동일시하셨다.(마 26:26~29; 막 14:22~25; 눅 22:14~20)

04

왜 일요일을 주일이라고 하는가?

예수님께서 십자가에 달려 돌아가신 날은 유월절이었다. 유월절은 출애굽을 기념하여 지키는 절기다. 출애굽 당시 하나님께서 모세를 통해 애굽에 열 가지 재앙을 내리셨는데, 아홉 번째가 흑암이고, 열 번째가 애굽의 모든 장자를 죽이는 것이었다. 애굽의 장자들을 죽이던 날 밤 양의 피를 문설주에 바른 이스라엘 백성들의 집은 죽음의 사자들이 들어가지 않고 넘어감(유월, Passover)으로써 생명을 구하였다.

예수님께서 십자가에 달리신 날 낮 12시부터 흑암이 임하고 예수님은 오후 3시에 운명하셨다. 이스라엘 백성들을 위하여 애굽의 장자들을 죽이고 출애굽 구원의 역사를 일으키셨던 하나님께서 온 인류를 위하여 독생자이신 예수님의 죽음을 통해 구원의 역사를 일으키셨다. 그런 점에서 출애굽 사건은 예수님의 십자가 사건의 모형(typology)이다.

예수님께서 부활하신 날은 유월절 지난 안식 후 첫 날이다. 토요일 안식일 다음 날이니까 일요일 새벽이다. 이날은 이스라엘 백성들이 그해의 첫 이삭을 하나님께 바치는 날이다.

"이스라엘 자손에게 말하여 이르라 너희는 내가 너희에게 주는 땅에 들어가서 너희의 곡물을 거둘 때에 너희의 곡물의 첫 이삭 한 단을 제사장에게로 가져갈 것이요 제사장은 너희를 위하여 그 단을 여호와 앞에 기쁘게 받으심이

되도록 흔들되 안식일 이튿날에 흔들 것이며."(레 23:10~11)

일요일 아침 백성들이 밭에 나가 이삭의 한 단을 베어 제사장에게로 가져와 흔들며 번제물을 바친다. 예수님께서 부활하신 날이 바로 이날이다. "이제 그리스도께서 죽은 자 가운데서 다시 살아나사 잠자는 자들의 첫 열매가 되셨도다."(고전 15:20)는 말씀의 첫 열매가 유월절 지난 안식 후 첫날 드리는 첫 이삭과 같은 의미다. 이날은 일요일이요 "그의 얼굴빛을 우리에게"(시 67:1) 비춘 주일이다.

이스라엘 백성들은 이날부터 매일 저녁 날짜를 계수한다. 7일씩 7주간 동안 49일을 계수하는데, 예를 들면, "오늘은 열일곱째 날입니다." "오늘은 둘째 주 셋째 날입니다." 하며 날짜를 계수한다. 그다음 날이 50일째 되는 날로 오순절이다. 날짜를 계수한 후에는 보통 시편 67편을 읽는다. 시편 67편은 하나님의 은혜로 풍성하게 수확하는 축복을 노래하는 내용이다. 이렇게 곡식(밀과 보리)의 이삭 한 단을 잘라 하나님께 드리고 밭에 남아 있는 모든 다른 이삭들이 오순절인 맥추절에 풍성한 알곡으로 수확하기를 기대한다.

오순절은 예수님께서 부활하신 날로부터 7주간이 지난 일요일로 마가의 다락방에 성령께서 강림하신 날이다. 성령강림 사건은 부활하신 예수님께서 40일간 이 땅에 머물다가 승천하신 지 10일 뒤에 일어났다. 우리는 이날을 성령강림절로 지킨다. 예수님께서 부활하신 날, 부활하신 주님께서 제자들을 만나신 날, 성령께서 강림하신 날, 초대교회 때 제자들이 모여 사도들의 말씀을 듣고 연보를 한 날이 모두 일요일이다. 그래서 우리는 이날을 '주의 날'이라는 뜻에서 주일(主日)이라고 한다.

"주의 날에 내가 성령에 감동되어 내 뒤에서 나는 나팔 소리 같은 큰 음성을 들으니."(계 1:10)

05

꿀 같은 한 달이 되십시오!

출애굽한 이스라엘 백성들이 홍해를 건너 광야 길을 걸어 시내산이 있는 시내 광야에 도착하였다. 유대력으로 출애굽한 날이 1월 14일이고 시내 광야에 도착한 날이 3월 1일이었다. 이스라엘 백성들은 매월 1일을 초하루(월삭)라고 해서 안식일로 지켰는데, 초하루의 기원을 굳이 따진다면 하나님의 산인 시내산이 있는 시내 광야에 도착한 3월 첫째 날부터라고 할 수 있다.

'초하루'를 히브리어로는 '호데쉬'라고 하는데, '새 달의 첫째 날'이라는 의미를 갖고 있다. 초하루에는 두 가지를 행하는데 나팔을 부는 것(민 10:10)과 특별한 희생제물을 드리는 것(민 28:11~15)이다. 나팔을 부는 것은 옛날 광야에서 행진할 때 출발신호요, 전쟁을 알리는 신호였다. 그리고 초하루를 포함한 공적인 절기를 선포하는 데에 사용되었다. 그 목적은 여호와 앞에서 기억되기 위한 것이었다. 제사장이 나팔을 불면 모두들 하나님의 깃발과 그의 왕좌 앞에 정렬한다. 이것은 여호와를 자신들의 하나님으로 고백하고 선포하는 상징적인 행동으로 여호와 앞에서 기억되고 구원받도록 한다. 어떤 절기든 나팔을 부는 것은 여호와께서 왕이심을 인식하는 공개적인 의식이다.

신약성경에서도 나팔을 부는 것을 찾아볼 수 있다. 여호와 앞에 서기 위해 성막문 앞에 백성들을 모으는 나팔을 분 것과 같이 예수님께서 재림하실 때에도 나팔을 불어 성도들을 모은다.

"그가 큰 나팔소리와 함께 천사들을 보내리니 그들이 그의 택하신 자들을 하늘 이 끝에서 저 끝까지 사방에서 모으리라."(마 24:31)

이때에는 살아있는 사람들뿐만 아니라 잠자는 자들(고전 15:52), 즉 그리스도 안에서 죽은 자들(살전 4:16)도 일어나 함께 모인다. 마지막 때에 하늘의 주인이신 하나님께서 세상을 심판하기 위해 일곱 천사들로 하여금 일곱 나팔을 차례대로 불도록 하신다(계 7장). 일곱째 천사가 나팔을 불 때에 하나님의 심판이 성공적으로 이루어지고 예수님이 세상 모든 나라의 임금이 되심을 선포한다.

"일곱째 천사가 소리 내는 날 그의 나팔을 불려고 할 때에 하나님이 그의 종 선지자들에게 전하신 복음과 같이 하나님의 그 비밀이 이루어지리라 하더라."(계 10:7)

"일곱째 천사가 나팔을 불매 하늘에 큰 음성들이 나서 이르되 세상 나라가 우리 주와 그의 그리스도의 나라가 되어 그가 세세토록 왕 노릇 하시리로다 하니."(계 11:15)

신약시대에도 유대인들이나 유대계 기독교인들은 초하루를 지켰는데, 사도 바울은 이를 율법적으로 적용하지 말라고 권고하면서 초하루와 같은 절기는 그림자고 몸은 그리스도라고 강조하였다.

"그러므로 먹고 마시는 것과 절기나 초하루나 안식일을 이유로 누구든지 너희를 비판하지 못하게 하라 이것들은 장래 일의 그림자이나 몸은 그리스도의 것이니라."(골 2:16~17)

지금도 유대인들은 초하루에 회당에 모여 예배를 드리고 사과를 꿀에 찍어 먹으면서 "꿀 같은 한 달이 되십시오!"라는 덕담을 나누는데, 기독교인들도 매월 첫째 날 새벽기도회를 마치고 혹은 아침에 "꿀 같은 한 달이 되십시오!" 하고 덕담을 나눈다면 서로에게 큰 힘이 되지 않을까 생각해 본다.

06

유대인과 기독교인의 오순절

오순절(Shavuot)은 이스라엘 백성들이 출애굽한 이후 50일째 되는 날로 하나님이 시내산에 강림하신 날이다. 정확하게 말하면 유월절 직후의 안식일 다음 날(일요일)부터 계산해서 7주간이 지난 다음 날(일요일)을 말한다. 이 날짜는 예수님의 구원사역과도 밀접한 관계를 갖고 있는데, 예수님은 유월절에 십자가에서 운명하시고, 유월절 지난 안식 후 첫 날, 즉 유대인들이 오순절까지 날짜 계수를 시작하는 첫 날(일요일)에 부활하셨고 오순절(일요일)에 성령께서 강림하셨다. 이런 점에서 일요일은 주님의 날, 즉 주일(主日)이다.

유대인들은 오순절을 하나님으로부터 율법을 받은 율법수여절로 지킨다. 여호수아 1장 8절 "이 율법책을 네 입에서 떠나지 말게 하며 주야로 그것을 묵상하여 그 안에 기록된 대로 다 지켜 행하라 그리하면 네 길이 평탄하게 될 것이며 네가 형통하리라."는 말씀대로 행하기 위해 유대인들은 오순절에 주야로 말씀을 묵상하였다. 예수님의 제자들이 오순절에 마가의 다락방에 모인 것도 밤새워 말씀을 묵상하는 오순절 전통을 행하기 위한 것이었는데 제 삼 시에 성령께서 강림하셨다(행 2:15 참고). 제 삼 시는 오전 9시다.

하나님께서 이스라엘 백성들에게 율법을 주신 이유는 그들을 '제사장 나라'로 삼기 위함이셨다. 제사장이란 하나님으로부터 율법을 받아 백성들에게 전해주는 사람이다. 제사장은 하나님의 축복을 백성들에게 전달하는 사람이다. 출애굽한 이스라엘 백성들의 사명이 여기에 있다. 하나님의 율법을 받은 이스라엘 백성들은 세상 모든 백성들에게 하나님의 율법을 전하고 그들로 하여금 하나님의 백성이 되도록 해야 한다.

오순절이 농사 절기로는 보리나 밀을 수확하는 시기다. 성경에서 보리는 대맥, 밀은 소맥이라고 한다. 보리나 밀을 수확하는 시기를 맥추절이라고 하는데, 그러므로 성경에서 오순절과 맥추절은 같은 날을 말한다.

오순절에 읽는 성경 두루마리는 룻기다. 룻기를 오순절에 읽는 이유가 크게 두 가지가 있다. 하나는, 룻기에서 보아스와 룻이 사랑을 나눈 배경이 맥추절 보리밭이기 때문이다. 다른 하나는 룻기 1장 16절에서 모압 여인인 룻이 나오미에게 "어머니의 백성이 나의 백성이 되고 어머니의 하나님이 나의 하나님이 되리라."고 한 말이 온 세상 모든 민족을 하나님의 백성으로 만들고자 하는 오순절의 목적을 가장 잘 표현하고 있기 때문이다.

오순절은 신부 되는 이스라엘 백성들과 신랑 되시는 하나님께서 율법을 통해 영원한 언약을 체결한 날이다. 하나님께서 모세를 통해 십계명을 포함한 율법을 주심으로써 이스라엘 백성들은 하나님의 율법의 백성들이 되었다. 오순절 직전에 있는 안식일을 유대인들은 '샤바트 칼라'(Shabbat Kallah)라고 한다. 이날 외에 유대인들에겐 일생에 한 번 자신들의 '샤바트 칼라'가 있는데, 결혼식 직전에 있는 안식일을 말한다. 유대인들에게 이날은 가장 기쁨이 넘치는 날이다. 결혼의 신성함과 기쁨을 하나님의 시내산 현현과 관련시키고 있다.

그런데 예수님 당시의 유대인들은 율법을 받은 것만 자랑하고 이방인들을 하나님의 백성으로 인도할 사명을 잊어버렸다. 그래서 마가의 다락방 오순절 성령강림 사건을 통하여 하나님은 새로운 이스라엘 백성들을 선택하셨는데, 예수님을 따르던 제자들이며, 그 후예들이 바로 우리다.

07

나팔절

"이스라엘 자손에게 말하여 이르라 일곱째 달 곧 그 달 첫 날은 너희에게 쉬는 날이 될지니 이는 나팔을 불어 기념할 날이요 성회라."(레 23:24)

일곱 번째 달(티슈리)의 초하루는 다른 달의 초하루와 명백하게 구별되는데, 이날은 새해의 첫 번째 날이기 때문이다. 우리말 성경에서는 7월(티슈리) 1일을 '나팔절'이라고 하는데, 히브리어로는 '로쉬 하샤나'(Rosh Hashanah)라고 한다. '로쉬'는 '머리', '우두머리', '처음'이란 뜻을 갖고 있으며, '하샤나'의 '하'는 정관사(the)고, '샤나'는 '해'(year)라는 뜻이다. 즉 '그해의 처음(첫 날)'이란 뜻으로 '새해'를 말한다.

이날을 '나팔절'이라고 부르는 것은 나팔을 불어 '새해'를 알리기 때문이다. 새해의 첫 날은 하루 종일 아침부터 저녁까지 성전에서 나팔을 불었다. 이날이 안식일과 겹쳐도 성전에서는 나팔을 불었다. 그러나 성전 밖에서는 불지 않았다. 예루살렘 성전이 파괴된 이후에는 이러한 규칙이 더 이상 적용되지 않았으며, 비록 새해가 안식일과 겹치더라도 모든 회당에서 나팔을 불었다. 이때 사용된 나팔은 제사장들이 일반적으로 사용하는 나팔이 아니라 뿔 나팔(horn)이었다. 다만 하나님께서 이스라엘 백성들이 금송아지를 만든 죄를 상기하지 않도록 하기 위해서 소의 뿔로 만든 나팔은 제외되었다.

성경에서는 니산월(1월)이 유월절이 있는 달로 시작하지만, 유대인들의 공식적인 새해는 티슈리월(7월) 1일인 나팔절로 시작한다. 유대인들은 나팔절이 이 세계가 창조되기 시작한 날이라고 믿는다. 그래서 나팔절로 시작하는 달력을 창조력, 유월절로 시작하는 달력을 종교력이라고 한다.

유대인들은 새해(Rosh hashanah)의 첫째 날 이삭의 탄생에 대한 것을 읽고, 둘째 날에는 이삭의 번제에 대해 읽는다. 유대인들은 이삭이 번제물이 되어 죽을 뻔했다가 살아난 것을 예루살렘이 바벨론에 의해 파괴되었다가 포로생활에서 구원함을 받는 것과 같은 것으로 이해하였다. 인간이 어머니 배에서 태어남으로 삶을 시작하듯이 새해는 온 세상이 시작하는 날이다. 그래서 나팔절로부터 시작하는 달을 창조력이라고 한다.

유대인들 중 예수님을 메시아로 믿는 사람들을 '메시아니즘'(Messianism) 혹은 '유대계 기독교인'(Jewish Christian)이라고 한다. 그들은 나팔절을 예수님께서 탄생하신 날로 믿는다. 그 이유는 세례 요한과의 관계에서 설명된다. 말라기에서 하나님이 "크고 두려운 날이 이르기 전에 내가 선지자 엘리야를 너희에게 보내리니"(말 4:5)라고 하셨는데, 예수님이 "오리라 한 엘리야가 곧 이 사람"(마 11:14)이라며 세례 요한을 가리키셨다.

유대인들은 엘리야가 유월절에 온다고 믿고 있다. 유월절은 1월 14일이고, 나팔절은 7월 1일이기 때문에 6개월의 차이가 나는데, 세례 요한은 예수님보다 6개월 먼저 잉태되셨다(눅 1:26 참고). 엘리야인 세례 요한이 유월절에 태어났다면, 예수님의 탄생은 7월이 되는 것이다. 그래서 유대계 기독교인들에게 있어서 나팔절은 하나님에 의한 창조의 시작인 동시에 예수님에 의한 새 창조의 시작이다.

08

초막절과 추수감사

"명절 끝날 곧 큰 날에 예수께서 서서 외쳐 이르시되 누구든지 목마르거든 내게로 와서 마시라."(요 7:37)

이 말씀은 예수님께서 7일간 지키는 초막절 마지막 날에 하신 말씀이다. 초막절(혹은 장막절, the Feast of Tabernacle, 레 23:34)이란 명칭은 출애굽 때 광야에서 장막에 거한 역사적 사건과 결합된 것이며, 농사 절기의 수확과 관련해서는 수장절(feast of ingathering: 출 23:16; 34:22)이란 명칭을 사용하고 있다.

초막절은 유대력으로 7월(티슈리, Tishri) 15일부터 21일까지 지킨다. 유대력과 우리 음력은 약 한 달 정도의 차이가 나기 때문에 유대력 7월 15일은 우리 음력으로 8월 15일에 해당한다. 그러므로 이스라엘의 초막절과 우리나라 추석은 거의 같은 시기가 된다.

초막절은 이스라엘의 모든 절기들 중에서 가장 큰 기쁨의 절기다. 초막절은 일 년 중 사람들의 마음이 감사와 기쁨으로 충만하고 기대감으로 가득 찬 시기에 행한다. 초막절은 포도를 비롯한 과일을 수확하는 때이면서 건기에서 우기로 바뀌는 시점이기도 하다. 모든 곡식들은 저장되어 있고, 포도를 포함한 모든 과실들을 수확하였으며, 땅은 새해의 농사를 위해 '늦은 비'로 부드럽고 새롭게 되기를 기대한다. 유월절에 보리의 첫 이삭을 드리고 오순절에 모든 곡물을 수확한 후 빵 두 덩어리를 만들어 드린 후, 초막절에 하나님께 감사와 기쁨으로 추수 축제를 행하는 것이다.

그러나 이것이 전부가 아니다. 이스라엘 백성들은 이렇듯 풍성한 열매들을 생산한 땅을 돌아볼 뿐만 아니라, 주 여호와 하나님이 이적과 기사를 통하여 이와 같은 땅으로 자신들을 인도해 주신 것을 기억하였다. 땅은 백성들의 역사와 아주 밀접하게 결합되어 있기 때문에 땅과 역사는 둘 다 이스라엘의 사명과 연결되어 있다. 한 해의 첫 수확인 보리 수확이 출애굽을 통한 이스라엘의 시작과 결합되어 있고, 밀 수확이 시내산에서의 율법 수여와 결합되어 있듯이 초막절의 추수감사는 광야에서의 초막생활과 결합되어 있다.

초막절은 특별히 다음 세 가지로 특징지을 수 있는데, 첫째는 기쁨의 절기고, 둘째는 초막에 거하는 것이며, 셋째는 특별한 희생제사와 의식들이다. 무엇보다 먼저 초막절은 수확의 기쁨으로 가득 찬 축제의 절기다. 초막절은 이스라엘의 사명이 완수되는 마지막 수확과 연결되어 있으며, 모든 민족이 주님께로 모이게 된다.

기독교적인 관점에서도 유월절은 예수님의 십자가와 부활 사건과 관련되어 있고, 오순절은 마가의 다락방에서 120명의 제자들이 성령충만함을 받은 사건과 결합되어 있다. 그리고 초막절의 추수감사는 마지막 때의 추수 잔치와 연결되어 있다(사 25:6~8; 계 21:3~4). 이런 의미에서 요세푸스와 필로 그리고 랍비들은 초막절을 모든 절기들 중에 가장 큰 절기로 구별하였다. 스가랴 예언자의 경우 마지막 때에는 세상 모든 민족들이 초막절을 지키기 위해 예루살렘에 올라오게 될 것이라는 예언을 하기도 하였다.

"예루살렘을 치러 왔던 이방 나라들 중에 남은 자가 해마다 올라와서 그 왕 만군의 여호와께 경배하며 초막절을 지킬 것이라."(슥 14:16)

09

당신은 제사장입니다

제사장이란 “다리를 놓는 사람”이다. 제사장은 하나님과 인간 사이의 다리를 놓는 중재 역할을 하는 사람들이다. 구약시대에 제사장은 성전에서 종교적 의식을 맡은 사람들로 하나님께서는 아론과 그의 자손들로 하여금 제사장직을 감당하도록 하셨다. 하나님은 아론과 그의 자손들이 하나님의 이름으로 이스라엘 백성들을 축복하면 하나님께서 그들에게 복을 주리라(민 6:27)고 약속하셨다. 이렇듯 제사장들은 하나님의 복을 백성들에게 전달하는 다리요 은혜의 통로였다.

하나님께서 애굽에서 종살이하던 이스라엘 백성들을 출애굽시킨 것은 그들을 제사장 나라로 삼기 위해서라고 말씀하였다.

“세계가 다 내게 속하였나니 너희가 내 말을 잘 듣고 내 언약을 지키면 너희는 모든 민족 중에서 내 소유가 되겠고 너희가 내게 대하여 제사장 나라가 되며 거룩한 백성이 되리라 너는 이 말을 이스라엘 자손에게 전할지니라.”(출 19:5~6)

레위인들이 하나님의 소유로 하나님께 속한 백성들을 위한 제사장으로서의 사명을 감당하는 것처럼 이스라엘 백성들은 하나님의 소유로 하나님께 속한 세계를 위한 제사장 나라로서의 사명을 갖고 있었다. 하나님이 모세를 통해 이스라엘 백성들에게 율법을 주신 것은 그들을 온 세상의 구원을 위한 율법의 전달자로 삼으신 것이다.

그런데 예수님 당시의 유대인들과 제사장들은 자신들이 하나님의 율법을 소유한 백성이라는 것을 자랑만 할 뿐 세상 모든 민족에게 하나님의 율법을 전하는 전달자로서의 역할을 감당하지 못하였다. 그래서 예수님은 하나님의 말씀의 전달자요 축복의 통로가 될 새로운 제사장들을 선택하셨다. 그들은 그리스도인들이요, 바로 오늘 우리다.

"그러나 너희는 택하신 족속이요 왕 같은 제사장들이요 거룩한 나라요 그의 소유가 된 백성이니 이는 너희를 어두운 데서 불러 내어 그의 기이한 빛에 들어가게 하신 이의 아름다운 덕을 선포하게 하려 하심이라."(벧전 2:9)

이 말씀에 근거하여 종교개혁자 마르틴 루터(Martin Luther)는 만인제사장설(萬人祭司長說)을 주장하였다. 모든 기독교인들은 다 제사장의 자격을 갖고 있다는 것이다. 그러나 만인제사장설이 성직자든 성도든 아무나 성찬을 행하고 세례를 베풀 수 있다는 뜻은 아니다. 마르틴 루터의 만인제사장설은 당시 로마 가톨릭 교회에서 성직자가 하는 일은 성직으로, 신자가 하는 일은 세속적인 일로 구분하는 이분법적인 사고를 반대하는 것이었다.

만인제사장설은 성직자와 성도의 역할에 구별이 없다는 뜻이 아니라 성직자나 성도의 역할에 차별이 없다는 뜻이다. 즉 하나님의 일은 성직자가 하는 일인 설교, 성례전, 예배 집례 등의 목회만이 아니라, 성도들이 종사하는 그들의 올바른 직업들도 하나님의 소명을 받은 일이라는 뜻이다. 모든 기독교인들은 그들이 성직자든, 일반 신자든 하나님의 부르심에 합당한 그들의 직업에 의해 온 세상을 구원하고자 하시는 거룩한 하나님의 일에 종사하는 것이다.

에덴동산의 이미지는 성경의 예언자들이 새로운 세계를 표현하는 상징으로 사용하였으며, 요한계시록에서는 이러한 이미지가 마지막 때에 있을 새 하늘과 새 땅 그리고 새 예루살렘 성에 대한 비전으로 발전하였다. 에덴동산에서는 아담과 하와에게 성전이 필요 없었던 것처럼, 사도 요한이 본 새 예루살렘 성에서도 성전은 더 이상 존재하지 않는다. "성 안에서 내가 성전을 보지 못하였으니 이는 주 하나님 곧 전능하신 이와 및 어린 양이 그 성전이심이라."(계 21:22)

제 8 장

성전과 그리스도

01

에덴동산은 성전의 모델이다

많은 고대 중동 신화들을 보면, 신들은 창조 시 혼돈의 물을 정복한 후에 비옥한 초승달 지역에 생명과 번영을 위한 감미롭고 비옥한 낙원동산을 만들었다. 예를 들어 수메르 신 엔키(Enki)는 직접 에리두(Eridu)에 신전을 지었으며, 과일나무들과 노래하는 새들로 가득한 밝은 정원을 그곳에 만들었다. 신전들은 건축, 꽃 장식 조각들을 통하여 이러한 신적 정원을 반영하였으며, 때로는 생명과 풍요의 신들을 예배하는 자들을 위하여 전형적인 정원을 성전 경내에 만들기도 하였다.

이집트 신전들도 무성한 정원 장면들로 장식하였다. 하트셉수트(Hatshepsut) 여왕의 궁전 벽 부조(주전 15세기)에는 외국에서 그녀의 신전 정원에 심기 위하여 가지고 온 많은 이국적인 나무들이 그려져 있다. 솔로몬 성전도 이와 비슷하게 꽃 이미지들로 장식되어 있다.(왕상 6:18, 29~33)

본문의 그림은 앗수르의 도시에서 발굴된 상아로 만든 부조로 기원전 13세기경의 것이다. 가운데 있는 앗수르 신으로부터 네 개의 강물이 물병으로 흘러들고 있고, 양쪽에는 생명나무들이 있고, 바깥쪽에 날개를 단 황소 형상의 그룹이 이를 지키고 있다. 여기에 묘사된 네 강물과 동산 중앙의 두 나무, 그리고 동산을 지키는 두 그룹의 이미지는 성경에 묘사된 에덴동산의 모습과 유사하다.

에덴동산의 이미지는 성막과 성전의 묘사에 그대로 나타나 있다. 하나님이 에덴동산에서 "거닐다"라는 표현의 히브리원어는 '히스할레크'(hithallek)인데, 성막에 임재하시는 하나님을 묘사할 때도 똑같은 단어를 사용하고 있다(레 26:12; 신 23:14). 하나님이 아담과 하와에게 말씀하신 "경작하며"(창 2:15)라는 말의 히브리원어는 '아보다'(avodah)인데, 제사장들의 성막에서 섬기는 것을 묘사할 때도 같은 단어를 사용한다. 에덴동산에 언급된 홍보석은 대제사장의 어깨에 단 견장의 보석과 같은 보석이다.(출 25:7; 28:9, 20)

솔로몬 성전의 뜰은 종려나무, 백향목, 전나무와 감람나무 등이 있는 정원을 가지고 있었으며, 성전 내부 장식은 나무들과 꽃들로 조각되어 있었다(왕상 6:18, 29~33). 이러한 에덴동산의 이미지는 성경의 예언자들이 새로운 세계를 표현하는 상징으로 사용하였으며, 요한계시록에서는 이러한 이미지가 마지막 때에 있을 새 하늘과 새 땅 그리고 새 예루살렘 성에 대한 비전으로 발전하였다. 에덴동산에서는 아담과 하와에게 성전이 필요 없었던 것처럼, 사도 요한이 본 새 예루살렘 성에서도 성전은 더 이상 존재하지 않는다.

"성 안에서 내가 성전을 보지 못하였으니 이는 주 하나님 곧 전능하신 이와 및 어린 양이 그 성전이심이라."(계 21:22)

02

아브라함과 예루살렘

성경에서 예루살렘이 제일 먼저 등장한 것은 아브라함 시대까지 거슬러 올라간다. 역사적으로 예루살렘은 다윗이 본래 여부스 족속이 거주하였던 곳을 정복하여 이스라엘의 수도로 삼고 법궤를 옮겨온 후 솔로몬이 성전을 건축함으로써 이스라엘의 중심지가 되었지만, 이 모든 것은 아브라함 때부터 이미 예비되었던 것이라고 할 수 있다.

아브라함은 소돔에 살고 있던 조카 롯이 가나안 왕들에게 잡혀 갔다는 소식을 듣고 군사를 이끌고 추격하여 롯을 구출하여 돌아온다. 그때 살렘 왕 멜기세덱이 아브라함을 맞이하였다.

"아브람이 그돌라오멜과 그와 함께 한 왕들을 쳐부수고 돌아올 때에 소돔왕이 사웨 골짜기 곧 왕의 골짜기로 나와 그를 영접하였고 살렘 왕 멜기세덱이 떡과 포도주를 가지고 나왔으니 그는 지극히 높으신 하나님의 제사장이었더라."(창세기 14:17~18)

멜기세덱은 예루살렘에 있는 "지극히 높으신 하나님"의 제사장이었다. 그가 떡과 포도주를 갖고 아브라함을 맞이하였으며, 아브라함은 멜기세덱에게 십일조를 드렸다(창 14:20). "지극히 높으신 하나님"의 히브리원어는 '엘 엘리욘'으로 예루살렘의 신 이름이었으며, 후에 여호와 하나님과 동일시되었다.

아브라함은 백 세에 아들 이삭을 낳았는데, 하나님은 아브라함에게 외아들 이삭을 모리아 산으로 가서 하나님께 번제로 드리라는 명령을 하였다. 하나님의 명령에 순종한 아브라함은 아들 이삭을 데리고 헤브론을 출발하여 모리아 산으로 나아갔으며, 산 정상에 올라가 이삭을 단에 눕히고 칼을 들었다. 그 순간 하나님의 사자가 아브라함을 부르며 "그 아이에게 네 손을 대지 말라."(창 22:12)며 급히 말렸다.

아브라함은 수풀에 걸려 있던 숫양을 보고 이삭을 대신하여 번제로 드렸다. 아브라함은 이삭을 바치려고 했던 곳을 '여호와께서 준비하셨다'는 뜻으로 '여호와 이레'라고 명명하였다(창 22:14). 그로부터 1천 년 뒤 모리아 산 정상에 솔로몬 성전이 세워졌다.(대하 3:1)

아브라함이 외아들 이삭을 바치려고 했던 모리아 산에 선지자 갓을 통하여 여호와의 제단을 쌓으라는 하나님의 명령을 들은 다윗(대상 21:18)은 여부스 사람 오르난에게 은 육백 세겔을 주고 타작 마당을 샀다(대상 21:25). 그리고 그 터 위에 솔로몬이 성전을 건축한 것이다.

아브라함이 외아들 이삭을 바치는 믿음을 보고 하나님께서는 숫양을 준비하여 이삭의 생명을 대신하도록 하였지만, 실상 하나님께서 준비하신 것은 숫양 한 마리가 아니라, 1천 년 뒤에 세워질 성전을 예비하신 것이라고 할 수 있다. 유대인 역사가 요세푸스에 따르면, 예루살렘 성전에서 많을 때는 하루에 2천 마리의 양을 하나님께 번제로 드렸다고 한다. 아브라함이 독자 이삭을 아끼지 아니함으로, 1천 년 뒤 성전이 세워져 수많은 사람들이 죄사함을 얻게 되었다.

더 나아가 솔로몬이 성전을 세운 1천 년 뒤에는 온 인류의 구원을 위한 예수님의 십자가 사건이 예루살렘에서 일어났다. 다윗이 준비하고 솔로몬이 건축한 성전과 예수 그리스도의 십자가 사건은 하나님이 태초부터 이미 계획하신 것인데, 모리아 산에서 아브라함이 보인 믿음을 통하여 구체적으로 드러나기 시작한 것이다.

03

솔로몬 성전과 가나안 신전들

고고학적 유적들과 우가릿에서 발굴된 가나안 문헌들과 성경을 비교해 보면, 가나안 문화와 이스라엘 문화 사이에는 공통점이 많이 있다는 것을 알 수 있다. 이스라엘의 율법이 오직 여호와 하나님만을 섬기도록 되어 있지만, 구약시대에 많은 이스라엘 사람들이 가나안 신들을 숭배하고 그들의 종교적 행위를 시행하였다는 증거가 많이 있으며, 특히 성전 건축물이나 희생제의에 유사한 점들이 많이 있다. 제단이나 신전들은 기도를 위한 장소이며, 가나안 사람들이나 이스라엘 사람들은 유사한 희생제물을 드렸다. 그들은 모두 희생제의를 통하여 비와 풍요로움, 적들에 대한 승리를 기원하였다. 비록 성경에서는 가나안 문화에 대한 반대를 강하게 주장하고 있지만, 수세기 동안 이스라엘이 가나안 문화와 공통적인 요소를 많이 갖고 있었다는 것은 부인할 수 없다.

북시리아에서 발굴된 주전 10세기경의 '텔 타이낫'(Tell Tayinat) 신전과 '아인 다라'('Ain Dara) 신전은 많은 부분이 성경에 묘사된 솔로몬 성전의 모습과 유사하다. 이 신전과 솔로몬 성전은 모두 세 부분으로 나누어져 있으며, 현관에는 두 기둥이 세워져 있다. 그러므로 이러한 신전들의 고고학적 발굴들은 솔로몬 성의 구조를 이해하는 데 유용한 많은 요소들을 제공한다. 학자들은 솔로몬 성전이 당시의 다른 신전들과 유사한 이유는 솔로몬이 성전을 건

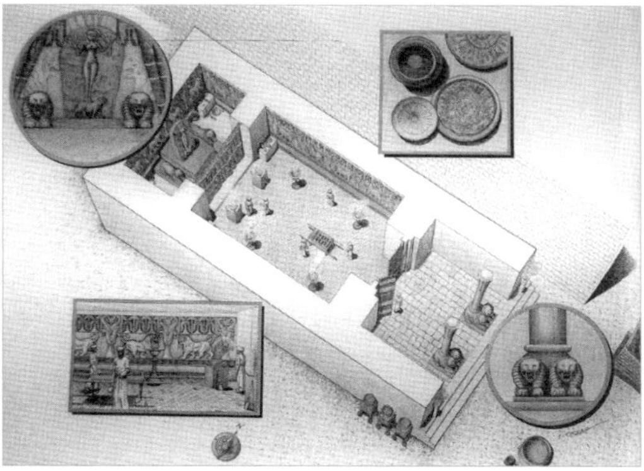

텔 타이낫(Tell Tayinat)에서 발굴된 주전 10세기경 시리아 신전의 모습. 솔로몬 성전과 구조가 비슷한 것을 알 수 있다.

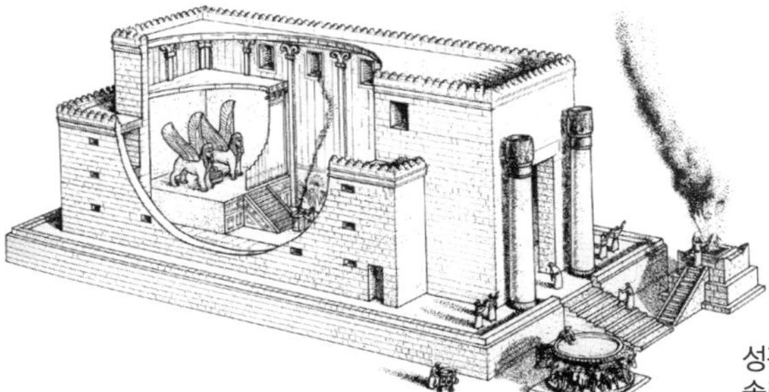

성경에 기록된 묘사에 따라 재구성한 솔로몬 성전의 모습.

축하기 위하여 페니키아로부터 일꾼들을 고용하였기 때문이라고 설명하기도 한다.(왕상 5:20, 32)

성경에 묘사된 솔로몬 성전의 건축학적 구조는 이스라엘의 독창적인 것이 아니라, 당시 고대 중동 지역의 신전 건축과 문화의 일부분이라는 사실을 부정하기 어렵다. 아직까지 솔로몬 성전에 관해서는 성경의 기록만 있을 뿐, 그것을 입증할 만한 고고학적 유물들은 발견된 것이 하나도 없다. 그러나 고대 중동지역에서 발굴된 많은 신전들의 고고학적 유적들과 성전에 관한 성경의 기록들을 비교함으로써 솔로몬 성전의 구체적인 구조를 유추해 볼 수 있다. 중요한 것은 솔로몬 성전이 외형적으로는 당시의 건축학적 기술이나 형태를 채용하였지만, 그 신학적인 의미를 이스라엘화함으로써 가나안의 다신론적 요소를 배제하고 여호와 하나님에 대한 믿음을 표현하였다는 데에 있다.

04

양의 문

성막의 문을 양의 문이라고 한다. 양문이란 양이 들어가는 문이라는 뜻이다. 사람들이 성막에 들어갈 때 혼자 들어가는 것은 아무런 의미가 없다. 성막으로 들어가는 이유는 죄 사함을 받기 위한 것이다. 죄 사함을 받으려면, 나의 죄를 대신해서 희생될 속죄양이 있어야 한다. 성막문은 희생양과 함께 들어가는 문이라고 해서 양문이라고 한다.

교회도 마찬가지다. 오늘날 우리가 교회 올 때 양을 끌고 오지 않는다. 그렇다고 교회에 들어올 때 나 혼자 오는 것이 아니다. 교회는 나를 위해서 친히 희생양이 되신 예수님과 함께 오는 곳이다. 그래서 예수님은 "나는 양의 문"이라고 말씀하셨다.

"피 없이는 죄 사함이 없다"고 했다. 죗값은 피로 갚아야 하는데, 내 죄를 내 피로 갚으면, 나는 죽고 만다. 그래서 구약시대에는 하나님께서 인간의 죄를 희생제물의 피로 대신 갚도록 하셨다. 그것이 희생제사다. 그러나 이 땅에 오신 예수님께서 우리의 죄를 대신하여 친히 십자가에서 피 흘려 죽으심으로 우리를 구원하여 주셨다.

예수님 당시에 예루살렘 성전은 헤롯 임금이 47년간의 공사를 통하여 크게 증축하였다. 이방인의 뜰을 포함한 성전 전체의 규모가 로마의 성 베드로 성당의 1.5배, 런던의 성 바오로 성당의 2배에 해당하는 어마어마한 크기였다.

이방인의 뜰로 들어오는 북쪽 문중에 '양문'이라는 문이 있었다.

예루살렘 성전에 제사를 드리기 위해 올라온 백성들이 이곳에서 제사장에게 제물로 드리기 위해 갖고 온 양을 검사받았다. 하나님께 드리는 제물은 흠이 없는 것이어야 했기 때문이다. 요즘처럼 차를 타고 오는 것이 아니라 먼 길을 걸어왔기 때문에 양들이 더러워지기도 하고, 길에서 넘어지거나 가시에 찔려 상처가 나기도 하였을 것이다.

양의 주인은 제사장에게 검사받기 전에 예루살렘 북쪽에 있는 연못에서 먼저 양을 깨끗하게 씻고, 상처난 곳이 있으면 치료를 하였다. 그 연못이 '베데스다' 연못이다. 베데스다 연못은 하나님께 제물로 드릴 양을 씻는 곳이라고 해서 '양의 못'이라고 불렀다. 당시 유대인들에게는 베데스다 연못이 하나님께 드릴 거룩한 제물을 씻는 물이니까 병자가 그 물에 씻으면 낫는다는 믿음이 있었다. 그래서 베데스다 연못에는 다섯 개의 행각(정자)이 있고, 그곳에는 온갖 병을 앓고 있는 병자들이 모여 있었다. 연못의 이름을 '베데스다', 즉 '자비의 집'이라고 부른 이유가 여기에 있다.

예수님께서 제자들과 함께 예루살렘에 올라오셨을 때 시골에서 올라온 제자들은 성전의 화려함을 구경하기에 정신이 없었다. 그때 예수님은 홀로 양문으로 나가 베데스다 연못으로 가셨다. 그곳에서 예수님은 38년 된 병자를 만나셨다. 천사가 내려와 물이 동할 때에 제일 먼저 들어가는 사람이 고침을 받았는데, 몸이 불편한 이 병자는 물이 동할 때마다 항상 다른 사람이 먼저 들어가는 바람에 38년 동안이나 고침 받지 못하고 그곳에 누워 있었다. 예수님께서 38년 된 그 병자의 병을 고쳐 주셨다. 예수님이 계신 곳이 참 성전이요 교회다. 예수님은 화려하고 웅장한 건물로 된 예루살렘 성전이 아니라, 온갖 병자들이 모인 '베데스다' 연못에 계셨다.

05

번제단

솔로몬 성전은 제사장의 뜰과 큰 뜰로 구분되어 있었는데, 큰 뜰은 바깥뜰로 백성들이 출입할 수 있었다. 그러나 제사장의 뜰은 성전의 안뜰로 제사장들만 출입할 수 있었으며, 이곳에는 번제단과 놋바다 그리고 물두멍들이 있었다.

번제단(The Alter)은 성전 뜰에서 가장 중요한 제단인데 솔로몬 성전의 번제단에 대해서는 역대하 4장 1절에만 기록되어 있다. 이 기록에 따르면, 번제단은 네 개의 뿔을 가진 사각형으로 된 제단이고 놋으로 되어 있었으며, 크기는 가로와 세로가 20규빗의 정사각형 모양에 높이가 10규빗이었다. 그러나 출애굽기 27장 1~8절과 38장 1~7절에 성막에서의 번제단에 대한 설명이 자세히 나와 있기 때문에 번제단의 기능과 역할에 대해서는 이를 참고하면 된다.

번제단의 히브리원어는 '올람'인데, '올라간다'는 뜻이다. 번제단에서 희생제물을 태우기 위해 불을 사용하였기 때문에 연기와 불가분의 관계에 있다. 즉 번제단에서 희생제물을 태우면, 제물을 태운 연기가 하늘로 올라가 하나님께 열납된다는 의미다. 번제단에 바치는 희생제물은 완전히 다 불에 태워 드리는 것이었기 때문에, '온전한 제사'를 뜻하기도 한다. 번제단에서 드리는 희생제사 중 특별히 번제(burnt offering)는 다른 제사들과 달리 온전히 하나

님께 드리는 선물이었다. 그렇지만 희생제물의 가죽은 태우지 않고 제사장의 몫으로 돌렸다.

번제단은 가로와 세로의 길이가 같은 정방형으로 되어 있는데, 성전에 정방형으로 된 것이 물두멍의 수레, 대제사장의 판결 흉패 등을 들 수 있으며, 특별히 지성소는 가로와 세로 그리고 높이가 모두 20규빗인 정육면체로 되어 있다. 정방형은 한쪽으로 치우침이 없는 공의를 뜻하는데, 하나님의 대표적인 속성 가운데 하나가 공의다. 하나님은 공의로 우리를 다스리시는 분이며, 하나님의 나라는 공의로운 나라다.

번제단에는 네 개의 뿔이 달려 있었는데, 뿔은 힘과 권능을 나타낸다. 죄로 죽을 수밖에 없는 사람도 이 뿔을 잡으면 목숨을 구할 수 있었다.

솔로몬과의 권력투쟁에서 패한 아도니야도 뿔을 붙들었다. 뿔을 붙잡고 있는 아도니야를 본 솔로몬은 그를 살려 주었다(왕상 1:50~53). 그러므로 번제단의 뿔은 구원의 뿔이다.

예수님께서 이 땅에 오신 목적도 우리에게 영원한 생명을 주시기 위해서다. 세례 요한의 아버지 사가랴는 제사장이다. 사가랴는 예수님의 탄생에 대해 이렇게 찬양하였다.

"찬송하리로다 주 이스라엘의 하나님이여 그 백성을 돌보사 속량하시며 우리를 위하여 구원의 뿔을 그 종 다윗의 집에 일으키셨으니."(눅 1:68~69)

여기서 말하는 "구원의 뿔"도 번제단의 뿔을 의미한다. 예수님을 번제단의 뿔에 비유한 것이다. 번제단의 뿔을 붙잡는 사람이 생명을 구하는 것처럼 누구든지 예수님을 붙잡는 사람이 구원을 받는다.

06

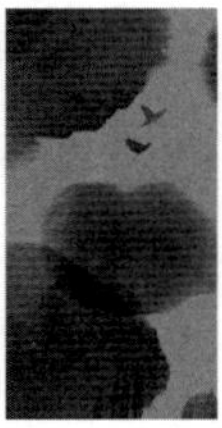

물두멍

모세가 출애굽 시대에 광야에서 만든 성막에는 여인의 놋 거울로 만든 물두멍(The Laver)이 하나밖에 없었다(출 30:17~21). 성막의 물두멍은 제사장들이 성소로 들어갈 때 손발을 씻기 위한 물을 담아두던 것이다. 성소를 출입하는 제사장들은 반드시 물두멍에 손발을 씻어야 했다. 성막에는 놋바다가 따로 있지 않았다. 그러나 솔로몬 성전에는 물두멍이 10개가 있었고, 물을 담아 두는 거대한 규모의 놋바다도 있었다.

성경은 솔로몬 성전의 번제단에 대해서는 한 절밖에 언급하고 있지 않은데 반하여, 물두멍에 대해서는 상세하게 기록하고 있다(왕상 7:38~39; 대하 4:6). 이는 성막의 물두멍과 많은 차이점이 있어서 보다 많은 설명이 필요하였기 때문이다. 성전에 있던 10개의 물두멍은 입구의 오른쪽에 다섯 개, 왼쪽에 다섯 개씩 놓여 있었으며, 물의 용적양은 각기 40밧이었다. 40밧은 약 800리터에 해당한다. 물두멍에 있는 물의 양이 40밧이었다는 것은 성경에 나오는 40이라는 숫자가 갖는 상징적인 의미와 연관하여 이해할 필요가 있다.

물두멍의 기능은 역대기서에서 설명하는 것처럼 번제에 쓸 물건들을 씻는 데에 있었다(대하 4:6). 물두멍의 기능만큼 물두멍을 운반하는 화려한 장식을 갖춘 수레의 의미도 중요하다. 10개의 물두멍은 각기 가로와 세로 4규빗의 정사각형에 높이가 3규빗으로 된 받침이 있었는데, 수레모양이었다. 각 면은 사자나 황소 같은 동물들과 그룹이 조각된 판자로 되어 있고, 아래에는 높이가 1.5규빗 되는 네 개의 놋쇠 바퀴가 달려 있어서 끌고 다닐 수 있도록 하였다. 아마도 번제단에서 불에 태워 바칠 제물 고기들을 나르는 역할을 하였던 것 같다.

받침에 새겨진 동물들과 식물들도 그들 나름대로 상징적인 의미를 담고 있다고 볼 수 있다. 사자는 가장 용맹한 짐승이며, 소는 인간에게 유익을 가져다주는 힘을 가졌다. 그룹은 신성의 상징이다. 종려나무는 전쟁에서 승리하고 돌아오는 개선장군을 환영할 때 흔들었으며, 종려나무는 인간에게 물을 가져다주는 거룩한 식물로 여겼다. 화환은 승리자에게 걸어주는 영광의 상징이다. 물두멍의 받침에는 네 바퀴가 있어서 자유롭게 이동할 수 있었다. 제의용 물을 원하는 장소에 옮기거나 번제단에 바칠 희생제물을 담아 나르는 데 용이하도록 하였다.

물두멍은 번제단과 성소 사이에 있다. 번제단에서 이미 죄사함을 받은 사람들이지만, 성소에 들어갈 때는 반드시 물두멍에서 손과 발을 닦아야 한다. 번제단에서 죄 사함을 받고 의롭게 되었지만, 이 세상에서 사는 동안 세상의 먼지와 티끌들이 묻게 되어 있다. 중생한 자도 죄의 티끌이 묻게 된다는 것이다.

예수님께서 제자들의 발을 씻겨 주셨다. 그때 베드로는 주님께서 자기의 발을 닦게 할 수는 없다고 말했다. 그러자 예수님께서는 "내가 너를 씻기지 않으면 나와 상관이 없느니라"고 하셨다. 베드로는 깜짝 놀라 그러면 자신의 온 몸을 씻어 달라고 말했다. 그러자 예수님께서는 이미 목욕을 한 자는 발만 씻으면 된다고 하셨다. 목욕을 번제단에 비유한다면, 손발을 씻는 것은 물두멍에 비유할 수 있다. 번제단이 과거에 지은 죄의 사함을 받는 곳이라면, 물두멍은 성소에 들어갈 자격을 얻기 위해 자신을 정결케 하는 곳이다.

구약 시대의 제사장들은 물두멍에서 손발을 닦음으로 자신들을 정결하게 하고 성소에 들어가 하나님의 일을 하였지만, 오늘 우리를 깨끗하게 하는 것은 말씀이다.

"이는 곧 물로 씻어 말씀으로 깨끗하게 하사 거룩하게 하시고."(엡 5:26)

07

놋바다

놋바다(The Molten Sea)는 열왕기상 7장 23~26절과 역대하 4장 2~6절에 기록되어 있다. 열왕기하 25장 13~17절과 예레미야 52장 17절에는 기원전 587년 바벨론에 의해 예루살렘 성전이 파괴될 때 부서지거나 옮겨진 성전의 기물들에 관한 목록이 언급되어 있다.

놋바다는 성전의 다른 놋 기물들과 마찬가지로 놋점장이었던 두로의 히람이 만들었다. 놋바다는 놋으로 만든 둥근모양의 거대한 대야와 같았는데, 직경이 10규빗에 높이가 5규빗이었으며, 둘레가 30규빗이나 되었다. 두께는 손바닥 넓이만 하였다. 미터로 환산하면 둘레가 대략 13.5m에 직경이 4.5m, 높이가 2.3m 크기로, 그 무게만도 25톤에서 30톤 정도가 되었을 것이다. 놋바다는 2,000밧(왕상 7:26) 혹은 3,000밧(대하 4:5)의 물을 담을 수 있는 크기였다. 열왕기서와 역대기서에서 그 크기가 다른 이유는 역대기서의 경우 전체 용량을 표현한 것이고, 열왕기서의 경우 실제로 물이 담긴 양의 크기를 표현한 것이라고 볼 수 있다. 어쨌든 놋바다는 40,000리터 정도 되는 엄청난 양의 물을 담을 수 있었으며, 성전의 오른쪽, 성전 뜰의 동남쪽 편에 놓여 있었다.(왕상 7:39)

놋바다의 용도에 관해서 성경은 한 번밖에 언급하고 있지 않는데, 역대하 4장 6절 하반절에 나온다. "그 바다는 제사장들이 씻기 위한 것이더라." 그렇지만 이것은 역대기 사가가 놋바다의 용도 가운데 특별히 강조하기 위해 선택한 하나의 기능일 뿐이다. 성전 뜰에는 놋바다 외에 10개의 물두멍들이 있었는데, 여기에도 제의용으로 사용되는 물이 담겨 있었다. 놋바다는 높이가 사람들 키보다 훨씬 높았기 때문에 높이가 1.5m 정도 되는 물두멍에 담긴 물이 제사장들이 사용하기에 훨씬 용이하였다.

반면에 놋바다는 그 웅장한 크기와 엄청난 양의 물로 인해 상징적인 의미가 더 강하였다고 할 수 있다. 요세푸스에 따르면, 놋바다는 엄청난 양의 물을 담을 수 있는 거대한 크기 때문에 바다라고 하였다고 한다. 놋바다는 태초에 있었던 혼돈의 물을 가리키는 '우주적인 물' 혹은 에덴동산에서 흘러나오는 네 개의 강물인 '생명의 물'이라는 상징적 의미를 갖고 있었다.

놋바다는 열두 마리의 황소가 세 마리씩 동서남북을 향하여 서서 받치고 있고, 놋바다의 주위를 박과 백합화 등으로 장엄하게 장식한 것은 백성들에게 바다조차 다스리시는 하나님의 권위와 능력을 보여주기 위한 것이다.

놋바다의 가장자리로 조각한 백합화는 아름다운 문양으로 인하여 건축물에 애용되며, 성경에서는 특별히 거룩함과 순결의 상징으로 쓰이고 있다. 그리고 열왕기상 7장 24절에는 '박'이 바다 주위를 둘렀다고 되어 있는데, 역대하 4장 3절에는 '소'를 둘렀다고 기록되어 있다. 히브리원어로 보면, '소'는 '베카림'이고, '박'은 '페카임'이다. 원래 '페카임'으로 해야 할 것을 역대기 사가가 오기하여 '베카림'으로 한 것으로 보인다.

열왕기상 7장 24절에 따르면, 바다의 가장자리로 돌아가며 박이 매 규빗에 열 개씩 있었으니 총 300개의 박이 있었다. 성경에서 300이라는 숫자도 의미 있는 숫자인데, 노아의 방주 길이가 300규빗(창 6:14~16), 기드온의 300용사(삿 7장) 등이 있으며, 그 외에도 에녹은 300년간 하나님과 동행하다가 들림을 받았다.(창 5:21~24)

08

야긴과 보아스

솔로몬 성전은 동쪽을 향하여 있으며, 그 구조를 보면, 크게 성전 뜰과 성전 건물로 구성되어 있다. 성전 뜰에는 번제단과 물두멍이 있고, 성전 건물 안은 크게 현관과 성소 그리고 지성소로 구분되어 있다.

성전 뜰에서 성전 건물로 들어가는 입구 양쪽에 두 기둥이 세워져 있는데 남쪽의 기둥은 '야긴'(Jachin)이고 북쪽의 기둥은 '보아스'(Boaz)다. 쿠크(S. A. Cook)는 이 두 기둥이 주전 1500년경의 비블로스에 있던 신전의 입구에서 발견된 것과 유사하다는 것을 주목하였다. 그 외에 세겜 신전의 입구에 있는 두 돌과도 비교해 볼 수 있다. 이 두 기둥의 성격에 대한 해석이 분분하였다.

'야긴'(Jachin)의 동사는 'kûn'으로 '세우다', '견고하게 하다'는 뜻이다. 나단의 예언인 사무엘하 7장 8~17절에는 동사 'kûn'이 세 번씩 사용되고 있다.

"내가 네 몸에서 날 네 씨를 네 뒤에 세워 그의 나라를 견고하게 하리라."(삼하 7:12b)

"나는 그의 나라 왕위를 영원히 견고하게 하리라."(삼하 7:13b)

"네 왕위가 영원히 견고하리라 하셨다 하라."(삼하 7:16b)

시편 89편 4절에도 다윗 왕국에 대한 약속과 관련하여 'kûn'이라는 동사가 등장한다.

"내가 네 자손을 영원히 견고히 하며 네 왕위를 대대에 세우리라 하셨나이

다."(시 89:4)

'보아스'(Boaz)에서 '아스'(az)는 '오스'('oz)라는 명사로 이해해야 하는데, 제왕등극시편(시 93; 96; 99; 110; 132편 등)은 하나님의 강함을 표현하기 위하여 '오즈' ('oz)라는 말을 자주 사용한다. 시편 93편 1절에서 동사 kûn과 명사 'oz가 함께 결합되어 있는 것을 볼 수 있는데, 이와 같은 예는 시편 89편 14절과 99편 4절에서도 볼 수 있다.

"여호와께서 다스리시니 스스로 권위를 입으셨도다 여호와께서 능력('oz)의 옷을 입으시며 띠를 띠셨으므로 세계도 견고히 서서(kûn) 흔들리지 아니하는도다."(시 93:1)

솔로몬 성전의 두 기둥인 야긴과 보아스는 하나님의 약속과 능력을 나타내는 상징으로서 종교적으로는 성전 뜰에 모인 백성들에게 '여호와께서 지금 여기에 계시다'는 하나님의 현존을 나타낸다. 예루살렘 성전이 다윗 왕국의 국가 성소라는 점에서 정치적으로는 백성들에게 왕권의 정당성과 권위를 나타내는 것이기도 하다.

성경에서 솔로몬의 성전 건축과 관련한 내용 이외에 성전 기둥에 대한 언급은 두 군데밖에 나오지 않는데, 하나는 요아스 왕과 관련한 열왕기하 11장 14절이며, 또 하나는 요시야 왕과 관련한 열왕기하 23장 3절이다. 이 두 곳은 모두 "왕이 규례대로 단 위에 섰고"(왕하 11:14)와 "왕이 단 우에 서서"(왕하 23:3)라고 되어 있는데, 여기서 '단'은 원어로 보면 '기둥 곁에'라는 뜻이다.

이것은 영국 왕이 대관식 때 웨스트민스터 사원에 있는 스쿤의 돌(the stone of Scone)에 놓인 의자에 앉았던 것과 비교해 볼 수 있는데, 요아스 왕과 요시야 왕이 기둥 곁에 섰다는 것은 기둥이 왕의 대관식과 관련하여 특별한 중요성을 갖고 있다는 것을 보여준다. 그렇다면 이 두 기둥은 왕위 즉위식 때 왕권의 정당성을 부여하기 위한 신적인 증인을 나타내는 것이라고도 할 수 있다.

09

메노라

하나님은 하늘에 있는 광명, 즉 해와 달과 별들을 통해서뿐만 아니라, 성전 안에 있는 등대(Menorah, 메노라)를 통해서도 나타나신다. 이것은 인명(人名)에서도 드러나는데, '네리야'(렘 32:12, 바룩의 아버지)는 '여호와는 나의 등대'라는 뜻이며, '아브넬'(삼상 14:50, 사울의 군사령관)은 '아버지(하나님)는 나의 등대'라는 뜻이다. 시편 119편 105절 "주의 말씀은 내 발에 등이요 내 길에 빛이니이다."라는 말씀도 등대의 빛을 통해 역사하시는 하나님을 잘 표현하고 있다.

스가랴 4장 10절 "작은 일의 날이라고 멸시하는 자가 누구냐 사람들이 스룹바벨의 손에 다림줄이 있음을 보고 기뻐하리라 이 일곱은 온 세상에 두루 다니는 여호와의 눈이라 하니라."에서 '이 일곱'이란 일곱 촛대로 되어 있는 성전의 등대를 말한다.

성경에서 등대에 대한 기록은 모세가 성막을 건축하는 것과 관련하여 등장한다. 출애굽기 25장 31~40절에 묘사된 등대의 모습을 보면, 순금 한 달란트(34kg)를 쳐서 만들었으며, 가운데 줄기를 중심으로 양쪽에 가지가 세 개씩 나와 등대 하나에 모두 일곱 개의 등잔이 있었다. 그리고 줄기에 4개의 꽃받침과 가지에 3개씩 총 22개의 살구꽃 형상을 새겼다. 여기서 살구꽃은 아몬드 꽃을 말한다.

이렇게 만든 등대가 솔로몬 성전에는 좌우로 5개씩 10개가 있었다. 등대 하나에 7개의 등잔이 있었으니 성전의 등잔은 모두 70개였다. 성경에 보면, 7이나 70과 관련된 내용들을 많이 찾아볼 수 있다.

① 하나님이 6일 동안 세상을 창조하시고, 7일째 되는 날 안식하셨다.

② 7일째 되는 날은 안식일, 7년째 되는 날은 안식년으로 거룩하게 구별하였다.

③ 요셉이 애굽의 총리가 된 후 애굽에 내려간 야곱의 식구가 70명이었다.(창 46:27)

④ 출애굽한 이스라엘 백성들이 홍해를 건넌 후 장막을 친 엘림에 종려나무 70주가 있었다.(출 15:27)

⑤ 산헤드린에는 70명의 장로가 있었다.(겔 8:11)

⑥ 바벨론의에 포로생활이 70년이었다.(렘 25:11~12)

⑦ 예수님께서 70문도를 둘씩 짝 지어 파송하셨다.(눅 10:1~17)

그 외에도 많은 예들이 있는데, 성경에서 70이란 수를 제일 던저 생각해 볼 수 있는 것은 창세기 10장이다. 노아가 대홍수 이후 방주에서 나온 뒤 세 아들 셈과 함과 야벳을 통해 나온 후손들의 명단이 나오는데, 모두 70명으로 인류의 조상들이다. 그러므로 70이란 숫자는 대홍수 이후 흩어진 온 인류를 의미한다고 볼 수 있다.

이렇게 볼 때, 하나님이 성전을 세우시고 등대 10개에 등잔이 70개가 있도록 한 것은 성전의 사명이 온 인류를 향한 구원의 빛을 밝히는 것임을 분명히 한 것이다. 그러나 성전이 이스라엘 국가 성소로서, 후에는 유대교 신앙의 중심지로 자리를 잡았지만, 온 인류를 향한 구원의 사명을 감당하지 못했기 때문에 예수님은 예루살렘 성전이 파괴될 것을 예언하셨다.

주후 70년 로마에 의해 예루살렘 성전은 파괴되었지만, 예수님께서 파송하신 70명의 제자를 파송하신 것처럼 오늘 우리는 세상의 빛으로서 온 인류를 향한 하나님의 구원의 사명을 감당해야 한다.

10

진설병과 생명의 떡

진설병은 제사장들만 먹을 수 있었다. 그런데 다윗이 사울을 피해 도망가다가 놉에 가서 제사장 아히멜렉에게 청하여 부하들과 함께 진설병을 먹었다(삼상 21:1~7). 예수님의 제자들이 안식일에 밀 이삭을 잘라 먹다가 바리새인들로부터 안식일을 어겼다고 비난을 받자 예수님은 다윗도 부하들과 함께 진설병을 먹은 것을 언급하며 "인자는 안식일의 주인"이라고 말씀하셨다(마 12:1~8). 요한복음에 보면, "나는 ~이다"(ἐγὼ εἰμι)라는 공식을 통해 예수님께서 자신을 나타내고 있는 것이 많이 나온다. 이것을 '자기표현공식'이라고 하는데, 구약의 이사야서에서 하나님의 유일성을 나타낼 때 사용하는 공식이기도 하다.(사 41:4)

예수님께서 "내가 곧 생명의 떡이니라."(요 6:48)라고 할 때 하나님의 임재를 나타내는 성전의 진설병을 의미한다. 그래서 주님은 하늘로서 내려온 떡이라고 하셨다. 이스라엘 백성들이 출애굽 시대에 광야에서 먹었던 만나도 하나님께서 주신 아무것도 섞지 않은 무교병이었기에 진설병의 모형이라고 할 수 있다.

민수기 11장에 보면, 만나만 먹던 이스라엘 백성들이 애굽에서 먹었던 파, 부추, 마늘, 참외 등 땅에서 나는 것들에 대한 미련을 버리지 못해 불평할 때에 하나님의 진노가 임하기도 하였다. 무교병의 대표적인 특징은 누룩이 없는 것이다. 말씀이 육신이 되신 예수 그리스도는 하나님의 임재를 상징하는 생명의 떡인 진설병이요, 그리스도인들은 누룩이 없는 무교병과 같은 존재들이다.

"너희는 누룩 없는 자인데 새 덩어리가 되기 위하여 묵은 누룩을 내버리라 우리의 유월절 양 곧 그리스도께서 희생되셨느니라 이러므로 우리가 명절을 지키되 묵은 누룩으로도 말고 악하고 악의에 찬 누룩으로도 말고 누룩이 없이 오직 순전함과 진실함의 떡으로 하자."(고전 5:7~8)

구약의 진설병이 신약에 와서는 그리스도의 성만찬이 되었다. 이 땅에 오신 예수 그리스도께서는 십자가 고난과 죽음의 길을 눈앞에 두고 제자들과 함께 최후의 만찬을 행하셨다(마 26:26). 솔로몬 성전에는 떡상이 모두 10개가 있었기 때문에 모두 120개의 빵이 진설되어 있었다. 솔로몬이 성전을 완공하고 봉헌식을 할 때 나팔 부는 제사장 120명의 제사장들이 일제히 소리를 높여 나팔을 부르며 노래하자 하나님의 영광이 성전에 가득하였다.(대하 5:12~14)

이와 같은 일이 예수님이 부활 승천하신 후 오순절 마가의 다락방에서 제자들이 120명이 모였을 때(행 1:15)에도 일어나게 되었다.

"홀연히 하늘로부터 급하고 강한 바람 같은 소리가 있어 그들이 앉은 온 집에 가득하며 마치 불의 혀처럼 갈라지는 것들이 그들에게 보여 각 사람 위에 하나씩 임하여 있더니 그들이 다 성령의 충만함을 받고 성령이 말하게 하심을 따라 다른 언어들로 말하기를 시작하니라."(행 2:2~4)

진설병의 빵은 무교병으로 하나님의 임재를 상징한다. 구약시대에는 제사장들이 성소에서 먹고 하나님의 거룩한 일을 하도록 한 생명의 떡이었다. 120명의 제사장들이 힘차게 나팔 불 때에 하나님의 영광이 가득한 성전의 역사가 시작되었던 것처럼 마가의 다락방에서 120명의 제자들이 성령의 충만함을 받음으로 교회의 역사가 시작되었다.

11

분향단과 사가랴

분향단은 예루살렘 성전에서 성소의 가장 안쪽에 위치한 지성소를 가리고 있는 휘장 바로 앞에 있었다. 주후 70년 예루살렘을 점령하고 성전을 파괴한 로마의 티토 장군 개선문이 지금도 로마에 있는데, 그곳에 일곱 촛대인 메노라(Menorah)와 함께 분향단이 부조로 조각되어 있는 것을 볼 수 있다.

성전에서 피우는 향은 '소합향, 나감향, 풍자향, 유향' 등 네 가지 향을 섞어 만들었다(출 30:34). 소합향은 스티락스(Styrax)에서 채취한 향이며, 나감향은 쉘 피쉬(shell fish)라는 홍해에서 나온 조개껍질을 빻아 만든 향이다. 풍자향은 고무나무에서 나오는 진액으로 소독제로 쓰인다고 한다. 이 향들을 유향과 섞어 만들었다. 그리고 향을 피울 때마다 소금이 첨가되었다.(출 30:35)

분향단에서 향을 피우는 제사장들은 먼저 번제단으로 간다. 번제단에서 꺼낸 숯불을 채우고, 향이 담긴 금향로를 은 쟁반에 담아 갖고 온다. 향로를 든 제사장은 성전 안뜰을 지나 성소로 가는 계단으로 오른다. 제사장 중 한 명이 분향단에 숯불을 피우고 다른 제사장이 향을 정리한다. 그리고는 분향을 하는 제사장만 홀로 성소 안에 남는다.

이때가 아마도 분향하기 위해 성소에 들어갔던 세례 요한의 아버지 사가랴에게 천사 가브리엘이 나타났던 때가 아닌가 생각된다. 제사장이 분향을 시작하면, 모든 백성들은 예외없이 성전 안뜰에서 나와 주님 앞에 그들의 손을 펼치면서 엎드려 침묵기도를 드린다. 성전에서는 이때가 가장 엄숙한 시간이다. 넓은 성전 건물 전체에 깊은 침묵이 흐르고 성소 안에는 향을 피우는 제사장만이 금향단에 분향을 하고, 그 향연이 주님 앞에 피어오른다.

"일곱째 인을 떼실 때에 하늘이 반시간쯤 고요하더니 … 또 다른 천사가 와서 제단 곁에 서서 금향로를 가지고 많은 향을 받았으니 이는 모든 성도의 기도와 합하여 보좌 앞 금 제단에 드리고자 함이라 향연이 성도의 기도와 함께 천사의 손으로부터 하나님 앞으로 올라가는지라."(계 8:1, 3~4)

누가복음에 보면 세례 요한의 탄생 기사와 관련해 그의 아버지 사가랴가 성전에 들어가서 분향하는 내용이 나온다(눅 1:8~9). 사가랴는 유대 광야지역에 있는 제사장 도시 헤브론에 살았는데, 반차를 따라 성전에서 사역하기 위해 예루살렘으로 올라왔다. 누가복음 1장 39~40절에, "이 때에 마리아가 일어나 빨리 산골로 가서 유대 한 동네에 이르러 사가랴의 집에 들어가 엘리사벳에게 문안하니"라고 되어 있는데, 여기서 '유대'는 제사장 분깃으로 주어진 도시인 '윳다'를 가리킨다.(수 21:16)

성소 안에 있는 분향단에서 향을 피우는 일은 제사장에게 있어서 가장 영광스러운 일인데, 이 일이 사가랴에게 처음이자 마지막으로 주어졌다. 백성들은 밖에서 모두 기도하고 사가랴만 성소 안에 홀로 남아 분향하던 중에 마치 지성소에서 금방 나와 서 있는 것 같은 천사 가브리엘을 만났다. 그는 분향단의 오른쪽에 서 있었는데(눅 1:11), 이는 분향단과 떡상 사이를 말한다. 여기서 우리가 분명하게 알 수 있는 것은 제사장이 분향단에서 향을 피울 때는 성소에 홀로 있었다는 것과 같은 시간에 그 외 모든 사람들은 성소 밖 뜰에서 기도하고 있었다는 것이다.

12

휘장과 십자가

예루살렘 성전 내부는 성소와 지성소로 구분되어 있는데, 지성소는 법궤가 모셔진 곳으로 가장 거룩한 곳이다. 지성소와 성소를 구별하는 것이 휘장인데, 청색, 자색, 홍색, 가늘게 꼰 베실(흰색) 등 4색 실로 짜서 만들고 그 안에 그룹들을 수놓았다. 성소에서 보면, 거대한 휘장에 그룹들이 서서 지성소를 지키는 모습이다. 그 휘장 앞에 분향단이 있다.

제사장들이 분향단에서 향을 피우며 기도할 때 휘장에 있는 천사들이 지켜보고 있다. 에덴동산에서 아담과 하와가 죄를 범한 이후 죽음의 그늘 가운데 거하게 되었고 생명나무의 열매를 먹지 못하도록 두 그룹이 지키고 있었던 것처럼, 그룹이 수놓아진 휘장은 죄로 인해 하나님과 우리 사이에 가로막힌 담과 같다.

지성소에는 법궤가 있고, 법궤 위가 속죄소인데, 하나님께서 바로 이곳에서 우리와 만나 주시겠다고 하셨다. 그러나 지성소는 아무나 들어갈 수 없었다. 오직 대제사장만이 일 년에 한차례 들어갈 수 있었다. 대제사장이 지성소에 들어가는 날은 7월 10일로 대속죄일이라고 한다. 대제사장은 온 이스라엘 백성들의 죄를 사함받기 위해 휘장을 열고 지성소에 들어가 속죄소 위에 속죄피를 뿌린다.

대제사장이 지성소로 들어가기 위해 휘장을 열 때는 아래서 열게 된다. 휘장을 열고 지성소 안으로 들어가면 휘장은 저절로 닫힌다. 대제사장이 다음 해에 지성소에 들어갈 때는 또 다른 희생제물의 피를 갖고 다시 휘장을 열고 들어간다. 히브리서에서는 이것을 가리켜 "대제사장이 해마다 다른 것의 피로써 성소에 들어가는 것같이"(히 9:25)라고 표현하였다.

하나님께 드리는 제물은 반드시 산 제물이어야 하고 흠이 없는 것이어야 한다. 살아있는 제물을 죽여 그 피를 갖고 들어가야 하므로 이미 죽은 짐승은 제물이 될 수 없다. 그러니까 해마다 새로운 희생양을 잡아 그 피를 갖고 들어가는 것이다.

예수님께서 십자가에서 운명하실 때 휘장이 위에서부터 아래로 찢어져 둘로 나누어졌다(마 27:51)고 하였다. 예수님 당시의 휘장은 성전에 있던 휘장인데, 성전은 성막의 휘장보다 높이와 넓이가 모두 20규빗으로 두 배나 더 컸다. 20규빗이면 대략 10m 정도 되니까 사람이 위에서 찢을 수는 없다. 그러므로 위에서 찢어졌다는 말은 사람이 아니라 하나님께서 찢으셨다는 뜻이다. 이것은 예수님께서 십자가 위에서 죽으심으로 하나님께서 친히 하나님과 사람 사이에 가려진 담을 허무셨다는 의미로 해석할 수 있다.

"휘장이 위에서 찢어졌다"는 것은 한번 열린 문이 다시는 닫히지 않게 되었다는 뜻도 갖고 있다. 커튼을 생각해 보라. 손으로 아래쪽을 열었다가 손을 놓으면 저절로 닫힌다. 대제사장이 휘장을 열고 지성소에 들어갈 때 그랬다. 그러나 커튼을 위에서 열면 손을 놓아도 닫히지 않는다. 예수님께서 십자가에서 죽으심으로 하나님과 우리 사이에 막힌 담이 완전히 열려 있게 되었다는 뜻이다.

"그러므로 형제들아 우리가 예수의 피를 힘입어 성소에 들어갈 담력을 얻었나니 그 길은 우리를 위하여 휘장 가운데로 열어 놓으신 새로운 산 길이요 휘장은 곧 그의 육체니라."(히 10:19~20)

13

천국은 정사각형이다

조선시대 가옥의 기둥을 보면 궁궐은 둥근 기둥이고 일반 주택은 사각 기둥으로 되어 있다. 둥근 것은 하늘을, 사각형은 땅을 의미한다. 그래서 임금의 용포에는 하늘의 해와 같은 둥근 모양의 그림이 가슴에 있고, 신하의 의복에는 사각형으로 되어 있다.

성경에서는 정사각형을 "네모가 반듯하여"로 표현한다. 대제사장의 가슴에 청색, 자색, 홍색, 가늘게 꼰 베실로 짠 판결 흉패를 붙였다. 판결 흉패에는 열두 개의 보석에 열두 지파의 이름을 새기도록 하였으며 "길이와 너비가 한 뼘씩 두 겹으로 네모 반듯하게"(출 28:16) 하였다. 판결 흉패를 네모 반듯하게 하였다는 것은 대제사장이 백성들을 재판할 때 공의로 판결해야 함을 의미한다.

구약시대 광야성전인 성막에서 정사각형으로 되어 있는 곳이 있는데, 먼저 성막 뜰에 있는 번제단이 길이와 너비가 같은 정사각형으로 되어 있다. 번제단은 죄인이 희생제물을 통하여 의롭게 되는 곳이다.

성막 뜰에서 성소로 들어가는 문도 정사각형으로 되어 있다. 울타리에 있는 성막 문은 높이 5규빗에 너비가 20규빗으로 넓은 문이다. 누구든지 들어갈 수 있는 문이다. 그러나 성막 뜰에서 성소로 들어가는 문은 높이와 너비가 10규빗으로 정사각형으로 되어 있다. 번제단에서 죄사함을 받고 물두멍에서 손발을 씻은 사람들이 들어갈 수 있는 문이다.

번제단에서 죄사함을 받고 물두멍에서 손발을 씻은 사람이란 의롭게 된 사람을 말한다. 그러므로 정사각형은 '의'(義)를 상징한다. 성소의 분향단도 정사각형으로 되어 있고, 지성소를 가리고 있는 휘장도 정사각형으로 되어 있다. 그리고 하나님의 임재를 상징하는 법궤가 있는 지성소는 길이와 너비와 높이가 모두 같은 정육면체로 되어 있다.

지성소는 하나님이 인간과 만나 주시겠다는 지극히 거룩한 곳이며, 법궤는 하나님의 보좌요 발등상이다. 하늘에 있는 천국의 모형을 지상에 만든 것이 지성소(holy of holies)다. 지성소는 지극히 거룩한 장소로 출애굽 시대에 광야에 있던 성막의 지성소는 길이와 너비와 높이가 모두 10규빗으로 되어 있고, 솔로몬 성전의 지성소는 길이와 넓이와 높이가 모두 20규빗으로 되어 있다. 크기만 다를 뿐 하늘과 땅, 동서남북이 모두 정사각형으로 된 정육면체다.

사도 요한이 환상 중에 본 새 예루살렘 성의 모습도 위아래와 사면이 모두 정사각형으로 된 정육면체다.

"그 성은 네모가 반듯하여 길이와 너비가 같은지라 그 갈대 자로 그 성을 측량하니 만 이천 스다디온이요 길이와 너비와 높이가 같더라."(계 21:16)

여기서 스다디온(stadion)은 그리스의 측량단위로 약 191.27m에 해당한다. 스다디온은 오늘날 스포츠나 콘서트를 여는 대형 경기장을 말하는 스타디움(Stadium)의 어원이기도 하다. 만 이천 스다디온이면 대략 2,295km 정도 된다. 그런데 여기서 중요한 것은 "길이와 너비와 높이가 같더라."는 말이다. 즉 새 예루살렘 성은 거대한 정육면체의 모양을 하고 있는 것이다. '의'(義)는 하나님의 대표적인 속성이다. 이 땅에 있는 성막과 성전은 죄로 인해 어긋난 인생들이 죄 사함을 받고 의롭게 되는 장소며, 새 예루살렘 성은 믿음으로 의롭게 된 사람들, 즉 어린 양의 신부들이 들어갈 천국이다.

이스라엘은 역사적으로 수천 년에 걸쳐서 끊임없이 생존의 위협을 받아 왔다.
하나님이 함께 하지 않으면 존재할 수 없을 만큼 위기 속에 있었기 때문에
하나님은 이스라엘의 편이 되셔서 불의하게 약한 자를 죽이고
비겁하게 뒤에서 공격하는 아말렉과 맞서 싸우셨다.
하나님이 아말렉과 적이 되신 것은 특정 민족을 편들거나 미워하신 것이 아니라
불의한 강자를 미워하시고 약자를 긍휼히 여기신 공의와 사랑 때문이다.

제 9 장

역사와 예언

01

뮈토스와 에토스

현대인들은 하나님의 말씀인 성경의 '진실'이라는 개념을 '사실'(fact)과 일치시키려고 한다. 그러나 성경은 역사적이고 객관적인 '사실'을 넘어선 뮈토스(mythos)와 에토스(ethos)의 결합이다. 뮈토스는 '신화'를 말하고, 에토스는 '윤리'를 말한다. 성경의 이야기가 뮈토스라면, 율법은 에토스다. 성경에서 이 둘은 조화를 이루고 있다. 제임스 샌더스(James A. Sanders)는 토라를 뮈토스와 에토스의 결합이라고 하였다.

우리는 성경의 이야기를 뮈토스라고 하는 데 주저한다. 왜냐하면 신화(myth)는 사실이 아닌 어떤 것을 언급하는 것이라고 생각하기 때문이다. 어떤 사람이 말할 때 "그건 신화일 뿐이야."라고 한다면, "사실이 아니야." 혹은 "거짓말하지 마."라는 뜻이다.

그리고 율법을 에토스라고 말하는 것도 주저하는데, 윤리(ethics)는 초연한, 추상적인 의무의 개념이라고만 생각하기 때문이다. 특히 기독교에서는 구약의 율법이 제공하는 도덕성을 율법주의로 치부하는 경향이 있기 때문에 더욱 그렇다.

그러나 뮈토스는 공동체가 공유하는 이야기와 거기에 결부된 세계관을 말해 준다. 예를 들어, 창조 이야기라는 뮈토스는 하나님과 우주에 관한 거대한 이야기를 하면서 그 안에 있는 우리의 삶의 의미를 파악하고 이해하도록 한다. 에토스는 이러한 세계 속에서 나/우리가 어떻게 자유롭고, 행복하고, 책임감을 가질 수 있는가를 염두에 두고 어떻게 살고, 관계하고, 행동하는가에 대해 말한다. 에토스는 이러한 의무와 책임뿐만 아니라 모든 가치와 이상, 영감들을 포함한다.

구약의 백성들은 한 공동체로서 그 이야기, 즉 뮈토스를 말한다. 기본적인 초점은 하나님이다. 하나님은 모든 것을 존재케 하는 우주의 창조자다. 인간은 혼돈을 정복하고 삶을 주는 창조적 행위를 이어가도록 하나님의 형상대로 창조되었다. 그러나 죄로 인하여 생명과 질서 대신에 죽음과 파괴를 가져왔지만, 생명과 축복을 위한 하나님의 의지는 꺾이지 않았다.

이 백성들이 애굽에서 억압당할 때 하나님은 그들을 종 되었던 곳과 불의한 곳에서 해방하며 모세를 통해 그들을 계약을 맺을 시내산으로 인도하셨으며, 광야생활을 통해 하나님은 그들과 함께 하셨으며, 생명을 지켜주고 강하게 하셨다. 그리고 하나님은 율법을 통해 우리가 무엇을 위해 부름 받았는지, 우리가 어떻게 살아야 하는지에 대한 올바른 방향을 제시하신다. 그것은 우리에게 에토스와 도덕성에 대해 가르친다.

우리는 창조주요 구원자이신 하나님의 은총에 대해 예배, 순종 그리고 경외심으로 응답한다(신 10:12 참고). '하나님의 경외'는 단순히 두려움이라는 감정을 의미하는 것이 아니라, 하나님 앞에 선 인간의 겸손함을 뜻한다. 에토스는 일종의 대화(dialogue)다. 하나님이 우리를 사랑하신 것처럼 우리도 하나님과 이웃을 사랑해야 한다. 하나님이 우리를 억압과 불의에서 해방하신 것처럼 우리도 불의한 상황들을 종결시키려는 노력을 해야 한다.

우리는 율법의 완성자로 오신 예수 그리스도의 삶과 가르침을 통하여 하나님의 말씀을 이해해야 한다. 예수님의 이야기는 우리의 뮈토스며 에토스다. 참된 인간으로 이 땅에 오신 예수님은 하나님에 대한 완전한 응답을 구현한다. 예수님은 생명과 정의시며 모든 것을 하나로 묶는 평화시다.

02

구약성경의 역사서들

구약성경의 역사서들은 크게 신명기 사가의 역사서와 역대기 사가의 역사서로 구분된다. 신명기 사가의 역사서는 여호수아, 사사기, 사무엘서, 열왕기서로 신명기적인 관점에서 역사를 기록하였다고 해서 붙여진 이름이다. 신명기 사가의 역사서는 이스라엘 역사 초기부터 바벨론에 의해 예루살렘이 함락될 때까지의 역사를 기록한 것으로 크게 바벨론 포로기 때 기록되었다는 설(M. Noth)과 요시야 왕 때 일부 기록되고 바벨론 포로기 때 완성되었다고 주장하는 설(F. M. Cross)이 있다.

신명기 사가들이 왕국이 멸망한 이후 자신들의 과거 역사를 기록한 신명기적인 관점이란 율법 중심, 여호와 중심, 예루살렘 성전 중심의 신학이라고 할 수 있다. 여기에 바벨론 포로기에 활동한 제2이사야(사 40~55장)를 통해 명확하게 확립된 유일신 사상이 이스라엘 역사 초기부터 적용되었다. 종교사적으로 볼 때, 족장시대부터 왕국시대에 이르기까지 이스라엘의 종교는 가족 혹은 친족 단위의 지역 성소들을 중심으로 한 것이었으며, 예루살렘 성전이 이스라엘의 국가 성소가 된 이후에도 민간신앙에는 혼합주의적인 요소가 존재하고 있었다.

그러나 신명기 사가들의 역사적 관점에서 이스라엘 역사 초기에 승리의 비결은 율법을 지키는 것이었으며(여호수아), 실패의 원인은 혼합주의 우상숭배였다(사사기). 그리고 왕국시대에 예루살렘 성전 대신 벧엘과 단 등에 별도의 국가성소를 세운 북이스라엘 왕들은 모두 부정적으로 평가되었으며, 예루살렘 성전 외에 산당이나 지역 성소를 묵인한 남유다의 왕들도 부정적으로 평가되었다.(열왕기서)

역대기 사가의 역사서는 역대기, 에스라와 느헤미야로 바벨론 포로기 이후 페르시아 시대 때 기록되었다. 바벨론 포로 후기는 정치적으로 페르시아의 지배 아래 있었지만, 종교적으로는 비교적 자유롭게 자신들의 종교를 유지할 수 있었다. 페르시아 시대에 유대인들은 종교를 통하여 자신들의 정체성을 확보하고자 하였으며, 역사적으로 다윗-솔로몬 시대를 이상화하였다. 그래서 역대기서에는 사무엘서와 열왕기서와 달리 북이스라엘에 관한 기록이 거의 없으며, 밧세바 사건이나 압살롬의 반란 등, 다윗과 솔로몬과 관련한 부정적인 내용들을 모두 제거하였다.

예루살렘 성전 중심 제의를 분명하게 하고 있기 때문에, 북이스라엘의 역사에 대해선 전혀 관심이 없으며, 성전을 건축한 솔로몬에 관한 부정적인 이미지도 모두 제거하였다. 이렇게 함으로써 역대기 사가의 역사서는 바벨론 포로 후기 이스라엘 제의 공동체 확립의 역사적 근거를 제공하였다.

역대기 사가의 역사서는 히브리 성경에서 성문서에 해당하며 책의 순서는 에스라 느헤미야 역대기서로 되어 있다. 우리말 구약성경의 맨 마지막 책은 말라기지만, 히브리 성경의 맨 마지막 책은 역대기서다. 역대기서는 바벨론을 멸망시킨 바사의 고레스 왕이 바벨론에 포로로 끌려 온 이스라엘 백성들이 다시 고향 땅으로 돌아갈 수 있도록 한 말로 끝난다.

"바사 왕 고레스가 이같이 말하노니 하늘의 신 여호와께서 세상 만국을 내게 주셨고 나에게 명령하여 유다 예루살렘에 성전을 건축하라 하셨나니 너희 중에 그의 백성된 자는 다 올라갈지어다 너희 하나님 여호와께서 함께 하시기를 원하노라 하였더라."(대하 36:23)

03

역사의 오버래핑

'오버랩'(overlap)은 시나리오의 용어로 한 장면에 다른 장면이 겹치게 나타나면서 앞의 장면이 서서히 사라지게 하는 일종의 촬영기법이다. 역사를 기록함에 있어서도 과거의 사건에 현재의 상황을 교묘하게 겹치도록 하는 것을 오버래핑(overlapping)한다고 말할 수 있다. 이것은 기록된 역사의 시기와 그 역사를 기록한 시기가 다른 데에 기인한 것으로 우리가 역사를 이해할 때에 기록된 역사 자체뿐만 아니라 그 역사를 기록한 시기의 상황과 의도를 주목해야 한다는 것을 보여준다.

성경에 기록된 이스라엘 역사는 아브라함 시대부터 왕국이 멸망할 때까지 다양한 사건들과 민족들에 대해 이야기하고 있지만, 그것을 최종적으로 편집하여 기록한 시기는 바벨론 포로기 혹은 그 이후다. 그렇기 때문에 바벨론 포로기의 역사적 상황이나 신학적 관점은 이스라엘의 전체 역사를 이해하는 데 중요한 열쇠가 된다. 여기에 과거의 역사를 기록하면서 현재의 상황을 겹치도록 하는 역사의 오버래핑이 나타난다.

성경에서 역사의 오버래핑을 한 대표적인 예를 아말렉에 대한 기록에서 찾아볼 수 있다. 아말렉은 최초로 낙타를 전투용으로 사용하였던 원(原)-베두인(proto-Bedouin)으로 출애굽한 이스라엘이 광야에 있을 때 최초로 공격하였던 종족이다. 하나님은 아말렉과 영원히 원수가 되겠다고 하시며 그들의 이름을 도말할 것을 명하셨다.

이스라엘과 아말렉의 갈등은 팔레스타인 남부 지역에서 안정을 추구하는 정착민들과 그들에게 위협이 되었던 유목민들 사이의 갈등을 배경으로 한 것이다. 사실상 아말렉은 다윗이 왕국을 공고히 한 이후 역사의 무대에서 사라졌다. 그럼에도 불구하고 아말렉이 성경에서뿐만 아니라 오늘날에 이르기까지 반(反)유대주의 혹은 반(反)셈주의의 상징이 된 것은 성경의 역사를 기록한 바벨론 포로기와 그 이후에 이스라엘이 직면해야 했던 위기상황과 관련 있다.

주전 587년 바벨론에 의해 예루살렘이 함락되고 성전이 파괴된 이후 유대 공동체의 존립 자체에 대한 심각한 위협에 직면하였으며, 이것이 역사의식으로 자리 잡아 이스라엘 초기 역사에서 특별히 유다 지파 남부지역과 주변 종족들에게 심각한 위협이 되었던 아말렉의 이미지가 오버랩된 것이라고 할 수 있다. 이때부터 유대인들은 아말렉을 반유대주의 혹은 반셈주의의 상징으로 여기고 자신들을 위협하거나 박해하는 무리를 아말렉의 후예로 규정하여 왔다.

예를 들면, 주전 2세기경 유대인들을 극심하게 박해했던 안티오쿠스 에피파네스 4세, 주후 70년 예루살렘을 폐허로 만들고 성전을 파괴한 로마의 티토 장군, 제2차 세계대전 당시 6백만 명의 유대인들을 학살한 독일 나치의 아돌프 히틀러 총독 등이 유대인들에게는 아말렉의 후예들이다.

오늘날에도 유대인들은 자기들을 적대시하거나 위협하는 세력들을 아말렉으로 규정하고 반드시 멸절시켜야 할 대상으로 여긴다. 그러나 역사의 오버래핑이 자기 합리화의 위험에 빠지지 않기 위해 분명히 알아야 할 것이 있는데, 하나님은 약한 자의 편에 서시는 분이지 강자의 이데올로기를 편들어 주시는 분이 아니라는 사실이다.

04

성도들의 강

로마를 대제국으로 건설한 황제 카이사르(G. J. Caesar)가 장군으로 있을 때였다. 로마의 원로원들은 전쟁터에 나가 있던 카이사르 장군이 백성들에게 인기가 너무 많고, 힘이 있는 것을 두려워하여 어떻게 그를 없앨까 궁리했다. 로마의 원로원들은 카이사르 장군이 로마로 입성할 때에 무장을 해제하고 강을 건너도록 하라는 명령을 내렸다. 로마로 들어가는 길목인 루비콘 강가에서 그 소식을 들은 카이사르는 고민하다가 마침내 결단하고 무장한 채로 루비콘 강을 건너 로마로 입성하였다. 카이사르가 루비콘 강을 건너면서 한 유명한 말이 있다. "주사위는 던져졌다."

역사학자 카(E. H. Carr)는 『역사란 무엇인가?』라는 책에서 카이사르가 건넌 루비콘 강은 세계사의 물줄기를 바꾸어놓는 역사적인 강이 되었다고 썼다. 인류 최초의 4대 문명도 강에서 시작되었다. 중국 최초의 황제의 '황' 자는 본래 임금 '황'(皇)이 아니라, 누르 '황'(黃) 자였다. 황제는 황하의 누런 물을 다스려 백성들을 살려야 하는 책임이 있었다. 물을 다스리는 치수가 황제의 첫 번째 사명이었다. 이것이 진시황 때 와서 군주 개념의 임금 '황'(皇) 자로 바뀌었다.

루비콘 강이 카이사르의 강이라면, 성도들의 강은 요단강이다. 여호수아가 출애굽한 이스라엘 백성들을 이끌고 요단강을 건넌 이래 요단강은 성도들의 삶을 변화시킨 강이 되었다. 루비콘 강은 카이사르가 갑옷을 입고 칼을 차고 건넜지만, 여호수아는 법궤를 앞세워 요단강을 건넜다. 40년 동안 광야에서 생활한 이스라엘 백성들을 이끌고 요단강을 건너는 여호수아는 먼저 제사장들로 하여금 법궤를 어깨에 메고 요단강 중심에 서도록 했다. 그러자 요단강이 갈라졌다. 하나님을 앞세우는 사람이 약속의 땅을 얻는다.

예언자 엘리야는 승천하기 전 자신의 겉옷으로 요단강을 쳐서 건넜으며, 그의 제자 엘리사도 엘리야가 승천한 후 그가 벗어 놓은 겉옷으로 요단강을 쳐서 건넜다. 이것은 엘리야에게 있었던 하나님의 능력이 그대로 엘리사에게도 임하였음을 보여주는 증거였다.

요단강은 문둥병자였던 수리아의 나아만 장군이 자기 자신을 바로 보게 한 거울이었다. 나아만 장군은 군대장관답게 화려한 갑옷을 입고 많은 호위병을 거느리고 위풍당당하게 왔다. 그러나 요단강에서 호위병을 물리친 후 옷을 벗고 물에 들어섰을 때 나아만은 자신이 온 몸이 상처투성이에 썩어가고 냄새나는 몸을 가진 지극히 연약한 인간임을 깨달았다. 그리고 고침을 받았다.

요단강은 세례 요한과 예수님의 만남을 통해 복음의 역사가 시작되었다. 요단강에서 예수님이 세례 요한에게 받으신 세례는 죄사함을 얻고자 한 것이 아니라, 세상 죄를 감당하기 위해서였다. 구원은 하나님께서 값없이 주신 은총이지만 결코 공짜가 아니다. 어린 양 되신 예수님께서 친히 우리의 죄를 담당하시고 십자가에서 죽으심으로 말미암아 얻은 구원이다.

예수님과 세례 요한이 만났던 요단강이 세계의 역사를 바꾼 현장이 되었던 것처럼, 영적 기갈의 시대에 예수 그리스도를 만나는 자리가 오늘 우리의 삶을 변화시키는 강이다. 갈급한 마음으로 아무도 없는 정오에 물을 뜨러 온 사마리아 여인은 예수님을 만나 영원토록 마르지 않는 샘물을 얻게 되었다.

"내가 주는 물을 마시는 자는 영원히 목마르지 아니하리니 내가 주는 물은 그 속에서 영생하도록 솟아나는 샘물이 되리라."(요 4:14)

05

베냐민 지파 사람들

베냐민은 야곱의 막내아들이다. 야곱의 사랑하는 아내 라헬은 베냐민을 낳다가 산고로 죽었다(창 35:16~20). 베냐민 지파는 이스라엘 열두 지파 중 가장 작은 지파이면서도 많은 인물들이 나왔다. 그중에 대표적인 사람이 사사 에훗, 이스라엘의 초대 왕 사울, 에스더서에 나오는 모르드개 그리고 사도 바울 등이다.

베냐민 지파 출신의 사사 에훗은 이스라엘이 모압의 압제를 받고 있을 때 단신으로 모압 왕 에글론을 죽이고 이스라엘을 구원하였다. 왼손잡이 에훗은 한 규빗 되는 칼을 오른편 다리 옷 속에 숨기고 모압 왕을 찾아가 공물을 바치는 척하다가 그를 찔러 죽였다. 규빗은 이스라엘의 측량 단위로 어른의 팔꿈치에서 손끝까지의 길이를 말한다. 짧은 규빗은 대략 45cm이고, 긴 규빗은 52cm 정도인데, 이스라엘에서는 짧은 규빗을 썼다.

에훗이 찌른 칼은 뚱뚱한 모압 왕 에글론의 배에 칼자루까지 들어가 그 끝이 등 뒤로 나왔다고 했다. 모압 왕을 죽인 에훗은 나팔을 불어 이스라엘 백성들을 일깨우고 그 기세를 몰아 하루아침에 모압 사람 일만 명을 죽이는 대승을 거두었다. 왼손잡이였던 에훗에게 하나님께서 친히 오른손이 되어 주셨다. 자신의 부족한 부분을 하나님께서 채워 주심으로 에훗은 더욱 강한 자가 될 수 있었던 것이다.

이스라엘의 초대 왕 사울은 다른 사람들보다 머리 하나가 더 큰 용사였다. 그런데 사무엘상 15장에 사울이 아말렉과의 싸움에서 승리하고 아말렉 왕 아각을 사로잡아 온 것이 문제가 되었다. 하나님이 사무엘을 통해 아말렉과 싸워 모든 것을 완전히 멸하라고 하신 명령을 사울이 어긴 것이다. 이 일로 인해 사울은 하나님께 버림을 받게 되었다.

에스더서에 나오는 모르드개도 베냐민 지파 사람이다. 페르시아 시대에 유대인을 몰살시키려고 한 하만을 '아각 사람'이라고 함으로써 하만이 아말렉 왕 아각의 후손임을 암시하고 있다(에 3:1). 하만의 흉계를 눈치 챈 모르드개가 왕비 에스더로 하여금 왕에게 나아가 하만의 흉계를 밝히도록 함으로써 하만과 그의 자식들을 나무에 매달아 죽이고 그를 따르는 무리도 모두 죽임으로 위기에 처한 유대인들을 구원하였다.

유대인들은 모르드개가 아각의 후손 하만의 자손들을 남김없이 죽인 것은 아말렉 왕 아각을 죽이지 않은 사울의 잘못을 다시는 반복하지 않겠다는 뜻으로 이해한다. 유대인들은 오늘날에 이르기까지 유대인들을 박해하거나 죽이려는 사람들을 아말렉의 후손으로 보고, 그들과 타협하는 것은 사울의 잘못을 반복하는 것이라고 생각한다.

사도 바울도 베냐민 지파 출신이다. 사도 바울의 본명은 사울이며, 한때 자신이 베냐민 지파의 후손임을 자랑으로 여기고 기독교인을 죽이는 데에 앞장섰다. 사도 바울이 율법에 대한 열심을 갖고 나무에 매달려 죽은 예수님을 따르는 무리를 박멸하려고 하였던 것은 예수님이 나무에 달려 죽은 하만처럼 하나님의 저주를 받았다고 생각했기 때문은 아니었을까?

그러나 다메섹 도상에서 주님을 만난 사도 바울은 "그리스도께서 우리를 위하여 저주를 받은 바 되사 율법의 저주에서 우리를 속량하셨으니 기록된 바 나무에 달린 자마다 저주 아래에 있는 자라 하였음이라."(갈 3:13)고 고백하며 위대한 복음의 전도자가 되었다.

06

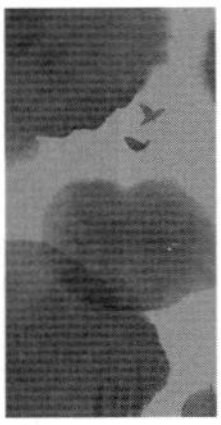

역사를 보는 눈

성경에 나오는 인물 가운데 성경 이외의 자료인 고대 중동의 고고학 유물에 언급된 대표적인 인물이 오므리다. 오므리는 북이스라엘의 왕이다. 솔로몬이 죽은 후 에브라임 지파의 여로보암에 의해 북왕국이 세워지면서 이스라엘은 남북으로 분열된다. 왕국 분열 이후 북이스라엘의 여로보암은 22년 동안 통치하였지만, 그의 아들 나답은 바아사에게 암살당하고, 바아사의 아들 엘라는 시므리에게 암살당하는 등, 정치적 혼돈과 반역이 계속되었다.

왕권을 찬탈한 시므리를 7일 만에 축출한 오므리는 북이스라엘의 왕이 된 후 수도를 사마리아로 옮긴다. 오므리는 북이스라엘을 정치적으로 안정시키고 국력을 팽창시켰으며, 그의 아들인 아합 왕 때에 북이스라엘은 크게 번성하게 된다. 아합 왕은 페니키아의 공주 이세벨을 왕비로 맞고, 그의 딸 아달랴를 남유다 여호사밧 왕의 아들 여호람과 결혼시켰다. 이렇듯 아합은 결혼 정책을 통해 지중해의 페니키아와 남쪽 유다와 동맹을 맺었으며, 동쪽의 모압은 북이스라엘의 속국으로 있는 등, 국내외적으로 강력한 나라를 이루었다.

주전 9세기경 모압 왕 메사의 업적을 기록한 석비에 보면, "오므리는 이스라엘의 왕이었다. 그는 수년 동안 모압을 압제하였는데… 오므리는 메데바

(Medeba)의 전 지역을 소유하고 있었다. 그 지역에서 오므리는 그의 통치기 전체를 살았고, 그의 아들은 그의 시대 절반 동안 살았다. 모두 40년이었다." 는 등의 내용으로 오므리에 관한 상당한 내용이 언급되고 있다.

주전 8세기경 앗수르의 살만에셀 3세의 블랙 오벨리스크(Black Obelisk)에도 보면, "오므리의 아들 예후에게 조공을 받았다."는 기록이 있다. 성경에 의하면 예후는 아합의 아들 여호람과 아합의 아내 이세벨을 죽이고 오므리 왕조를 무너뜨린 사람이다. 그런데도 앗수르가 그를 오므리의 아들이라고 표현한 것은 당시 외부 세계에서는 북이스라엘을 '오므리의 나라'라고 인식하고 있었다는 증거다.

이런 고고학적 자료들은 오므리가 당시 인접국인 모압과 대국(大國)이었던 앗수르가 인정할 만큼 정치적 영향력을 갖고 있었던 인물이었음을 보여준다. 그런데도 불구하고 성경의 오므리에 대한 평가는 매우 인색하고 부정적이다(왕상 16:21~28). 여기에서 우리는 이스라엘 역사와 왕들에 대한 성경의 평가기준이 세상 사람들의 평가와 많은 차이가 있다는 것을 알 수 있다.

성경의 평가기준은 정치력이나 경제력 혹은 군사력이 아니라 예루살렘 성전 제의를 중심으로 한 하나님과의 관계성에 초점을 맞추고 있다. 신학자들은 여호수아, 사사기, 사무엘상하, 열왕기상하를 신명기 사가의 역사서로 분류하고 있는데, 바벨론 포로기 때 자신들의 역사를 신명기적인 관점에서 기록하고 있기 때문이다.

기원전 722년 북이스라엘이 앗수르에 의해 멸망하고, 기원전 587년 남유다가 바벨론에 의해 멸망한 후 바벨론에 포로로 끌려간 포로민들은 예루살렘이 함락되고 성전이 파괴됨으로 나라가 멸망한 것은 하나님의 명령을 어기고 불순종하였기 때문이라고 믿었다. 이런 관점에서 바벨론 포로기 익명의 역사가들은 오므리가 북이스라엘을 정치 경제적으로 강성한 나라로 성장시켜 국제적 영향력을 발휘했다고 할지라도 종교혼합주의와 가난한 사람들을 억압하는 사회적 불의로 인해 악한 왕이라고 부정적인 평가를 했다.

07

아히야와 여로보암

아히야는 실로 출신의 선지자다. 실로는 출애굽한 이스라엘 백성들이 약속의 땅 가나안에 들어온 이후 회막을 세운 곳이다. 회막은 법궤가 있는 곳으로 이스라엘의 중심이었다.

"이스라엘 자손의 온 회중이 실로에 모여서 거기에 회막을 세웠으며 그 땅은 그들 앞에서 돌아와 정복되었더라."(수 18:1)

이때부터 실로는 엘리 제사장 시대에 블레셋에 법궤를 빼앗길 때까지 이스라엘 열두 지파의 신앙의 중심지가 되었다. 다윗은 예루살렘을 정복한 후 예루살렘을 이스라엘의 중심지로 삼기 위해 블레셋에 빼앗겼던 법궤를 예루살렘으로 가져왔다.

다윗은 예루살렘을 수도로 삼은 후 왕국을 견고하게 하였으며, 솔로몬은 예루살렘에 성전을 세우고 법궤를 안치하였지만, 솔로몬은 이방 여러 나라들의 공주와 결혼하면서 많은 우상들을 가져왔으며, 이스라엘의 전통과는 다른 정책들을 시행하였다.

솔로몬이 죽은 후 선지자 아히야는 에브라임 지파 출신의 여로보암을 만나 그의 새 옷을 열두 조각으로 찢어 그중의 열 조각을 여로보암에게 주었다(왕상 11:30~31). 솔로몬의 아들 르호보암이 왕 위에 올랐지만, 여로보암을 중심으로 한 열 지파가 독립하여 북이스라엘을 세움으로써 다윗-솔로몬 통일

왕국은 남북으로 분열되었다. 아히야의 새 옷은 히브리원어로 '살마'(salmah)인데, '솔로몬'(solomon)과 같은 자음으로 되어 있다. 발음만 다를 뿐 같은 글자이다. 이렇게 발음은 다르지만 같은 글자로 되어 있는 단어들이나 글자는 다르지만 유사한 발음으로 되어 있는 글자들을 이용해 의미를 강조한 것을 언어유희(wordplay)라고 한다. 아히야가 옷(살마)을 찢은 것은 솔로몬 왕국이 분열될 것을 상징적으로 표현한 것이다.

아히야 선지자가 옷을 찢어 열 조각을 여로보암에게 주었다는 것은 여로보암에 의한 왕국 분열이 하나님의 뜻이었음을 보여준다. 여기서 우리는 여로보암의 왕국 분열을 지지했던 아히야가 실로 출신이라는 데에 주목할 필요가 있다. 실로는 출애굽한 이스라엘 백성들이 광야 40년을 지나 약속의 땅 가나안에 들어온 후 성소를 세운 곳이다. 광야생활 동안에 이동하는 성전이었던 성막을 실로에 고정시키고 법궤를 안치하였다. 실로 성소는 이때부터 왕국시대 이전까지 이스라엘 백성들의 삶과 신앙의 중심지 역할을 하였다.

사무엘도 어머니 한나의 서원에 따라 태어나면서부터 실로에서 성장하였다. 이스라엘 백성들이 왕을 세워 달라고 요구할 때에 사무엘은 왕을 세우고 싶지 않았다. 왕을 세우면 왕이 하나님을 대신할 것이라는 염려 때문이었다. 사무엘은 백성들의 요구에 마지못해 왕을 세우게 되었지만, 솔로몬 시대 말기에 절대왕권을 통해 백성들을 억압함으로써 그의 염려는 현실이 되어 버리고 말았다. 아히야가 처음에 여로보암을 지지했던 것은 여로보암이 이스라엘의 옛 전통과 신앙을 회복해 주기를 기대했기 때문이다.

그러나 여로보암은 왕국 분열 이후 북이스라엘 백성들로 하여금 남왕국에 있는 예루살렘 성전에 내려가지 못하게 하고 벧엘과 단에 별도의 성소를 세워 금송아지를 만들어 놓고 숭배하도록 하였다. 아히야는 자신의 기대와는 정반대되는 악한 길로 간 여로보암 집안이 끊어질 것을 선포하였으며(왕상 14:1~18), 그의 예언대로 여로보암 집안은 쿠데타로 인해 멸망하였을 뿐만 아니라 여로보암이 세운 북이스라엘도 기원전 722년 앗수르에 의해 멸망하고 말았다.

08

기적의 공간

드라마 '응답하라 1994'에서 삼풍백화점 붕괴사건을 실감 있게 묘사해서 화제가 되었다. 1995년 6월 삼품백화점이 붕괴될 때 필자는 독일에서 목회를 하고 있었는데, 그곳에서도 크게 이슈가 된 사건이었다. 드라마에서는 주인공들이 삼풍백화점에서 만나기로 한 약속에 늦어지는 바람에 붕괴사건을 피할 수 있었던 것으로 묘사하고 있는데, 실제로 당시 기적적으로 구출된 세 젊은이가 있었다.

그들이 삼풍백화점이 무너져버린 현장에서 살 수 있었던 것은 그들에게 기적의 공간이 있었기 때문이었다. 사방이 철근과 시멘트 덩어리로 쌓여 있었지만, 한 사람이 겨우 웅크리고 누워 있을 만큼의 공간이 있었다. 그리고 빈틈으로 공기와 물이 들어 왔다. 콘크리트 더미 속에서 구출 받았던 그들은 낙관적인 성격의 소유자들이었다. 육신은 움직일 수 없었지만, 그들의 정신은 살아있었다.

당시 어느 신문이 125m 수직 갱도에서 16일 만에 구출된 양창선 씨가 기적을 만들어 낸 세 젊은이에게 "상업적인 영웅 대접에 안주하지 말고, 자기 실력을 길러야 한다."고 간곡하게 부탁하는 글을 실었던 것이 기억난다. 자기는 변한 것이 없는데, 세상 사람들이 법석을 떠는 것에 현혹되어 있다면, 끝내는 세상에서 버림받게 된다는 것이다.

성경에도 기적의 공간이 있다. 예언자 엘리야가 사렙다 과부의 아들을 살린 다락방이 그중의 하나다. 엘리야는 수년 동안 이스라엘에 비가 없을 것을 예언하면서 요단 동쪽 그릿 시냇가에 숨어 지냈다. 엘리야는 까마귀들이 가져온 떡과 고기를 먹고 시냇물을 마셨는데, 얼마 후 시냇물이 말라버렸다.

하나님의 말씀에 따라 시돈에 속한 사르밧으로 온 엘리야는 그곳에 어린 아들과 함께 있는 과부의 집에 머물게 되었다. 어느 날 그 여인의 아들이 병들어 죽었다(왕상 17:17). 여인은 엘리야 때문이라고 생각했다.

"여인이 엘리야에게 이르되 하나님의 사람이여 당신이 나와 더불어 무슨 상관이 있기로 내 죄를 생각나게 하고 또 내 아들을 죽게 하려고 내게 오셨나이까."(왕상 17:18)

엘리야는 죽은 아이를 안고 다락방으로 올라가 아이를 살려 줄 것을 하나님께 기도하면서 아이 위에 몸을 세 번 펴서 엎드리며 "내 하나님 여호와여 원하건대 이 아이의 혼으로 그의 몸에 돌아오게 하옵소서."(왕상 17:21) 하고 간절하게 기도했다. 하나님은 엘리야의 기도를 들으시고 아이의 생명을 살려 주셨다.

엘리야가 죽은 아이를 데리고 올라간 다락방은 기적의 공간이 되었다. 다락방은 하나님과 나만의 장소다. 한 소녀가 이렇게 고백했다. "나는 어릴 때 하나님이 다락방에 계신 줄 알았다. 왜냐하면 어머니는 기도할 때마다 다락방으로 올라가셨기 때문이다."

영국 런던에 있는 돔성당은 찰스 황태자와 다이애나가 결혼했던 곳으로도 유명한데, 예배당 한쪽에서 아무리 조용하게 말하는 소리도 벽에 귀를 대면 다 들리게 설계되어 있다. 한 구둣방 청년이 가죽을 살 돈이 없어서 장사가 안 되어 결혼을 할 수 없게 되자 흐느껴 기도하였다. 이때 약 40미터쯤 떨어진 곳에서 이 청년의 기도를 들은 신사가 있었다. 이 신사가 구둣방 청년의 가게로 가죽을 많이 보내주었고, 청년은 결혼할 수 있었다. 3년이 지나서야 그가 누구인지를 알게 되었는데, 그는 당시의 영국 수상이었던 글래드스톤이었다.

09

창조적 파괴자

성경의 역사가들은 예후가 북이스라엘 아합 왕권을 무너뜨린 것을 예후의 혁명이라고 말한다. 북이스라엘의 왕 아합과 그의 아들 요람(여호람)이 악을 행하자 선지자 엘리사는 제자 중 한 사람을 보내 예후를 왕으로 기름 부으며 아합 왕가를 멸하도록 하였다.

"예후가 일어나 집으로 들어가니 청년이 그의 머리에 기름을 부으며 그에게 이르되 이스라엘 하나님 여호와의 말씀이 내가 네게 기름을 부어 여호와의 백성 곧 이스라엘의 왕으로 삼노니 너는 네 주 아합의 집을 치라 내가 나의 종 곧 선지자들의 피와 여호와의 종들의 피를 이세벨에게 갚아 주리라."(왕하 9:6~7)

예후는 북이스라엘 왕 요람을 포함한 아합의 아들들과 요람을 문병 왔던 남유다의 아하시야 왕과 그의 형제들을 모두 죽였을 뿐만 아니라 아합의 왕비 이세벨을 죽이고 사마리아에 있는 바알 제사장들까지 모두 죽였다.(왕하 9~10장)

예후는 아합 왕권에 의한 규칙과 질서를 완전히 무너뜨림으로 기존의 사회를 불규칙과 무질서의 상태로 파괴시키고 자신이 왕권을 세웠다. 그러나 그의 왕국은 4대에 머물렀기 때문에 역사가들은 예후의 혁명을 실패한 혁명이라고 평가한다. 예후가 왕권을 장악하고 만든 규칙과 질서들이 새로운 것이 아니라, 아합 왕권의 규칙과 질서를 다시 반복하였기 때문이다.

"예후가 전심으로 이스라엘 하나님 여호와의 율법을 지켜 행하지 아니하며 여로보암이 이스라엘에게 범하게 한 그 죄에서 떠나지 아니하였더라."(왕하 10:31)

오늘날엔 혁명이라는 말보다 혁신이라는 말을 즐겨 쓴다. 모든 조직이 혁신을 부르짖는다. 경제학자인 조지프 슘페터(Joseph Schumpeter, 1883~1950)는 "혁신이란 창조적인 파괴과정을 의미하며, 혁신이야말로 기업 발전의 원동력이다."라는 말을 했다. 혁신을 통해 성공적인 변화를 가져오는 사람을 창조인(Chaos Maker) 혹은 창조적 파괴자(Creative Destroyer)라고 말한다. 삶의 혁신을 위해서는 낡은 규칙과 질서를 파괴하는 과정이 필요하다. 이 과정을 수행하는 사람을 파괴자(Trouble Maker)라고 말한다. 그러나 여기에서 멈추면 말 그대로 트러블 메이커일 뿐이다. 기존의 규칙과 질서가 파괴된 뒤 불규칙과 무질서의 상황에서 새로운 규칙과 질서를 세워 나가야 한다. 이것을 수행하는 사람을 문제 해결자(Manager)라고 말한다. 예후는 아합 정권을 무너뜨린 파괴자이긴 하였지만 새로운 규칙과 질서를 세우는 문제 해결자로서의 역할을 제대로 하지 못했다.

낡은 규칙과 질서를 파괴하고 새로운 규칙과 질서를 세우는 사람이 창조적 파괴자다. 창조적 파괴의 첫걸음은 익숙한 것들과 헤어지는 것이다. 당시 이스라엘 백성들은 종교혼합주의에 익숙하여 바알과 아세라를 섬기고, 온갖 불의한 일을 자행하였는데, 예후의 혁명에도 불구하고 이런 것들을 완전히 버리지 못하고 또다시 우상을 숭배하고 악을 행하는 일을 반복하였던 것이다. 성도는 창조적 파괴자로서 세상에 속한 낡은 습관과 죄악의 허물을 벗어버리고 하나님 안에서 새롭게 변화된 사람이 되어야 한다.

"너희는 이 세대를 본받지 말고 오직 마음을 새롭게 함으로 변화를 받아 하나님의 선하시고 기뻐하시고 온전하신 뜻이 무엇인지 분별하도록 하라."(롬 12:2)

10

기혼샘과 실로암

예루살렘은 북쪽에 산을 두고 동쪽에 기드론 골짜기가 있고 서남쪽에 힌놈 골짜기가 있는 천연의 요새다. 예루살렘 성과 동쪽의 감람산 사이에 있는 기드론 골짜기에는 샘이 솟아나는 기혼샘이 있다. 기혼샘은 예루살렘에서 유일하게 물이 솟아나는 샘으로 '솟구쳐 나온다'는 뜻을 갖고 있다.

성경에 기혼샘과 같은 이름을 가진 곳이 하나 더 있는데, 에덴동산에서 흘러나온 네 개의 강물 가운데 하나인 기혼강이다. 기혼샘이 에덴동산에서 발원하는 강의 이름과 같다는 뜻에서 솔로몬 성전이 에덴동산을 모델로 한 것이라는 주장의 근거가 되기도 한다. 기혼샘에서 솔로몬이 왕으로 기름부음을 받았다.

"제사장 사독과 선지자 나단이 기혼에서 기름을 부어 왕으로 삼고 무리가 그 곳에서 올라오며 즐거워하므로 성읍이 진동하였나니 당신들에게 들린 소리가 이것이라."(왕상 1:45)

예루살렘 성 밖에 있는 기혼샘에서 솟아난 물이 지하수로를 통해 예루살렘 성 안 남쪽에 있는 실로암 연못으로 흘러간다. 평상시 예루살렘 사람들이 물을 뜨기 위해 기혼샘으로 갈 때 드나들던 문이 예루살렘 동남쪽에 있는 수문(Watergate)이다. 바벨론 포로기가 끝나고 포로민들이 귀환하였을 때 제사장 겸 학사인 에스라가 율법책을 갖고 와서 수문 앞 광장에서 백성들에게 율법을 낭독하였다.

"이스라엘 자손이 자기들의 성읍에 거주하였더니 일곱째 달에 이르러 모든 백성이 일제히 수문 앞 광장에 모여 학사 에스라에게 여호와께서 이스라엘에게 명령하신 모세의 율법책을 가져오기를 청하매."(느 8:1)

에스라는 특별히 지은 나무 강단(느 8:4)에서 율법을 낭독하니 그 말씀을 깨닫고 회개하는 역사가 나타났다. 그동안 성전에는 제단만 있었다. 제단은 희생제물을 드리는 곳이었다. 에스라가 나무 강단에서 율법을 선포한 것은 이스라엘 신앙이 성전에서 희생제사를 드리는 제단 중심의 종교에서 율법(말씀) 중심의 종교로 전환되었음을 보여준다.

예루살렘 성 안에 위치한 실로암 연못은 예루살렘 중앙에 북에서 남쪽으로 뻗은 티로포에온(tyropoeon) 골짜기 아래쪽에 자리 잡고 있다. 실로암 연못은 물이 솟아나는 샘이 아니다. 실로암 연못의 물은 성 밖의 기혼샘에서 솟은 물이 지하수로를 통해 흘러들어 온 것이다. 실로암이라는 말의 어원은 '샬라흐'로 '보낸다'는 뜻을 갖고 있다. '실로암'이란 '보냄을 받았다'는 뜻으로 기혼샘의 물이 보냄을 받아 만들어진 연못이란 뜻이다. 예수님은 실로암에서 장님을 고치는 이적을 행하셨다(요 9:7). 예수님이 샘이 솟는 기혼샘과 같은 분이라면, 우리는 실로암과 같이 예수님으로부터 생명의 물을 공급받는 존재들이다.

주전 701년 유다의 왕 히스기야는 앗수르 왕 산헤립의 예루살렘 침공에 대비하여 기혼샘에서 실로암에 이르는 안전한 물줄기를 확보하기 위해 지하터널을 뚫었다(왕하 20:20). 1838년 미국의 성서지리학자 로빈슨에 의해 히스기야의 지하터널이 세상에 알려지게 되었으며, 실로암 연못에서 수영을 하던 팔레스타인 아이들에 의해 히스기야 당시의 공사현장에 대한 기록을 담은 실로암 비문도 발견되었다.

11

샤바트 자코르

'샤바트 자코르'는 부림절 직전의 안식일을 말하는데, '자코르'는 히브리어로 '기억하다'(remember)라는 뜻이다. 부림절은 모세오경인 율법책에 언급되지 않았지만, 유대인들은 매우 중요하게 지키는 절기다.

부림절의 '부림'은 '제비'(lot)를 뜻하는 히브리 '푸르'의 한국어 음역이다. 에스더서에서 보면, 하만이 유대인을 몰살하기 위한 날짜를 정하기 위해 제비(lot)를 뽑았는데, 그 흉계를 알게 된 모르드개가 왕비인 에스더에게 위기에 처한 유대인들을 구할 것을 요청한다.

모르드개의 말을 들은 에스더는 "죽으면 죽으리이다"라는 각오로 왕에게 나아가 하만의 흉계를 밝히게 된다. 그래서 제비를 뽑아 유대인을 죽이기로 정한 바로 그날 하만과 그의 아들들 그리고 하만을 따르던 무리가 오히려 모두 몰살을 당하고 유대인들은 구원을 받았다. 이 사건을 기념하여 지키는 절기가 '부림절'(Purim Fest)이다.

에스더서 3장 1절에 하만을 '아각 사람'이라고 함으로써 이스라엘 역사 초기에 등장하였던 아말렉 왕 아각의 후손임을 암시하고 있다. 아말렉은 이스라엘 백성들이 출애굽하여 광야에 들어왔을 때 부딪쳤던 최초의 적이었다(출 17:8~16). 이때부터 아말렉은 대대로 하나님의 적이 되었으며, 오늘날에 이르기까지 유대인들을 박해하거나 죽이려는 반(反)유대주의나 반(反)셈주의(anti-Semitism)의 상징이 되었다. 제2차 세계대전 당시 6백만의 유대인을 학살하였던 아돌프 히틀러, 이스라엘과 적대적 관계를 갖고 위협하였던 이라크의 사담 후세인, 팔레스타인의 야세르 아라파트 등이 모두 유대인들에게는 아말렉의 후예들이었다.

신명기 25장 17~19절에서 하나님은 아말렉이 이스라엘에 행한 악행을 지적하면서 "너는 천하에서 아말렉에 대한 기억을 지워버리라"고 명령하셨다. 이 율법에 따라 이스라엘 백성들은 오늘날 부림절을 지키면서 부림절 직전의 안식일을 '샤바트 자코르', 즉 '기억의 안식일'이라 명하고, 이날 성경에 있는 아말렉과 관련된 말씀을 읽는다.

부림절은 죽을 뻔했던 유대인들이 살아난 날로 슬픔이 기쁨으로 바뀐 날이다. 이날 어린이들은 에스더서를 대본으로 연극을 한다. 연극 대사에서 하만이라는 이름이 나오면 모든 사람들이 '라아숀'이라는 놀이기구를 흔들며 시끄러운 소리를 내도록 하여 하만이라는 이름이 귀에 들리지 않도록 한다. 이날 유대인들은 서로 음식을 먹으며 선물 교환을 하고, 가난한 사람들에게 돈을 보내는 풍습을 지킨다. 식사할 때 후식으로 양귀비 씨나 과일 잼을 넣어 만든 삼각형 모양의 과자를 먹는데 '하만의 귀'(오즈네이 하만) 혹은 하만의 주머니(하만타쉔)라고 부른다. 과자의 모양이 하만의 귀를 닮았다거나 하만이 유대인의 금으로 채우고자 했던 주머니를 닮았다고 해서 붙인 이름이다.

이스라엘은 역사적으로 수천 년에 걸쳐서 끊임없이 생존의 위협을 받아 왔다. 하나님이 함께 하지 않으면 존재할 수 없을 만큼 위기 속에 있었기 때문에 하나님은 이스라엘의 편이 되셔서 불의하게 약한 자를 죽이고 비겁하게 뒤에서 공격하는 아말렉과 맞서 싸우셨다. 하나님이 아말렉과 적이 되신 것은 특정 민족을 편들거나 미워하신 것이 아니라 불의한 강자를 미워하시고 약자를 긍휼히 여기신 공의와 사랑 때문이다.

12

여호와의 날

"화 있을진저 여호와의 날을 사모하는 자여 너희가 어찌 하여 여호와의 날을 사모하느냐 그 날은 어둠이요 빛이 아니라."(암 5:18)

예언자 아모스는 주전 8세기에 활동하였던 최초의 문서예언자다. 엘리야와 엘리사 같은 예언자는 독립된 예언서가 없이 열왕기서에 등장하는 반면에 이사야, 예레미야, 에스겔과 같은 예언자들은 자기 이름으로 된 독립된 예언서를 갖고 있는데 이들을 가리켜 문서예언자라고 한다. 문서예언자들 중에 역사적으로 가장 먼저 활동했던 예언자가 아모스다. 아모스가 활동했던 때는 북이스라엘 여로보암 2세(주전 786~746)가 다스리던 시대로 크게 번성하였다. 아모스는 남왕국 유다의 드고아 출신으로 북이스라엘 국가 성소가 있는 벧엘에서 예언을 하였기 때문에 벧엘의 제사장 아마샤가 크게 반발하기도 하였다.(암 7:10~14)

아모스는 특별히 사회정의에 깊은 관심을 갖고 예언하였다. 여로보암 2세 때 북이스라엘은 국가적으로 영토를 확장하고 부강한 나라가 되었지만, 반면에 심각한 빈부격차로 인한 사회적 불의와 불평등이 만연하였다. 북이스라엘의 수도 사마리아의 귀부인들은 온갖 사치와 향락에 빠졌으며, 가난한 사람들은 빚을 감당할 수 없어서 노예가 되는 비참한 상황에 처하였다. 아모스는 이런 불의한 상황 속에서 드리는 희생제의가 무슨 의미가 있느냐며 "오직 정의를 물 같이, 공의를 마르지 않는 강 같이 흐르게 할지어다."(암 5:24)라고 선포하였다.

이와 같은 관점에서 아모스는 "여호와의 날"에 관한 심판의 메시지를 전하였다. "여호와의 날"이 무슨 날인지에 대해서는 학자들 사이에 논쟁이 많이 있다. 그러나 "여호와의 날"을 제의적인 축제와 연결시킨다면 절기 중 가장 많은 희생 제사를 드리며 기쁨의 축제를 갖는 '초막절'로 이해할 수 있다. 7월(티슈리) 15일부터 7일간 지키는 초막절(히브리어로 숙곳, Sukkoth)은 포도를 수확하고 난 이후에 지키는 절기로 우리의 추수감사절에 해당한다.

초막절은 일 년 중 가장 큰 기쁨의 절기요 구원의 절기다. 그러나 아모스는 권력자들과 재력가들이 약한 자들을 억압하고 착취하는 온갖 불의를 행하면서 초막절을 지키는 것을 비판하였고 "여호와의 날"은 구원의 날이 아니라 심판의 날이 될 것임을 선포하였다. 아모스는 정의를 바로 세우고 선을 실천할 것을 요구하면서 하나님께서 불의한 가운데 지키는 절기들을 기뻐하고 부당하게 모은 재물로 드리는 제사를 받지 않으신다고 선포하였다.

"내가 너희 절기들을 미워하여 멸시하며 너희 성회들을 기뻐하지 아니하나니 너희가 내게 번제나 소제를 드릴지라도 내가 받지 아니할 것이요 너희의 살진 희생의 화목제도 내가 돌아보지 아니하리라."(암 5:21~22)

그래서 아모스는 "오직 정의를 물 같이, 공의를 마르지 않는 강 같이 흐르게 할지어다."(암 5:24)고 선포하였다. 이스라엘은 건조한 사막기후로 겨울이 우기, 여름이 건기다. 그래서 겨울에 비가 내리면 강이 생겼다가 여름에 건기가 되면 사라지는 간헐천이 많다. 여기서 말하는 "마르지 않는 강"은 이런 간헐천이 아니라 일 년 내내 물이 마르지 않고 흐르는 강을 말한다. 믿음의 본질은 종교의식이 아니라 하나님과의 올바른 관계기 때문에 하나님과의 언약은 종교생활뿐만 아니라 사회생활에서도 일관되게 지키는 것이 중요하다.

13

아멘의 신앙

이사야 7장 9절 하반절에 "만일 너희가 굳게 믿지 아니하면 너희는 굳게 서지 못하리라."는 말씀은 주전 734/3년 시리아와 북이스라엘이 동맹을 맺어 남유다를 공격한 시리아-에브라임 전쟁을 역사적 배경으로 한 말씀이다. 북이스라엘을 에브라임이라고도 하는데, 솔로몬이 죽은 후 북이스라엘을 세운 여로보암이 에브라임 지파 출신이기 때문이다.

히브리원어로 보면, '굳게 믿다'는 '타아미누'(아멘의 사역형)고, '굳게 서다'는 '테아멘누'(아멘의 수동형)다. 둘 다 어원은 '아멘'이다. 시리아와 북이스라엘이 공격함으로 바람 앞의 등불과도 같은 위기에 처한 남유다의 왕 아하스에게 이사야는 이런 때일수록 "삼가며 조용하라… 두려워하지 말며 낙심하지 말라."(사 7:4)고 말하면서, '아멘의 신앙'을 강조하였다. 그리고 14절에 "그러므로 주께서 친히 징조를 너희에게 주실 것이라 보라 처녀가 잉태하여 아들을 낳을 것이요 그의 이름을 임마누엘이라 하리라."는 예언의 말씀을 선포하였다.

마태복음 기자는 이 예언의 말씀을 예수 그리스도의 탄생에 그대로 적용하였다. 예수님은 아멘이시다(계 3:14). 이사야 65장 16절에, "땅에서 자기를 위하여 복을 구하는 자는 진리의 하나님을 향하여 복을 구할 것이요"라는 말씀에서 '진리의 하나님'은 히브리원어로 '엘로헤 아멘', 즉 '아멘의 하나님'이다. '아멘'은 무엇인가?

첫째, 아멘은 진실이다. '아멘'은 '동의합니다', '나도 같은 뜻입니다'는 뜻이다. 우리는 기도할 때, 찬양할 때, 말씀을 들을 때 '아멘' 한다. 그럼 누구의 말에 동의한다는 뜻인가? 기도하는 사람이 청산유수처럼 기도하니까? 찬양을 인도하는 사람이 노래를 잘 불러서? 설교하는 사람이 말을 잘해서? 아니다. '아멘'은 사람의 입이 아니라 하나님의 뜻에 초점을 맞춘 것이다. 기도와 찬양, 설교를 통해 나를 향한 하나님의 음성을 들을 때, 하나님의 은혜를 깨닫게 될 때 우리는 '아멘' 하고 응답한다.

둘째, 아멘은 예스다. 성도는 하나님의 약속이 그리스도 안에서 반드시 '예스'로 응답한다는 믿음으로 '아멘' 하여 하나님께 영광을 돌리는 사람들이다.

"하나님의 약속은 얼마든지 그리스도 안에서 예가 되니 그런즉 그로 말미암아 우리가 아멘 하여 하나님께 영광을 돌리게 되느니라."(고후 1:20)

성도는 세상 환경을 탓하며, '노'(No), '노'(No) 하며, 불평하는 인생들이 아니라, 하나님의 약속은 예수 그리스도를 통해 반드시 '예스'로 응답받는다는 확신을 갖고 '아멘' 하는 믿음을 가져야 한다.

셋째, 아멘은 하나다. 이 세상은 빛과 어둠, 하늘과 땅, 육지와 바다, 남자와 여자, 나와 너 등으로 나누어져 있다. "남자와 여자가 합하여 한 몸을 이루라."는 말씀은 서로 협력하여 이 세상을 하나로 만들어 가라는 삶의 본질을 말하는 것이다. 하나가 되는 길, 그것은 평화의 길이다. 아시시의 성 프랜시스(St. Francis of Assisi)의 기도 "주여 나를 평화의 도구로 써 주소서."는 아멘이신 예수 그리스도 안에서 하나가 되는 참된 평화의 길을 보여준다.

14

의인의 구원

인간이 살아가면서 피할 수 없는 것 중의 하나가 고난이다. 고난에 관한 가장 일반적인 이해는 '선을 행하면 상을 받고 악을 행하면 벌을 받는다'는 인과응보(因果應報)의 논리다. 인과응보와 비슷한 한자성어로 권선징악, 자업자득, 사필귀정 등이 있다. 이와 같은 말들은 고난이란 잘못한 것에 대한 벌로 주어지는 것이라는 의미를 함축하고 있다.

이런 인과응보의 논리를 반박한 대표적인 성경이 욥기다. 욥은 의로운 사람으로서 온갖 고난을 당한다. 욥을 위로하러 온 친구들인 엘리바스, 빌닷과 소발은 욥의 고난을 인과응보의 관점에서 바라보았다. 욥이 무엇인가 잘못을 범했으니까 이런 고난을 당한다는 것이다. 그렇지만 욥기는 의인도 고난을 당할 수 있다는 것을 보여준다. 의로운 사람이 마치 벌을 받는 것처럼 고난을 당하는 것을 두고 '하나님은 과연 정의로운 분인가?' 하는 문제를 씨름하는 것이 신정론(神正論, Theodicy)이다.

욥기에서 의로운 사람이 왜 고난을 당하는가에 대한 명확한 해답을 제시하지 않는다. 욥기는 의로운 사람이 고난당하도록 내버려 두는 하나님의 뜻이 무엇인지에 대해서 설명하려고 하지 않는다. 사람은 세상만사 모든 일을 다 이해할 수도 없고, 불합리한 것 같은 현실에 대한 하나님의 뜻을 다 깨달을 수도 없다. 그렇다고 욥이 불가지론(agnosticism)에 빠진 것은 아니다. 욥은 자신이 왜 고난을 당하는지에 대해 온전하게 깨달을 수 없었지만 온 우주만물을 창조하신 하나님의 위엄 앞에 겸손히 무릎을 꿇고 고백하였다.

"내가 주께 대하여 귀로 듣기만 하였사오나 이제는 눈으로 주를 뵈옵나이다 그러므로 내가 스스로 거두어들이고 티끌과 재 가운데에서 회개하나이다."(욥 42:5~6)

"의인은 그의 믿음으로 말미암아 살리라."는 하박국 2장 4절의 말씀도 욥기와 마찬가지로 의인이 당하는 고난의 문제와 관련된 것이다 하나님의 백성들이 어떻게 악한 이방인인 바벨론에 의해 고난을 당할 수 있느냐는 문제에 대한 대답이다. 의인이 악인에 의해 부당하게 고난을 당할 때 선한 사람이 악한 사람보다 더 어렵고 고통스러운 일을 당할 때 어떻게 해야 할 것인가에 대한 대답이다. "의인은 그의 믿음으로 말미암아 살리라."는 하박국서의 의미는 한마디로 '그래도 믿어야 한다'는 뜻이다. 내가 당하는 일이 억울하고, 부당한 것 같아도, 도저히 이해가 안 가더라도 그래도 끝까지 믿음을 지켜야 한다는 것이다.

그럼 이 믿음이란 것이 무엇인가? 쿰란에서 발견된 하박국 주석서는 하박국 2장 4절의 "의인은 그의 믿음으로 말미암아 살리라."는 말씀을 '유다의 집에서 율법을 준행하는 모든 사람들을 하나님은 그들의 수고(히브리어 아말)와 의(義)의 교사에 대한 믿음(히브리어 에무나)으로 심판의 집에서 구원하신다.'고 해석한다. 즉 "의인"은 '유다의 집에서 율법을 준행하는 모든 사람들'을 가리키고, "믿음"은 '그들의 수고와 의의 교사에 대한 믿음'으로 해석하고 있다.

하박국 주석서에 있어서 믿음은 율법을 행하는 자들의 수고와 의(義)의 교사에 대한 믿음이 함께 한다. 이런 점에서 하박국 주석서는 율법의 행위와 믿음을 서로 상반된 위치에 놓지 않고, 오히려 하나님의 구원을 위하여 행위와 믿음 두 가지를 동시에 말하고 있다. 이것은 행위와 믿음이 구원을 위한 양자택일의 요소가 아니라는 것을 보여준다.

15

하박국, 바울, 루터와 웨슬리

사도 바울은 하박국 2장 4절 "의인은 그의 믿음으로 말미암아 살리라."라는 말씀을 로마서 1장 17절과 갈라디아서 3장 11절에서 인용하였다. 그리고 히브리서 10장 37~38절에도 하박국 2장 3~4절이 인용되어 있다. 바울은 하박국 2장 4절이 구원은 율법의 행위가 아니라 믿음을 통하여 성취된다는 것을 가르친다고 이해하였다. 이 믿음은 바울에게 있어서 아브라함에게 주신 약속을 성취한 그리스도를 믿는 것을 의미한다.

하박국 2장 4절에 "믿음으로 말미암아 살리라."라는 말씀을 '의(義)의 교사에 대한 믿음'으로 해석한 쿰란 하박국 주석서(1QpHab)는 바울로 하여금 하박국 2장 4절을 예수 그리스도에게 적용하여 이해할 수 있도록 하였다. 바울은 히브리어 '에무나'(믿음)의 헬라어 성경(LXX) 용어인 '피스티스'(믿음)를 단순히 '신뢰'로만 이해하지 않고, 기독교 용어인 '믿음'으로 이해하면서 믿음의 대상을 예수 그리스도로 해석하였다.(롬 10:9)

로마서 1장 17절과 갈라디아서 3장 11절은 70인역(LXX)에 나오는 "에크 파스튜오 무"(나의 믿음으로)에서 '무'(나의)를 제거함으로 믿음의 대상을 예수 그리스도로 바꾸어 해석하는 근거를 마련하였다. 바울에게 있어서 '삶'은 (하박국에서처럼) 침략자의 압제로부터 구원받는 것이나 (쿰란 공동체에서처럼) 심판의 집으로부터 구원받는 것만을 의미하는 것이 아니라 '예수 그리스

도 안에서의 삶', 즉 부활하신 그리스도의 삶을 공유하는 것이다.(롬 6:4b)

하박국 2장 4절을 인용한 로마서 1장 17절과 갈라디아서 3장 11절은 종교개혁자 마르틴 루터 이후 구원론적으로 '의인'은 신자를, '믿음으로'는 예수 그리스도에 대한 믿음으로 그리고 '살리라'는 종말론적으로 의롭게 되는 것 혹은 구원을 얻는 것으로 해석되어 왔다. 특히 루터는 '오직 믿음으로'(sola fide)라는 형식을 취함으로 로마 가톨릭의 공로사상과 철저하게 대립하였다.

이렇듯 중세의 행위론적 도덕주의에 반하여 배타적으로 정의되었던 "의인은 믿음으로 말미암아 살리라."라는 말씀은 존 웨슬리(John Wesley)의 회심 체험에서도 발견된다. 존 웨슬리는 1738년 5월 24일 올더스게이트 거리에서 열린 루터파 모라비안 교도들의 집회에서 한 사람이 마르틴 루터의 로마서 주석 서문을 읽던 중 마음이 뜨거워지는 체험을 하고 구원의 확신을 갖게 되었다.

존 웨슬리는 광산이 있던 브리스톨 광장에서의 옥외설교를 시작으로 가난한 사람들을 위한 복음을 전파하면서 "세계는 나의 교구"라는 심정으로 위대한 복음 전도자가 되었다. 당시 영국사회를 휩쓸고 있던 산업혁명의 물결 속에 소외된 가난한 사람들에게 설교했던 존 웨슬리는 의인론(義認論)을 구원의 과정이라는 흐름 속에서 파악하면서 믿음으로 의롭게 된다는 칭의(稱義, justification)를 넘어서 성화(聖化, sanctification)의 단계를 말함으로써 거룩한 삶의 행위를 강조하였다.

이렇듯 "의인은 믿음으로 말미암아 살리라."라는 말씀은 시대에 따라 해석의 차이를 보이고 있지만, 이 말씀은 그 시대가 직면하고 있던 위기를 믿음으로 극복하도록 함으로써 역사의 물줄기를 바꾼 가장 위대한 말씀이 되었다.

16

성경의 척도, 규빗

미국에서는 길이를 잴 때 '피트'(feet)를 쓴다. '피트'는 '발'을 의미하는 영어 'foot'의 복수형으로 야드-파운드법에서 길이의 단위다. '피트'란 글자 그대로 발의 길이에서 유래한 것이다. 반면에 한국은 길이를 잴 때 공식적으로 미터법을 쓰고 있다. '미터'(meter)는 '잰다'는 의미의 헬라어 '메트론'(metron)에서 유래됐다. 오늘날 세계적으로 가장 많이 사용하고 있는 미터법은 18세기 말 처음 제정할 당시 거리의 기준을 지구로 삼아 남북극과 적도 사이 거리의 1/10,000,000로 하였다. 그 뒤 1983년 국제도량형총회에서 빛이 진공에서 299,792,458분의 1초 동안 진행한 경로를 1m로 정의하였다. 우리나라는 1900년대 초에 개항과 함께 미터법의 필요성이 제기되었는데, 우여곡절 끝에 1964년 1월 1일부터 미터법을 공식적으로 사용하였다.

그러나 길이를 잴 때 '한 뼘, 두 뼘' 하면서 손바닥으로 재는 습관이 남아 있다. 성경에서는 유일하게 대제사장의 판결 흉패의 길이와 너비를 각기 '한 뼘씩' 손바닥 크기의 정사각형으로 만들었다(출 28:15~16)는 기록이 있다.

성경에 나오는 길이의 단위는 일반적으로 '규빗'(Cubit)이다. 우리말 성경에서는 '자', '척'이라는 단위들이 나오는데, 모두 원어로는 '규빗'이다. 성경이 번역될 당시 우리나라 도량형의 기준으로 '자'나 '척'을 사용하였기 때문이다. 성경의 '규빗'이란 어른의 팔꿈치부터 손끝까지의 길이를 말한다. 고대 중동

지역에서는 '규빗'이라는 단위를 썼는데, 공식적으로 긴 규빗(52.5cm)과 짧은 규빗(44.7cm), 두 가지가 쓰였다. 히스기야 왕 때 앗수르의 침공에 대비하여 만든 지하터널에서 실로암 비문이 발견되었는데, 터널 길이가 1,200규빗이라고 쓰여 있었다. 터널의 실제 길이를 측량해 보니 533m로, 1규빗당 45cm 정도로 히스기야 당시에 이스라엘은 짧은 규빗을 사용했다는 증거가 되었다.

1규빗을 재려면 팔꿈치를 대고 팔을 움직여 손끝까지 닿도록 해야 한다. 에스겔 47장에 보면 환상 중에 성전으로 간 에스겔 선지자가 동쪽으로 난 성전문을 통해 흘러나오는 물을 보았다. 그 물이 남쪽 제단을 거쳐 흐르는데, 처음에 일천 척을 재니까 물이 발목에 오르고 다시 일천 척을 척량하니 물이 무릎에 오르고, 그다음에는 허리에까지 차고, 그러고 나서 다시 일천 척을 재니 능히 건너지 못할 큰 강이 되었다고 했다. 그리고 그 물이 흐르는 곳마다 죽었던 물고기가 살아나고 강가에 있는 나무는 달마다 열매를 맺고 그 잎사귀는 약재로 쓰이는 생명의 역사가 나타났다.

성전에서 흘러나오는 물이 무엇인가? 말씀의 물, 은혜의 물이다. 오늘 우리는 이 물을 하나님의 말씀인 성경을 통하여 얻을 수 있다. 이렇게 생각하면서 성경을 펼쳐 보았더니, 구약성경이 1331페이지, 신약성경이 423페이지로, 성경 전체가 대략 900장 정도가 된다. 성경 한 장 한 장을 손으로 넘기는데, 팔꿈치에서부터 손끝까지 움직인다. 마치 팔꿈치에서 손끝까지 사용하여 1규빗을 측량하듯 성경 한 장 한 장을 넘기게 된다. 이렇게 1천 번을 움직이면 성경 전체를 한 번 통독할 수 있다.

한 규빗 한 규빗 성경을 읽으며, 우리의 믿음이 말씀의 물에 발목이 차고, 무릎에 차고, 허리에 차고, 급기야는 능히 헤엄쳐도 건너지 못할 정도의 큰 강물이 될 때, 슬픔이 있는 사람들에게 기쁨을 주고, 절망하는 사람들에게 희망을 주는 생명의 역사를 이루어 나갈 수 있다.

17

둘이 하나가 되리라

예루살렘이 바벨론에 의해 1차 침공을 받은 기원전 597년 25세의 나이로 포로로 끌려간 에스겔은 30세 되던 해 예언자로 부름을 받았다. 그리고 5년 뒤인 기원전 587년 바벨론에 의해 예루살렘은 함락되고 성전은 파괴되었다. 이 시기를 기점으로 에스겔의 예언은 극명하게 바뀐다. 예루살렘이 함락되기 이전까지 에스겔의 예언은 예루살렘 사람들을 향한 심판문이었다.

그러나 예루살렘이 함락되고 성전이 파괴된 이후부터 에스겔의 예언은 바벨론 포로민들의 위로와 회복을 위한 구원문으로 바뀌었다. 에스겔은 국가의 멸망과 성전의 파괴라는 비극을 겪고 포로생활을 하는 백성들에게 환상을 통해 새로운 비전을 제시하였다. 그중의 하나가 민족의 통일에 관한 비전이다.

"인자야 너는 막대기 하나를 가져다가 그 위에 유다와 그 짝 이스라엘 자손이라 쓰고 또 다른 막대기 하나를 가지고 그 위에 에브라임의 막대기 곧 요셉과 그 짝 이스라엘 온 족속이라 쓰고 그 막대기들을 서로 합하여 하나가 되게 하라 네 손에서 둘이 하나가 되리라."(겔 37:16~17)

이스라엘 역사는 다윗, 솔로몬 시대에 통일왕국을 이루었지만 솔로몬이 죽은 후 북이스라엘과 남유다로 나누어졌다. 이 시대를 분열왕국시대라고 하는데, 북이스라엘은 기원전 722년 앗수르에 의해 멸망하고, 남유다는 기원전

537년 바벨론에 의해 멸망당했다. 그 이후 이스라엘 사람들은 바벨론에 포로 끌려간 것을 비롯해 세계 곳곳에 흩어져 살았다. 이들을 가리켜 디아스포라(diaspora)라고 한다.

하나님은 에스겔에게 유다와 에브라임이라고 쓴 두 막대기를 서로 합하여 하나가 되게 하라고 하시면서 "네 손에서 둘이 하나가 되리라."고 하셨다. 이 말씀은 남북으로 분열되어 통일될 날을 꿈꾸고 있는 우리에게 참으로 소중한 말씀이다. 두 나라를 하나로 만든 에스겔의 손은 어떤 손인가?

첫째, 에스겔의 손은 기도하는 손이다. 성전을 사모하는 사람에게 기도하는 손이 있다. 말씀을 간구하는 사람에게 기도하는 손이 있다. 기도하는 손을 가진 사람은 하나님께서 보여주시는 이상을 본다. 기도하는 손을 가진 사람은 하나님의 사업을 위해서 쓰임 받는다.

둘째, 에스겔의 손은 생기 있는 손이다. 에스겔이 하나님의 인도하심을 따라 골짜기에 가 보니 마른 뼈들이 가득 있었다(겔 37:1~4). 머리와 손과 발이 제자리에 붙어 있어야 온전한 사람인데, 수많은 마른 뼈들이 제멋대로 쌓여 있었다. 여기서 에스겔은 환상을 통해 힘줄이 있어 뼈와 뼈를 이어주고 살이 돋아나고 거죽이 덮인 후 생기가 돌아 큰 군대가 되는 것을 보았다. 생기 있는 손은 힘줄이 있다. 생기 있는 손은 살과 거죽이 있다. 생기 있는 손은 무슨 일이든지 감당할 수 있는 능력이 있다.

셋째, 에스겔의 손은 감싸주는 손이다. 에스겔이 두 막대기를 잡았을 때 사람들에게는 하나의 막대기로 보인다. 서로 접촉하는 부분을 에스겔의 손이 감쌌기 때문이다. 이렇듯 감싸주는 손은 허물을 덮어주는 손이다. 감싸주는 손은 서로를 인정해 주는 손이다. 하나님은 감싸주는 손을 가진 사람에게 다시는 분열의 아픔을 주지 않겠다는 약속의 말씀을 주시며, 온 세상에 하나님의 영광을 드러내는 빛이 되도록 해 주신다.

18

하나님의 구인광고

"너희는 예루살렘 거리로 빨리 다니며 그 넓은 거리에서 찾아보고 알라 너희가 만일 정의를 행하며 진리를 구하는 자를 한 사람이라도 찾으면 내가 이 성읍을 용서하리라."(렘 5:1)

이제 곧 바벨론에 멸망당할 유다의 운명을 바라보면서 선포한 예레미야의 이 말씀은 하나님의 구인광고다. 이제 나라의 운명이 풍전등화와도 같은 위기에 빠졌는데, 이 위기를 이길 만한 사람을 찾아볼 수 없다. 왕도 있고, 장군들도 있지만, 사람의 힘으로는 바벨론의 침략을 막을 수 없다. 오직 하나님의 도우심이 있어야만 이길 수 있는데, 그래서 하나님은 급히 예루살렘 거리에 구인광고를 낸 것이다.

그러나 하나님은 예루살렘 성의 무너진 데를 막을 만한 사람을 찾을 수가 없었다. 아브라함 시대에 소돔과 고모라 도성은 의인 열 명이 없어 멸망했는데, 예루살렘은 의인 한 명이 없어서 멸망당하고 말았다.

하나님께서는 지금도 하나님의 마음에 맞는 사람을 찾고 계신다. 그 사람은 다른 사람이 아닌 바로 내가 되어야 한다. 하나님께서 찾으시는 사람은 "정의를 행하며 진리를 구하는 자"다. 외모가 아닌 마음의 중심을 보시는 하나님께 합당한 사람은 하나님 안에서 확신을 갖는 사람, 하나님의 뜻을 알려고 애쓰는 사람, 자기를 내세우지 않는 사람, 하나님의 방법을 구하고 따르기원하는 사람, 하나님께 순종하는 것을 기뻐하는 사람, 하나님을 의지하는 사람이다.

하나님은 단 한 사람이라도 좋다고 하셨다. 한 사람의 믿음과 순종이 세계를 바꿀 수 있다.

"내게 하나님의 사람을 주소서 - 한 사람을
그의 믿음이 그의 마음을
지배하는 사람을 주소서.
그러면 나는 모든 오류를
바로 잡고 그리고
인류의 이름을 축복하겠나이다.

내게 하나님의 사람을 주소서 - 한 사람을
그의 혀가 하늘의 불에 접촉된
사람을 주소서
그러면 나는 가장 어둔 밤을 밝혀
높은 결심과 깨끗한 열망을 지닌
마음들이 되게 하겠나이다.

내게 하나님의 사람을 주소서 - 한 사람을
그가 보는 환상에 성실한
사람을 내게 주소서
그러면 저는 무너진 당신의
성소를 재건하고
그 앞에 민족들로 무릎 꿇게 하겠나이다."

- 조지 리델(George Liddell)

구약시대에 감사예물인 소제에 소금을 치는 것처럼
오늘 우리가 드리는 헌금과 봉사에도 소금을 쳐야 한다.
그것은 우리가 수고하며 흘린 땀이다.
오늘 우리가 기도할 때도 반드시 소금을 섞어야 한다.
기도할 때 소금을 섞는 방법은 무엇일까? 그것은 눈물의 기도다.
물론 기도할 때마다 눈물을 흘리라는 뜻은 아니다. 기도할 때 눈물을 흘리듯
진심으로 기도해야 한다는 뜻이다.

제 10 장

믿음과 지혜

01

소금의 역할

예언자 엘리사가 승천한 엘리야의 권능을 물려받고 요단강을 건너 이스라엘 땅으로 들어온 후 첫 번째로 행한 이적이 오늘 본문에 나오는 여리고 도성의 물을 맑게 한 것이다. 여리고 성읍의 터는 아름다운데, 물은 맑지 못했다. 그래서 씨를 뿌리고 곡식을 길러도 열매가 제대로 열리지 못하고는 하였다. 이런 여리고 성읍의 물의 근원에 가서 엘리사가 소금을 가져다가 뿌리며, "여호와의 말씀이 내가 이 물을 고쳤으니 이로부터 다시는 죽음이나 열매 맺지 못함이 없을지니라."(왕하 2:21) 하였다.

터는 아름다운데 물이 맑지 못해 열매를 맺지 못하는 땅에 소금으로 물을 정하게 하니, 많은 열매를 맺게 되는 역사가 일어났다. 소금은 나트륨의 공급원으로서 맛을 낼 뿐만 아니라, 음식물의 부패를 막아 오래 보관할 수 있도록 한 중요한 식품 첨가물이다. 그래서 청어 염장을 가능하게 했고, 햄과 치즈라는 음식이 만들어지고, 야채를 절여 오래 두고 먹을 수 있도록 하였다. 그러면서도 지나친 나트륨의 섭취는 건강에 좋지 않은 영향을 주기 때문에 "농담은 소금과 같아서 지나치면 상처를 준다."는 속담도 있다.

구약시대에 성전에서도 소금은 아주 중요한 역할을 하였다. 성전에서는 소금이 많이 필요했기 때문에 예루살렘 성전 안에는 소금창고가 따로 있었다. 구약시대에 성전에서 드리던 제사 중 소제를 드릴 때에는 반드시 소금을 첨가

하도록 하였다(레 2:11~13). 소제는 곡식제사로 히브리원어로 '선물'이라는 뜻을 갖고 있다. 번제가 속죄를 의미한다면, 소제는 감사예물의 성격을 갖고 있다. 하나님께 드리는 소제에는 누룩이나 꿀을 넣지 말고 소금을 넣도록 하였다.

오늘 우리가 드리는 헌금과 봉사는 나를 구원해 주시고 축복해 주신 하나님의 은혜에 대한 감사함으로 드리는 것이다. 구약시대에 감사예물인 소제에 소금을 치는 것처럼 오늘 우리가 드리는 헌금과 봉사에도 소금을 쳐야 한다. 그것은 우리가 수고하며 흘린 땀이다. 예수님께서 과부가 드린 두 렙돈을 기뻐 받으신 것(눅 21:1~4)은 양이 많아서가 아니라 그 여인의 땀이 배어 있기 때문이었다.

성소에 있는 분향단에서 향을 피울 때도 소금을 넣도록 하였다(출 30:34~36). 성전에서 피우는 향은 일반 가정에서의 향과 달리 특별하게 만들었는데, 소합향과 나감향과 풍자향의 향품을 유향에 섞어 만들어 소금을 쳐서 성결하게 하였다. 향은 성도들의 기도다(계 8:1~5). 구약시대에 이스라엘 백성들은 제사장이 향을 피울 때에 기도하였는데, 그 향에 반드시 소금을 섞었다.

오늘 우리가 기도할 때도 반드시 소금을 섞어야 한다. 기도할 때 소금을 섞는 방법은 무엇일까? 그것은 눈물의 기도다. 하나님은 외식하는 바리새인의 자랑하는 기도가 아니라 세리가 겸손하게 드리는 눈물의 기도를 받으셨다(눅 18:9~14). 물론 기도할 때마다 눈물을 흘리라는 뜻은 아니다. 기도할 때 눈물을 흘리듯 진심으로 기도해야 한다는 뜻이다.

소금의 중요한 역할 중의 하나는 음식으로 하여금 제 맛이 나도록 하는 데 있다. "너희 말을 항상 은혜 가운데서 소금으로 맛을 냄과 같이 하라 그리하면 각 사람에게 마땅히 대답할 것을 알리라."(골 4:16)는 말씀처럼 사람들로 하여금 교회 다닐 맛이 나게 하고, 기도할 맛이 나게 하고, 살아가는 맛이 나게 하는 성도들이 되자.

02

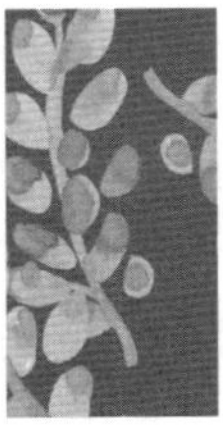

하나님의 긍휼

'긍휼'이란 우리말로 불쌍히 여기는 사랑의 마음을 뜻한다. 하나님의 사랑은 값없이 죄를 사하여 주시고, 모든 아픔을 치료해 주시는 인자와 긍휼에 있다(시 103:4). 히브리원어로 '긍휼'이라는 단어는 '라하밈'(rahamim)인데, 어원은 '레헴'(rehem)이다. '레헴'은 '모태', 즉 어머니가 아이를 임신하는 '자궁'을 뜻한다. 어원적으로 하나님의 '긍휼'이라는 단어는 어머니의 '모태, 자궁'이라는 단어에서 파생된 것이다. 하나님의 긍휼이란 어머니가 자신의 모태에 임신한 아기에 대해 갖는 마음과 같다.

솔로몬의 재판(왕상 3:16~28)에 보면, 한 아이를 두고 두 여인이 서로 자기 아이라고 주장한다. 솔로몬은 아이를 둘로 잘라 두 여인에게 나누어주라고 명령한다. 가짜 엄마는 아이가 죽어도 좋으니 반쪽이라도 달라고 한다. 그러나 진짜 엄마는 아이에 대한 "마음이 불붙는 것 같아서" 아이를 저 여인에게 줘도 좋으니 제발 아이를 죽이지만 말라고 간청하였다. 솔로몬은 재판에 질지언정 아이의 생명을 염려한 여인이 진짜 엄마라는 판결을 내렸다.

"마음이 불붙는 것 같아서"에서 '마음'의 히브리원어는 '레헴'이다. 자기 몸에서 태어난 아이의 생명을 염려하는 어머니의 간절한 마음, 그것이 우리를 구원하여 영원한 생명에 이르고자 하시는 하나님의 긍휼이다. 자기 아이의 생명을 염려하여 그를 살리기 위해서라면 무엇이든지 하고자 하는 진짜 어머니의 마음처럼 하나님은 우리의 영혼을 염려하시고 우리가 어떻게 해서든 생명을 얻는 삶을 살기를 원하시는 분이다.

솔로몬이 재판을 통해 보여준 지혜는 아무나 할 수 없었던 진짜 어머니를 구별해 낸 것이라고들 하지만, 솔로몬의 진정한 지혜는 진짜 어머니의 마음을 알고 믿었다는 데에 있다. 아이를 향한 진짜 어머니의 마음을 믿었던 솔로몬에게 하나님은 성전 건축을 허락하셨다. 하나님이 우리에게 거룩한 성전인 교회를 이루도록 하신 것도 마찬가지다. 인간을 사랑하고 구원하고자 하시는 어머니 같은 하나님의 마음을 알고 믿는 사람들에게 교회라는 믿음의 공동체를 이루도록 하셨다.

바리새인 중에 니고데모라는 유대인의 지도자가 찾아왔을 때 예수님은 "진실로 진실로 네게 이르노니 사람이 거듭나지 아니하면 하나님의 나라를 볼 수 없느니라."(요 3:3)고 말씀하셨다. 니고데모는 "사람이 늙으면 어떻게 날 수 있사옵나이까 두 번째 모태에 들어갔다가 날 수 있사옵나이까."(요 3:4) 하고 되물었다.

니고데모는 육신으로 태어나는 것만 알고 영적으로 새롭게 태어나는 것은 몰랐다. 육신의 출생은 어머니의 '레헴'(모태)에서 태어나는 것이고, 중생(重生), 즉 거듭나는 것은 하나님의 '긍휼'(라하밈)에서 태어나는 것이다. 예수님은 "사람이 물과 성령으로 나지 아니하면 하나님의 나라에 들어갈 수 없느니라."(요 3:5)고 하셨다. 육으로 난 것은 육으로 돌아가지만 예수님을 믿음으로 세례 받고 거듭난 영혼은 하나님의 나라에 들어간다.

교회는 하나님의 긍휼을 통해 거듭나는 곳이다. 죄인의 죽는 것보다 돌이켜 사는 것을 원하시는 하나님(겔 18:23)의 뜻을 따라 한 영혼이라도 더 구원하기 위해 우리는 오늘도 복음을 증거해야 한다.

03

콩팥

신장(腎臟)이란 인간의 허리 양쪽에 하나씩 있는 콩팥으로 몸속에 흐르는 피와 수분을 걸러주는 매우 중요한 역할을 한다. 만약 콩팥이 없다면 즉시 암모니아 중독에 걸려 죽게 된다. 성경에서는 '콩팥'이 어떻게 표현되는지 살펴보자.

첫째, '콩팥'의 통증은 가장 심한 육체적 고통 중 하나다.

성경의 '콩팥'은 '킬르야'인데, 두 개로 되어 있어서 보통 복수형인 '켈라요트'가 사용된다. 우리말 성경에는 '콩팥'을 '장부'(개역), '오장육부', '창자'(공동번역) 등으로 번역하고 있다. '콩팥'은 아주 예민해서, 인간의 고통 중에 가장 심한 고통이 신장결석으로 인해 돌이 콩팥의 관을 통과할 때라고 한다. 허리 양쪽에 있는 콩팥이 아프면 허리 전체가 고통스럽고, 창자가 뒤틀리는 것 같은 통증을 느끼게 된다.

둘째, '콩팥'은 성경에서 인간의 처절한 고통을 호소할 때 사용하고 있다.

욥기 16장에서 욥은 자신이 당하는 극심한 고통을 호소하면서 "그의 화살들이 사방에서 날아와 사정 없이 나를 쏨으로 그는 내 콩팥들을 꿰뚫고 그는 내 쓸개가 땅에 흘러나오게 하시는구나."(욥 16:13)라고 하였다. 욥은 화살이 자기 콩팥을 뚫고 쓸개가 쏟아진다는 표현을 통해 인간의 가장 처절한 고통을 호소하고 있다. 국가의 멸망과 성전의 파괴를 탄식한 예레미야 애가에도 욥과 같은 울부짖음이 나온다.

"활을 당겨 나를 화살의 과녁으로 삼으심이여 화살통의 화살들로 내 허리(콩팥)를 맞추셨도다."(애 3:12~13)

셋째, 성경은 관계 단절의 절정을 콩팥의 통증으로 표현한다.

현대 심신의학에서는 콩팥처럼 내장 가운데 짝을 이루고 있는 장기들이 특별히 파트너 관계에서 일어나는 갈등이나 충돌에 아주 예민하다고 한다. 그러므로 욥이 콩팥의 통증을 통해 울부짖는 것은 자신이 겪고 있는 육체적인 고통뿐만 아니라 하나님과의 파트너 관계가 깨져버렸다는 절망감을 동시에 표현하고 있는 것이다.

욥이나 예레미야가 당하는 콩팥의 고통은 신장결석이라는 병 때문이 아니라 나의 파트너요 구원자라고 믿었던 하나님이 오히려 적이 되어 버렸다는 관계 단절에 관한 처절한 절망감을 나타내는 것이다. 욥의 고난이 하나님의 시험이듯 하나님은 인간을 시험하실 때 콩팥과 심장을 이용하신다. 콩팥과 심장에는 인간의 가장 깊은 비밀이 숨겨 있기 때문이다.

"여호와여 나를 살피시고 시험하사 내 뜻과 내 양심을 단련하소서."(시 26:2)

여기서 '내 뜻'은 히브리어로 '킬르요티'인데, '콩팥'을 뜻하는 '켈라요트'에 '내'(my)를 뜻하는 1인칭접미어 '이'가 결합된 것이다. '내 양심'의 히브리어 '리비'는 '심장'을 뜻하는 '레브'에 1인칭접미어 '이'가 결합된 것이다. 구약의 이스라엘 백성들은 머리의 지식으로 하나님을 아는 것이 아니라 심장과 콩팥을 통하여 생명과 삶의 가장 깊은 곳에서부터 하나님을 경험하였다. 이스라엘 백성들은 하나님께 화목제물을 드릴 때 "두 콩팥과 그 위의 기름 곧 허리 쪽에 있는 것과 간에 덮인 꺼풀을 콩팥과 함께"(레 3:4) 떼어내어 그것을 불에 태워 하나님께 드렸다.

04

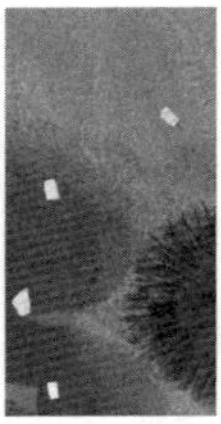

합환채

창세기 30장 14절에 보면, 야곱의 장남 르우벤이 맥추 때에 들에서 합환채(Mandrake, 학명: Mandragora officinalis)를 갖고 왔다. 합환채는 그 외에 아가서 7장 13절에만 언급된 특이한 식물로 일명 '사랑의 꽃'이다. 합환채는 가지속의 하나로 유독성 물질을 함유하고 있다. 성경에서 정확하게 묘사하고 있는 것처럼 합환채는 밀밭에서 잡초처럼 자란다.

갈릴리 지방 및 지중해 연안에서 자라는 합환채는 줄기가 짧고, 잎은 배춧잎같이 넓다. 꽃은 겨울에 나오는데, 진한 자주색에 향기롭다. 합환채의 뿌리는 두세 갈래로 갈라져 인삼처럼 사람 모양을 하고 있다. 열매는 5월경에 열리고 아가서에서 언급한 것처럼 아주 매혹적인 향기를 발한다.

르우벤이 맥추 때에 합환채를 들에서 가져왔다고 했으니, 맥추 때는 오순절과 같은 때다. 합환채는 최음제의 효과가 있어서 남자에게는 정력제, 여자에게는 임신촉진제로 알려져 있다. 레아와 라헬은 야곱의 두 아내로 서로 자매관계다. 레아가 언니고 라헬이 동생이다. 야곱이 사랑하는 아내는 동생인 라헬인데 라헬은 자식이 없었고, 야곱에게 사랑받지 못했던 아내인 언니 레아는 벌써 네 명의 아들이 있었다. 레아의 아들 르우벤이 들에서 합환채를 구해 오자 라헬이 아들을 낳고 싶은 욕심에 합환채를 자기에게 달라고 했다. 그 대신 오늘 밤에는 남편 야곱이 언니 레아에게 갈 수 있도록 해 주겠다는 것이다. 그러나 아들을 낳은 것은 합환채를 가져간 라헬이 아니고, 하나님의 은혜를 입은 언니 레아였다. 자녀는 정력제를 통해 얻는 것이 아니라, 하나님의 은총의 선물이다.

합환채는 인격적인 신뢰를 바탕으로 한 부부관계를 전제로 한다. 그래서 이스라엘에서는 신랑을 맞이하는 신부는 자기 집 문 앞에 향기롭고 귀한 과일들을 쌓아두는데, 그중에 합환채도 있다.

"합환채가 향기를 뿜어내고 우리의 문 앞에는 여러 가지 귀한 열매가 새 것, 묵은 것으로 마련되었구나 내가 내 사랑하는 자 너를 위하여 쌓아 둔 것이로다."(아 7:13)

신랑을 맞이하는 신부가 문 앞에 각종 아름다운 과일들을 쌓아 두어 향기로운 냄새를 발하는 것처럼 성도들도 그리스도의 향기를 드러내야 한다. 바다에 나가 온갖 풍랑을 헤치고 고기를 잡는 어부에게는 비린내가 난다. 갱 속에 들어가 온갖 위험을 무릅쓰고 석탄을 캐는 광부의 몸에는 탄내가 난다. 화장품 가게에서는 화장품 냄새가 나고 음식점에서는 음식 냄새가 난다. 이와 같이 그리스도인에게는 그리스도의 냄새가 나야 한다.

"항상 우리를 그리스도 안에서 이기게 하시고 우리로 말미암아 각처에서 그리스도를 아는 냄새를 나타내시는 하나님께 감사하노라."(고후 2:14)

성도는 예수 그리스도의 신부들이다. 신부 되는 성도들은 그리스도를 아는 아름다운 향기를 발해야 한다. 성도들이 준비해야 할 아름다운 향기를 발하는 열매는 바로 성령의 열매들이다.

"오직 성령의 열매는 사랑과 희락과 화평과 오래 참음과 자비와 양선과 충성과 온유와 절제니 이 같은 법을 금지할 법이 없느니라."(갈 5:22~23)

05

보리

출애굽 당시 애굽에 열 가지 재앙이 내렸는데 그중에 일곱 번째 재앙이 우박이었다. 그때 우박으로 인해 "보리는 이삭이 나왔고 삼은 꽃이 피었으므로 삼과 보리가 상하였으나 그러나 밀과 쌀보리는 자라지 아니한 고로 상하지 아니하였더라."(출 9:31~32)는 말씀이 나온다.

보리(Barley)와 밀은 성경에 나오는 가장 중요한 곡식들이다. 성경에서 보리는 대맥, 밀은 소맥이라고 하지만, 명확하게 구분하기 어려울 때도 많이 있다. 보아스와 룻을 묶어준 보리이삭이 사랑의 곡식이었다면, 오천 명을 먹이고도 열두 광주리가 남는 이적이 나타났던 오병이어의 보리떡은 기적의 양식이었다.

보리는 12월경에 뿌리는데, 우기의 시작과 때를 정확하게 맞춘다. 씨앗은 갈지 않은 흙에 그냥 뿌린다. 보리는 밀보다 더 건조한 지역에서 자랄 수 있다. 그래서 베들레헴 동쪽에 위치한 유대 광야의 가장자리에 위치한 반(反)건조 지역에서도 볼 수 있다. 씨앗은 밀보다 한 달 먼저 익는다. 앞에 언급한 출애굽기 9장 31절에서는 4월 말이나 5월 초를 말한다. 이는 유대력으로 아빕월에 해당한다.

룻기의 배경이 되는 베들레헴은 보리밭이 많이 있었다. 작은 보리밭은 보리에 대해 가장 많이 언급한 룻기에서 묘사하듯 아직도 손으로 수확한다. 농사짓는 여인들은 곡식을 잘라 건조시키기 위해 단으로 묶는다. 건조가 끝나면, 보리는 나귀에 의해 타작마당으로 옮겨간다. 타작마당에서는 현대적인 장비나 동물에 의해 끄는 구식의 타작기로 타작한다. "곡식 떠는 소에게 망을 씌우지 말지니라."(신 25:4)는 말씀은 보리밭에서 일하는 소에 관한 내용이다.

보아스는 아주 성공한 농부였다. 보리는 그의 중요한 곡식 중 하나였다. 보리 수확을 할 때면 일꾼들이 곡식을 잘라 건조시키기 위해 단으로 묶는다. 그때 땅에 떨어진 이삭은 가난한 사람들이 주워갈 수 있도록 하였다.

"너희 땅의 곡물을 벨 때에 밭 모퉁이까지 다 베지 말며 떨어진 것을 줍지 말고 그것을 가난한 자와 거류민을 위하여 남겨두라 나는 너희의 하나님 여호와이니라."(레 23:22)

보아스는 밭에서 이삭을 줍고 있는 룻을 위해 일꾼들에게 곡식을 일부러 떨어뜨리도록 하였다. 이렇게 해서 이방 여인이었던 룻은 보아스와 아름다운 사랑을 맺게 되고 다윗 왕의 조상이 되었다.

레위기 23장 10절에 보면, 이스라엘 사람들은 "첫 이삭 한 단을 제사장에게로 가져가도록" 되어 있는데, 이것은 보리이삭을 말한다. 이날은 유월절이 지난 안식 후 첫날로 예수님께서 부활하신 날이다. 그래서 사도 바울은 "그러나 이제 그리스도께서 죽은 자 가운데서 다시 살아나사 잠자는 자들의 첫 열매가 되셨도다."(고전 15:20)는 말씀을 통해 예수님께 적용했다.

요한복음 4장에서 사마리아 여인을 만났던 예수님께서 길을 가시다가 밝은 태양 아래서 하얗게 익은 보리밭을 보며 제자들에게 영혼 구원의 시급성을 말씀하셨다.

"너희는 넉 달이 지나야 추수할 때가 이르겠다 하지 아니하느냐 그러나 나는 너희에게 이르노니 너희 눈을 들어 밭을 보라 희어져 추수하게 되었도다."(요 4:35)

06

가시나무 가운데 백합화

"여자들 중에 내 사랑은 가시나무 가운데 백합화 같도다."(아 2:2)에서 '내 사랑'을 시편 35편 17절에는 '내 유일한 것'이라고 했다. 사랑하는 남편, 사랑하는 아내가 곧 '내 사랑'이다. 비록 대통령은 아니지만, 대통령보다 더 사랑하는 이가 남편이요. 미스코리아는 아니지만 미스코리아보다 더 사랑하는 이가 아내다. 이런 사랑이 '내 사랑'이다.

백합화(학명: Lilium candidum L.)는 미와 풍요로움의 상징으로 고대 이집트, 앗수르 등, 고대 중동 문화유적에서도 주로 기둥에 즐겨 조각한 무늬며, 예루살렘에 있던 솔로몬 성전의 기둥도 백합화 머리로 되어 있었다(왕상 7:19). 기독교인들에게 백합화는 영적인 순수함과 거룩함을 나타내며, 무엇보다도 예수 그리스도의 부활의 상징으로 사랑받고 있다. 해마다 부활주일이 되면 제단 주변을 흰 백합화로 장식하는 이유가 여기에 있다.

아가서 2장 1절에 나오는 '샤론'은 갈멜산에서 지중해 연안으로 뻗어 있는 평원을 가리킨다. 이스라엘 땅에서는 유일하게 사시사철 푸른 곳이다. 얼마나 아름다운지 솔로몬은 갈멜산을 여인의 머리에 비유하였다.(아 7:5)

넓은 평원에 백합화들이 만발하고, 그 사이사이에 가시나무들이 있다. 바람이 불면 연약한 줄기의 백합화들이 이리저리 흔들린다. 그러면 곁에 있는 가시나무의 가시에 연약한 백합화의 줄기가 찔리고, 꽃잎이 찢어진다. 백합화는 가시에 찢기면 상처를 입은 꽃잎에서 아름다운 향기가 풍겨난다. 가시에 찔릴 때 더욱 아름다운 향기를 풍기는 백합화처럼 아픔이 있을 때 더욱 아름다운 향기를 풍기는 사람이 진정한 믿음의 사람이다.

신앙생활을 하는 중에 참으로 아름다운 분들을 만나게 된다. 깊은 신앙이 있는가 하면, 넉넉한 마음에 덕이 있다. 이런 분은 곱게만 자랐으려니 짐작했는데, 지나온 삶에 아픔과 상처들이 있었다. 이분의 아름다움은 아픔이 있는 곳에 믿음의 향기가, 상처가 있는 곳에 사랑의 향기가 풍겨나기 때문이었다. 이와 같이 인간의 진정한 아름다움은 외모에 있는 것이 아니라, 고난과 시련 가운데 처하였을 때에 풍기는 아름다운 믿음의 향기에 있다.

고난과 시련의 가시로 고통을 겪을 때에 아름다운 향기가 나는 사람, 이런 사람은 "가시나무 가운데 백합화"와 같은 사람이다. 솔로몬은 수많은 여인들이 있었지만, "가시나무 가운데 백합화" 같은 사람을 '내 사랑'이라 불렀다. 오늘 주님을 따르는 많은 성도들이 있지만, 주님께서는 특별히 고난 속에서 더욱 아름다운 향기를 발하는 성도를 '내 사랑'이라고 불러 주신다.

가시 면류관을 쓰시고, 손과 발에 못박혀 십자가에 달리신 예수님은 가시나무 가운데 백합화 같은 분이다. 가시에 찢기고 창에 찔리신 예수님, 그러나 그 입술을 통하여 용서와 사랑, 구원의 말씀만이 풍겨 나오지 않았는가? 찢겨진 상처에서 흘러나온 피는 상대방의 죄를 탓하는 저주와 원망이 아닌, 우리 온 인간의 죄를 사하는 구원의 보혈이 되었다.

이와 같은 사랑의 십자가, 구속의 십자가를 아는 것이 곧 그리스도를 아는 것이다. 성도들은 고난과 시련에 부딪쳤을 때일수록 그리스드를 아는 냄새가 더욱 진하게 나타나는 사람이다.(고후 2:14~16)

07

빙점

미우라 아야코가 '빙점'(氷點)이라는 소설을 쓰게 된 동기가 있다. 미우라 아야코는 남편의 월급으로는 생활을 할 수가 없었다. 그래서 집에 작은 구멍가게를 냈다. 그런데 장사가 너무 잘 되어 물건이 날개 돋친 듯이 팔렸다. 어느 날 남편이 울적한 기분이 되어 미우라 아야코에게 말했다. "물건을 적게 팔아요. 당신이 너무 많이 파니까 이웃 가게의 생계가 위협을 받아요. 남을 사랑해야 합니다." 미우라 아야코가 여기서 사랑을 깨닫고 가게 문을 여는 시간을 줄이고, '빙점'을 썼다. 미우라 아야코는 이웃 가게를 남이라 생각하지 않고, 형제처럼 여기는 사랑을 가졌다.

'빙점'이란 글자 그대로 물이 어는 온도 점을 가리킨다. 같은 뜻이지만 '빙점'을 얼음이 녹는 온도점이라고 생각해 보면 어떤가? 사람들 사이에도 '빙점'이 있다. 이웃을 남이라고 생각하면 얼음 같은 마음이 된다. 자기 것을 분명하게 구별하고, 다른 사람의 고통이 크든 작든 상관하지 않는다. 그러나 이웃을 형제라고 생각하면 내 마음이 물처럼 녹는다. 덩치가 큰 얼음도, 작은 알맹이로 된 얼음도 녹으면 하나가 된다.

빙점이라는 소설은 내 속에도 '빙점'이 있다고 말한다. 착하고 칭찬받는 소녀인데 정작 아버지에게는 사랑을 받지 못하였다. 그녀는 나중에 자기가 아버지의 친딸을 죽인 살인자의 딸이라는 것을 알았다. 살인자의 딸을 양녀로 받아들인 아버지는 원수를 사랑하라는 그리스도의 사랑을 실천한다고 칭송받았지만, 자신의 마음속에 복수심리가 끊임없이 살아 있는 것을 깨달았다.

이와 같이 나를 의롭게 여기는 것과 나의 죄를 깨닫는 경계점이 곧 '빙점'이다. 나를 의롭게 여기는 마음은 다른 사람에 대해서는 얼음 같은 마음이 된다. 그런데 '나는 죄인이다'라는 것을 깨닫는 순간 내 마음이 녹아진다. 얼었던 내 마음을 녹여주는 믿음의 '빙점'은 예수 그리스도의 십자가다.

얼음 알맹이들이 녹으면, 하나의 물이 되듯 모든 것을 함께 하였다. 교회란 얼음 알맹이들이 모여 있는 곳이 아니라, 얼음 알맹이가 들어와서 얼음 그대로 있는 것이 아니라, 그리스도의 사랑에 녹아 물이 되어서 하나가 되는 곳이다. "형제가 연합하여 동거함이 어찌 그리 선하고 아름다운고."(시 133:1)라는 말씀은 성도들이 한마음으로 같이 예배드리는 모습의 아름다움을 노래한 것이다. 교회 성장이란 얼음 알맹이들이 많아지는 것이 아니라, 얼음이 녹은 물이 차고 넘쳐나는 것이다.

야곱과 에서처럼 형제간에도 '빙점'이 있다. 서로 갈등하고 경쟁하면 얼음 같은 마음이 된다. 부부 사이에도 빙점이 있다. "칼로 물 베기"라는 부부싸움도 얼음같이 되면 좀처럼 하나가 되기 어렵다. 우리에게 빙점은 어는점이 아니라, 얼음이 녹는점이 되도록 하자. 낮은 곳을 향해 흐르는 물과 같이 서로 하나가 되어 영원한 생명을 누리는 삶을 살자.

"여러분은 그리스도를 믿음으로써 힘을 얻습니까? 그리스도의 사랑에서 위안을 받습니까? 성령의 감화로 서로 사귀는 일이 있습니까? 서로 애정을 나누며 동정하고 있습니까? 그렇다면 같은 생각을 가지고 같은 사랑을 나누며 마음을 합쳐서 하나가 되십시오. 그렇게 해서 나의 기쁨을 완전하게 해 주십시오. 무슨 일에나 이기적인 야심이나 허영을 버리고 다만 겸손한 마음으로 서로 남을 자기보다 낫게 여기십시오. 저마다 제 실속만 차리지 말고 남의 이익도 돌보십시오."(빌 2:1~4, 공동번역)

08

무디 성경은 TP 성경

미국에서 목회할 때 시애틀 지역의 24시간 한국어 방송인 '라디오한국'에서 매일 새벽 5시부터 6시까지 한 시간 동안 오프닝 프로그램을 3년 동안 진행하였다. 프로그램 이름이 "안녕하십니까 임봉대 목삽니다"였다. 라디오 한국은 기독교방송이 아니라 일반방송이었지만, 주로 새벽기도를 위해 교회를 다녀오는 사람, 아침에 일찍 출근하는 사람들이 들을 수 있는 새벽시간이었기 때문에 하루의 시작을 말씀으로 시작한다는 의미에서 목사님이 인도해 주는 것이 좋겠다고 해서 진행을 맡았다. 물론 생방송이 아니라 낮 시간에 방송국에 나가 미리 녹음해 두었다. 그 시간은 나도 교회에서 새벽기도를 인도해야 하는 시간이었기 때문에, 새벽기도를 위해 교회 다녀오는 차 안에서 내가 녹음한 방송을 듣곤 하였다.

"마음의 경영은 사람에게 있어도 말의 응답은 여호와께로 나느니라… 너의 행사를 여호와께 맡기라 그리하면 너의 경영하는 것이 이루어지리라."(잠 16:1, 3)는 말씀은 얼마나 좋은가! 아침 일찍 이 말씀을 읽고 하루의 일과를 점검해 본다면, 오늘은 무엇인가 좋은 일이 있을 것 같다. 기분이 좋다. 이런 마음으로 하루를 시작하면 더욱 열심히 살게 될 것이다.

20세기 최고의 부흥사 드와이트 무디(Dwight Lyman Moody, 1837~1899)는 1837년 매사추세츠 주 노스필드(Northfield)에서 태어났다. 그는 가난 때문에 초등학교 5학년까지 공부하고 17세에 일자리를 찾아 보스턴(Boston)으로 갔다. 삼촌의 구둣가게에서 일을 하면서 마운트 버논(Mt. Vernon)에 있는 교회의 주일학교에 참석하였다. 1855년 마운트 버논 교회의 주일학교 교사인 에드워드 킴볼(Edward Kimball)은 구둣가게를 찾아와 무디에게 그리스도의 사랑에 대해 전했다. 무디는 그의 전도를 받아 하나님께 헌신하는 일에 자신의 삶을 바칠 것을 결심하였다. 무디는 빈민가의 어린이들에게 전도를 하였다. 그는 공립학교 교육을 제대로 받지 못했지만, 성경을 통해 힘을 얻었다.

"주 여호와께서 학자들의 혀를 내게 주사 나로 곤고한 자를 달로 어떻게 도와 줄 줄을 알게 하시고 아침마다 깨우치시되 나의 귀를 깨우치사 학자들 같이 알아듣게 하시도다."(사 50:4)

무디는 "능력은 하나님께 있는 것이지 내게 있는 것이 아니다. 하나님께서 내게 학자의 혀를 주어 사람들을 깨우치게 해 주신다."는 믿음을 갖고 복음을 전했다. 이후 무디는 가수 아이라 생키(Ira D. Sankey, 1840~1908)와 함께 복음전도를 하면서 1875년 시카고 빈민가에 교회를 세우고 대서양을 건너 영국을 비롯한 세계 각국에 복음을 전파하였다.

무디의 성경책에는 여기저기 TP라고 쓰여 있다고 한다. T는 Try(시도하다)의 첫 글자고, P는 Prove(증명하다)의 첫 글자다. 하나님의 말씀은 틀림이 없다는 믿음으로 그 말씀을 Try했더니, 말씀하신 그대로 Prove되었다는 것이다. 이런 믿음의 확신이 있었기에 무디는 위대한 하나님의 전드자가 될 수 있었다.

한 어머니가 무디의 전도설교에 은혜를 받았다. 그래서 자기 아들의 이름을 드와이트 무디의 이름을 따라 드와이트(Dewight)라고 지었다. 그가 바로 제2차 세계대전을 승리로 이끈 연합군 총사령관이요 미국의 대통령이 된 아이젠하워(Dwight David Eisenhower, 1890~1969)였다. 드와이트 아이젠하워는 "하나님의 말씀은 세상의 그 어떤 무기보다 더 강하다."고 하였다.

"어찌하여 나를 버리셨나이까."라는 부르짖음은 하나님이 계시지 않는 것처럼
느껴진다. 과거에는 아브라함과 이삭과 야곱을 통해 그리고 출애굽을 통해
구원역사를 일으키셨던 하나님께서 지금은 왜 침묵하고 계신가?
이런 딜레마는 경험에 기초한 신앙이란 쉽게 무너질 수 있다는 것을 보여준다.
신앙이란 때로 우리의 경험을 뛰어넘는다.
하나님은 우리의 고난에 침묵하는 것 같지만, 결국에는 응답하여 주시고
마침내 승리의 삶을 살도록 인도해 주신다.
그러므로 어떤 상황 속에서도 끝까지 하나님을 신뢰하는 것이 무엇보다 중요하다.

제 11 장

메시아 예언과 그리스도

01

메시아 예언의 온도 차이

미국에서는 11월 넷째 주 목요일을 추수감사절(Thanksgiving Day)로 지킨다. 추수감사절이 끝나면 바로 예수님의 탄생을 축하하는 성탄 장식에 들어간다. 이때부터 예수님의 탄생까지 예수님의 오심을 기다리는 강림절을 지킨다. 강림절과 관련하여 가장 주목하는 말씀이 메시아 예언과 관련된 말씀들이다. 우리는 예수님을 메시아(헬라어로는 그리스도)로 고백하고 있기 때문이다.

'메시아'란 히브리어로 '기름부음을 받은 자'란 뜻이다. 구약 시대에 기름부음을 받은 자는 왕과 제사장이다. 출애굽 이후 하나님은 모세에게 아론과 그의 아들들을 이스라엘 백성들을 위한 제사장으로 기름을 발라 거룩하게 구별하도록 하였다.

"너는 아론과 그의 아들들에게 기름을 발라 그들을 거룩하게 하고 그들이 내게 제사장 직분을 행하게 하고."(출 30:30)

사무엘은 이스라엘의 초대 왕인 사울에게 기름을 부었으며 사울이 하나님의 말씀을 거역하자 그를 대신하여 다윗을 기름 부어 이스라엘의 왕으로 선택하였다.

"사무엘이 사울에게 이르되 여호와께서 나를 보내어 왕에게 기름을 부어 그의 백성 이스라엘 위에 왕으로 삼으셨은즉 이제 왕은 여호와의 말씀을 들으

소서."(삼상 15:1)

"사무엘이 기름 뿔병을 가져다가 그의 형제 중에서 그에게 부었더니 이 날 이후로 다윗이 여호와의 영에게 크게 감동되니라 사무엘이 떠나서 라마로 가니라."(삼상 16:13)

구약시대 예언자들을 보면, 북이스라엘에서는 엘리야, 엘리사, 아모스, 호세아와 같은 예언자들이 활동하였고, 이사야, 미가, 예레미야, 에스겔, 스가랴 등 나머지 대부분의 예언자들은 남유다에서 활동한 예언자들이었다. 예언자들의 메시지에서 메시아 예언은 주로 남유다 예언자들에 의하여 선포되었다.

이스라엘 예언자들은 왕권과 제의에 대해 비판적이었는데, 남북 예언자들 사이에 그 온도의 차이가 있다. 북이스라엘 예언자들은 왕권을 비판하는 데 있어서 왕과 왕국에 대한 부정적인 태도가 남유다의 예언자들보다 훨씬 심각하였다. 솔로몬 사후 왕국이 분열되면서 북이스라엘의 여로보암은 솔로몬 성전을 대신하여 벧엘과 단에 북이스라엘의 국가성소를 별도로 세우고 금송아지를 만들어 숭배하도록 하였다. 그래서 북이스라엘 예언자들은 왕에 대한 부정적인 평가와 함께 왕국을 세운 것 자체가 하나님께 범죄한 것이라고 보았다. 북이스라엘 예언자들에게 있어서 이상적인 시대는 왕이 없이 하나님만 의지하던 출애굽 시대 광야생활이었으며, 그들에게 하나님의 산은 모세가 하나님께 율법을 받았던 시내산(혹은 호렙산)이었다.

남유다의 예언자들도 왕권에 대한 비판적인 태도를 취하기는 하였지만, 왕국 자체를 근본적으로 부정하지는 않았다. 남유다의 예언자들에게 있어서 이상적인 시대는 다윗 시대고 그들에게 하나님의 산은 예루살렘 성전이 있는 시온산이었다. 하나님이 다윗에게 주신 영원한 왕국에 대한 약속(삼하 7장)이 그들의 예언에 있어서 중요한 신학적 요소가 되었다. 앗수르의 위협과 바벨론의 침공에 따른 남유다의 현실적인 위기에 직면하여 예언자들은 영원한 다윗 왕국에 대한 하나님의 약속을 메시아에 대한 예언으로 발전시켰다.

02

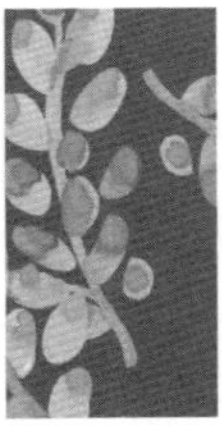

메시아와 그리스도

우리는 예수 그리스도의 오심은 이미 구약에 선포된 메시아 예언의 말씀이 성취된 것이라고 고백한다. 그리스도란 '기름부음을 받은 자'라는 뜻의 헬라어로 히브리어 '메시아'와 같은 뜻이다. 히브리어를 한글로 음역한 메시아는 '바르다', '붓다'라는 뜻의 동사 '마사흐'에서 나온 말이다.

사무엘상 10장 1절, "이에 사무엘이 기름병을 가져다가 사울의 머리에 붓고 입맞추며 이르되 여호와께서 네게 기름을 부으사(메샤하카) 그의 기업의 지도자로 삼지 아니하셨느냐."는 말씀에서 "기름을 부으사"는 히브리어로 '메샤하카'인데, 70인역 헬라어 성경에는 '에크리센'으로 되어 있다. '에크리센'의 원형은 '크리오'로 신약성경에서도 '기름을 바른다'는 뜻으로 사용되고 있으며, '그리스도'는 '크리오'의 명사형이다.

"주의 성령이 내게 임하셨으니 이는 가난한 자에게 복음을 전하게 하시려고 내게 기름을 부으시고(에크리센) 나를 보내사 포로 된 자에게 자유를, 눈먼 자에게 다시 보게 함을 전파하며 눌린 자를 자유롭게 하고."(눅 4:18)

기름부음의 행위는 특정인을 선택하거나 지명할 때(삼상 16:3), 성별하거나 위임할 때, 혹은 제사장으로서의 자격을 부여하기 위한 것이다. 고대 이스라엘에서 기름부음을 받은 사람은 왕과 제사장이었다. 그래서 구약의 메시아 사상에는 무엇보다 왕적 이미지를 내포하고 있다.

기름을 뜻하는 일반적인 히브리어는 '쉐멘'이다. '쉐멘'은 '연고', '기름진', '기름진 것들' 등으로 번역된다. 기름은 다양한 용도로 사용되었는데, 무교 전병에 뿌리고(레 2:4), 전투를 할 때에는 힘과 능력의 상징으로 방패에 기름을 발랐다(삼하 1:21). 기름은 번영과 풍요를 상징하고(사 25:6), 기쁨과 즐거움(잠 27:9) 그리고 축복의 상징이었다(사 45:7). 기름은 음식들을 만들기 위한 기본적인 재료로 음식의 맛을 더해 주었으며, 화장품(전 9:8)이나 치료제로도 사용되었다.(약 5:14)

기름부음을 위해 특별히 준비된 기름을 관유라고 한다. 관유는 제사 도구들이나 제사장 등을 성별하여 여호와를 섬기도록 하는 목적에서만 사용할 수 있었다. 관유는 최상품으로 액체 몰약 500세겔(1세겔=11.4g)과 향기로운 육계 250세겔, 창포 250세겔과 감람유 1힌(3.67리터)으로 제조하였다.(출 30:23~25)

성막의 기구들은 기름을 발라 거룩하게 구별하였으며, 제사장 서품을 할 때 기름을 머리에 부었는데, 제사장의 옷에도 향기롭고 좋은 기름이 부어졌다.

"보라 형제가 연합하여 동거함이 어찌 그리 선하고 아름다운고 머리에 있는 보배로운 기름이 수염 곧 아론의 수염에 흘러서 그의 옷깃까지 내림 같고 헐몬의 이슬이 시온의 산들에 내림 같도다 거기서 여호와께서 복을 명령하셨나니 곧 영생이로다."(시 133:1~3)

여기서 '동거함'의 히브리원어는 '셰베트'인데, '안식일'을 뜻하는 '샤바트'와 같은 단어다. 시편 133편은 안식일을 위해 성전에 모인 사람들은 제사장의 옷깃까지 흘러내린 기름과 같이 영생의 축복을 받는다는 말씀이다.

03

내가 왜 아브라함의 후손인가?

이스라엘의 실질적인 조상은 아브라함부터 시작된다. 아브라함은 노아의 세 아들 중 셈의 10대 후손이다. 노아의 대홍수 이후 인간들은 바벨탑을 쌓으며 하나님께 반역하였는데, 그 결과 언어의 혼란과 함께 인간은 온 땅에 흩어져 살게 되었다.

하나님은 바벨탑 사건으로 인해 흩어져 어둠 가운데 있는 인간들을 다시 구원의 빛으로 인도하기 위하여 한 사람을 선택하셨는데, 그가 바로 아브라함이다. 아브라함의 선택은 온 인류를 다시 구원하고자 하시는 하나님의 은혜의 사건이었다.

갈대아 우르 지방에 있던 아브라함은 그의 형제 하란이 죽은 후 아버지 데라와 함께 하란에 정착하였다가 데라가 죽은 후 하란의 아들인 그의 조카 롯과 함께 가나안에 들어왔다. 하나님은 아브라함에게 후손과 땅에 대한 약속과 함께 큰 민족을 이루고 모든 민족이 그를 통해 복을 받게 될 것이라는 약속을 주셨다.

"내가 너로 큰 민족을 이루고 네게 복을 주어 네 이름을 창대하게 하리니 너는 복이 될지라 너를 축복하는 자에게는 내가 복을 내리고 너를 저주하는 자에게는 내가 저주하리니 땅의 모든 족속이 너로 말미암아 복을 얻을 것이라 하신지라."(창 12:2~3)

"땅의 모든 족속이 너로 말미암아 복을 얻을 것이라."는 말씀은 하나님의 복을 모든 민족들에게 전할 사명이 아브라함에게 있다는 것을 보여준다. 이러한 사명은 아브라함의 후손들을 통하여 계속 이어졌다. 하나님께서 이스라엘 백성들을 출애굽시켜 "제사장 나라"(출 19:6)로 삼으시겠다는 것도 같은 의미다. 제사장은 하나님과 백성들 사이의 중개자로서 하나님의 축복을 백성들에게 전하는 축복의 전달자다.

아브라함의 후손인 이스라엘 백성들은 하나님의 계명을 받아 세상 모든 사람들에게 전하고 가르쳐 하나님의 구원을 받는 백성으로 만들어야 할 사명이 있었다. 그러나 예수님 당시 아브라함의 육신의 혈통을 이어받은 유대인들이 모든 민족들에게 복을 주시고자 하는 하나님의 중재자로서의 역할을 감당하지 않고 오히려 교만하고 이방인들을 멸시하였기 때문에 예수 그리스도를 통하여 새로운 아브라함의 자손들을 선택하셨다.

"이 약속들은 아브라함과 그 자손에게 말씀하신 것인데 여럿을 가리켜 그 자손들이라 하지 아니하시고 오직 한 사람을 가리켜 네 자손이라 하셨으니 곧 그리스도라."(갈 3:16)

창세기에는 '기름 붓다'와 '메시아'라는 단어가 나오지 않는다. 제사장과 왕의 직분들에 대한 직접적인 언급도 나오지 않는다. 그럼에도 불구하고 메시아적인 개념의 요소들을 찾아볼 수 있는데, 아브라함은 "열국의 아비"로서 수많은 씨들이 될 한 씨를 낳기 위해 부름을 받은 것이다. 그 씨가 바로 예수 그리스도다. 예수님은 아브라함의 약속을 이어 받은 그(the) 씨며, 우리는 예수 그리스도를 통하여 하나님의 복을 모든 민족에게 전할 아브라함의 후손이 되었다.

"너희는 선지자들의 자손이요 또 하나님이 너희 조상과 더불어 세우신 언약의 자손이라 아브라함에게 이르시기를 땅 위의 모든 족속이 너의 씨로 말미암아 복을 받으리라 하셨으니 하나님이 그 종을 세워 복 주시려고 너희에게 먼저 보내사 너희로 하여금 돌이켜 각각 그 악함을 버리게 하셨느니라."(행 3:25~26)

04

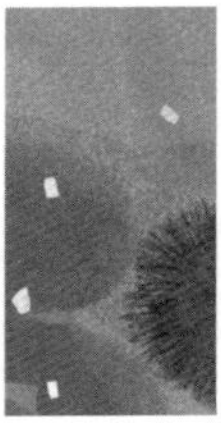

왜 멜기세덱인가?

아브라함과 그의 조카 롯은 똑같이 갈대아 우르를 출발하여 하란을 거쳐 약속의 땅 가나안에 들어왔다. 그런데 아브라함은 이스라엘의 조상이 되고 그의 조카 롯은 모압과 암몬의 조상이 되었다. 왜 아브라함과 롯은 같은 길을 걸어왔으면서도 서로 다른 결과를 갖게 되었을까?

아브라함은 눈에 보이지 않는 하나님의 약속을 따라 왔고 그의 조카 롯은 눈에 보이는 아브라함을 따라 왔기 때문이다. 육신의 눈에 의지한 조카 롯은 아브라함과 헤어져 자기 갈 길을 가야 할 때 눈으로 보기에 물이 넉넉하여 "여호와의 동산 같고 애굽 땅과 같은"(창 13:10) 소돔과 고모라를 선택하였다.

소돔에 내려간 조카 롯이 붙잡혀 갔다는 소식을 들은 아브라함이 집에서 훈련된 사람 삼백십팔 명을 데리고 쫓아가 조카 롯을 구했다. 적의 연합군을 파하고 모든 빼앗겼던 재물과 자기 조카 롯과 그 재물과 또 부녀와 인민을 다 찾아오던 아브라함을 소돔 왕이 영접하였다.

그때 살렘 왕 멜기세덱은 포도주와 떡을 준비하여 아브라함을 맞이하고, 아브라함은 멜기세덱에게 십일조를 드렸다. 멜기세덱은 살렘 왕이면서 "지극히 높으신 하나님의 제사장"(창 14:18)이었다. 살렘은 예루살렘을 말한다. "지극히 높으신 하나님"은 히브리어로 "엘 엘리욘"인데, 가나안 최고신의 명칭으로 여호와 하나님과 동일시되었다.

살렘 왕이면서 제사장인 멜기세덱은 만왕의 왕이시며 대제사장이신 예수 그리스도의 모형이다. 고대 이스라엘에서 왕과 대제사장의 역할은 엄격하게 구별되었으며, 이스라엘의 제사장은 레위 지파 아론의 후손들이었다. 그러나 예수님은 유다 지파 다윗의 후손이다. 성경은 유다 지파 출신의 예수 그리스도께서 대제사장이 되는 근거를 멜기세덱에게서 찾는다. 지극히 높으신 하나님의 제사장 멜기세덱이 아브라함을 만났을 때에는 레위가 아직 태어나지 않았다.

"이는 멜기세덱이 아브라함을 만날 때에 레위는 이미 자기 조상의 허리에 있었음이라."(히 7:10)

멜기세덱은 예수님께서 레위 지파의 반차를 좇지 않고 유다 지파의 후손으로 나셔서 우리의 대제사장이 되실 수 있으셨던 근거가 된다. 대제사장은 해마다 온 이스라엘 백성들의 죄를 사함받기 위하여 휘장을 열고 지성소에 들어가 속죄의 피를 뿌려야 했다. 그러나 예수님께서 십자가 위에서 한 번 죽으심으로 더 이상 속죄의 피를 갖고 지성소에 들어갈 필요가 없게 되었다. 예수 그리스도는 친히 우리의 죄를 위한 희생양인 동시에 영원한 대제사장이 되셨다.

시편 110편 4절 "여호와는 맹세하고 변하지 아니하시리라 이르시기를 너는 멜기세덱의 서열을 따라 영원한 제사장이라 하셨도다."는 말씀은 다윗이 예루살렘을 점령한 후 이스라엘의 수도로 삼고 솔로몬이 하나님의 성전을 건축한 것을 정당화하고 다윗 혈통의 제사장적 특권을 합법화시키고 있다. 히브리서 기자는 이 말씀을 예수 그리스도에게 적용하였다.

"그는 육신에 속한 한 계명의 법을 따르지 아니하고 오직 불멸의 생명의 능력을 따라 되었으니 증언하기를 네가 영원히 멜기세덱의 반차를 따르는 제사장이라 하였도다."(히 7:16~17)

05

동방박사들이 본 별은 무슨 별일까?

마태복음 2장 1~2절에서 동방박사들은 별을 보고 예수님을 경배하기 위해 예루살렘으로 왔다. 동방에서 온 박사들이란 메소포타미아 지역에서 온 '현인들'(the wise men, RSV) 혹은 '점성가들'(astrologers, NEB)을 말한다. 이때 동방박사들이 본 별이 무슨 별이었을까? 동방박사들은 어떻게 하늘에 뜬 별을 보고 이스라엘에 메시아가 탄생하였다는 것을 알 수 있었는지 궁금하였다.

그 의문을 풀기 위해 먼저 메시아와 관련한 예언을 한 메소포타미아 출신의 이방인 예언자 발람의 예언을 주목해 볼 필요가 있다. 초대교회 교부인 오리겐(Origen)은 발람 속에서 예수의 탄생을 알려주었던 별을 본 동방박사의 조상을 발견할 수 있었다고 말했다.

"내가 그를 보아도 이 때의 일이 아니며 내가 그를 바라보아도 가까운 일이 아니로다 한 별이 야곱에게서 나오며 한 규가 이스라엘에게서 일어나서 모압을 이쪽에서 저쪽까지 쳐서 무찌르고 또 셋의 자식들을 다 멸하리로다."(민 24:17)

여기서 메시아와 관련한 말씀은 "한 별이 야곱에게서 나온다"는 말과 "한 규가 이스라엘에서 일어난다"는 말이다. "한 별이 야곱에게서 나온다"는 예언대로 예수님께서 이 땅에 오실 때에 동방에서 별이 떠올랐다. 이 별을 보고 동방박사들이 예루살렘을 방문하였다.

미국의 저명한 천문학자는 별들의 운행을 관측한 데이터를 분석한 결과 이때 동방 박사들이 본 별은 목성(Jupiter)이었다고 주장한다. 히브리어로 목성은 '체덱'(Tzedeq)이라고 하는데, '의롭다'(righteous)는 뜻이다.

마지막 때가 되면 메시아가 오기 전에 먼저 엘리야가 오리라고 예언한 말라기 4장 2절에 "내 이름을 경외하는 너희에게는 공의로운 해가 떠올라서 치료하는 광선을 비추리니 너희가 나가서 외양간에서 나온 송아지 같이 뛰리라."는 말씀이 나온다. 여기서 메시아 명칭과 관련된 "공의로운 해"는 히브리어로 '쉐메쉬 체다카'인데, '체다카'는 태양계 행성 중 목성의 명칭이기도 하다.

발람이 "한 규가 이스라엘에서 일어난다"고 한 예언에서 '규'는 왕의 손에 든 지팡이로 왕권을 의미한다. 예수님께서 이 땅에 탄생하시던 날 목성이 유난히 밝게 빛났는데, 그 이유가 있다. 성경에 메시아와 관련된 별이 하나 더 있는데, 그것은 사자자리(Leo)다. 사자자리의 가장 큰 별이 레귤루스(Regulus)라고 하는 별이다. '레귤루스'는 라틴어로 '왕'이라는 뜻이다. 야곱이 유다에게 한 축복에 보면, 사자와 왕권을 의미하는 규가 언급되어 있다.

"유다는 사자 새끼로다 내 아들아 너는 움킨 것을 찢고 올라갔도다 그가 엎드리고 웅크림이 수사자 같고 암사자 같으니 누가 그를 범할 수 있으랴 규가 유다를 떠나지 아니하며 통치자의 지팡이가 그 발 사이에서 떠나지 아니하기를 실로가 오시기까지 이르리니 그에게 모든 백성이 복종하리로다."(창 49:9~10)

예수님께서 탄생하시던 날 하늘에서는 '의의 별'인 목성과 사자자리의 가장 큰 '왕의 별'인 레귤루스가 만나서 겹친 것이다. 별을 관측하던 동방박사들이 하늘을 보니까, 메시아와 관련된 이 두 별이 만나 밤하늘에 밝게 빛나고 있었던 것이다. 자기들의 선배격인 발람의 예언을 알고 있었던 동방박사들은 이 별을 보고 이스라엘에 왕이 나셨다는 것을 알았다.

06

베들레헴과 나사렛

성탄의 기쁨이 온 누리에 퍼지기를 기원하면서 이 땅에 오신 예수님을 다시 한 번 생각해 본다. 예수님은 베들레헴에서 태어나시고 나사렛에서 자라셨다. 베들레헴에서 태어나신 것은 미가의 예언이 성취된 것이요, 나사렛 사람이라 칭하신 것은 이사야의 예언이 성치된 것이다.

베들레헴은 집이란 뜻의 '벧트'와 빵이란 뜻의 '레헴'이 결합된 단어다. 예루살렘에서 남서쪽으로 10km 정도 떨어진 작은 마을인 베들레헴과 그 근교에는 보리밭이 많았으며, 다윗의 고향이었다(삼상 16:1). 모압 여인 룻이 어떻게 다윗의 조상이 되었는지를 보여주는 룻기는 베들레헴의 보리밭을 중심으로 일어난 일을 기록하고 있다. 오순절에 보리밭에서 이삭을 줍던 룻은 보아스의 친절한 보살핌을 받게 되고 결국 결혼하여 다윗의 할아버지인 오벳을 낳았다.(룻 4:17)

예수님이 베들레헴에서 탄생할 것을 예언한 미가는 이사야와 동시대에 활동하였던 남유다 왕국의 예언자였다. 이사야가 예루살렘을 중심으로 활동한 예언자였다면 미가는 유다의 변방지역인 농촌에서 활동하던 예언자였다. 둘 다 메시아에 관한 예언을 하였는데, 이사야는 메시아가 다윗의 후손 가운데 나올 것임을 강조한 반면에 미가는 메시아가 예루살렘이라는 도시가 아닌 베들레헴이라는 시골에서 태어날 것임을 강조하였다.

예수님이 태어나신 곳은 베들레헴이지만, 자란 곳은 나사렛이다(마 2:22~23). 나사렛은 갈릴리 호수 서남쪽에 위치해 있는데 이스르엘 평원이 멀리 보이는 해발 380m에 위치한 작은 마을이다. 예수님 당시 빌립이 "모세가 율법에 기록하였고 여러 선지자가 기록한 그이를 우리가 만났으니 요셉의 아들 나사렛 예수니라."(요 1:45)는 말을 듣고 나다나엘이 "나사렛에서 무슨 선한 것이 날 수 있느냐."(요 1:46)는 말을 하였다.

나다나엘은 갈릴리 가나 사람으로 나사렛 사람을 무시하는 듯한 말을 한 것인데, 지금도 유대인들은 기독교인을 가리켜 '노쯔리'라고 부른다. '노쯔리'란 '나사렛 사람을 따르는 무리'라는 뜻이다. 복음서는 예수님을 나사렛 사람이라고 부른 것도 예언의 성취라고 보았다.

마태복음 2장 23절에 "나사렛이란 동네에 가서 사니 이는 선지자로 하신 말씀에 나사렛 사람이라 칭하리라 하심을 이루려 함이러라."는 말씀에서 언급한 "선지자로 하신 말씀"은 이사야를 가리킨다.

"이새의 줄기에서 한 싹이 나며 그 뿌리에서 한 가지가 나서 결실할 것이요."(사 11:1)

여기서 '가지'의 히브리어는 '네쩨르'인데 '나사렛'과 같은 단어다. 그러므로 마태복음은 이사야 11장 1절의 말씀을 "이새의 줄기에서 한 싹이 나며 그 뿌리에서 한 나사렛 사람이 나서 결실할 것이요."라고 이해한 것이다. 이새(다윗의 아버지)의 줄기, 즉 다윗의 후손 중에 한 아기가 태어나서 나사렛 사람으로 자라 하나님의 구원을 이룰 메시아가 나오는데 그분이 바로 예수님이라는 것이다.

예수님은 처음에 인간으로 오셨다가 자신의 수양과 업적을 통해 메시아가 된 것이 아니다. 예수님은 태초부터 계신 하나님이셨으며, 그의 탄생과 성장 그리고 공생애 사역은 이미 옛적부터 계획하신 일이요, 구약의 예언자들을 통해 선포한 메시아 예언을 성취하신 것이다.

07

동정녀 탄생과 임마누엘

"보라 처녀가 잉태하여 아들을 낳을 것이요 그의 이름은 임마누엘이라 하리라 하셨으니 이를 번역한즉 하나님이 우리와 함께 계시다 함이라."(마 1:23)는 말씀은 예수님의 탄생과 관련한 대표적인 말씀으로 사도신경의 고백에 있는 동정녀 탄생의 근거가 된다.

예수님의 동정녀 탄생은 이사야가 예언한 "보라 처녀가 잉태하여 아들을 낳을 것이요 그의 이름을 임마누엘이라 하리라."(사 7:14)는 말씀이 성취된 것이다. 여기서 '처녀'로 번역된 단어의 히브리원어가 '하알마'인데, '처녀'라는 뜻도 되고 '젊은 여인'이란 뜻도 된다는 점에서 늘 논쟁이 되어 왔다. 히브리어에는 '처녀'를 뜻하는 '베툴라'라는 단어도 있다. 이삭의 아내가 된 리브가의 경우 '하알마'(창 24:43)라고도 하고 '베툴라'(창 24:16)라고도 하였다.

마태복음은 헬라어역본인 70인역(LXX)을 인용한 것인데, 70인역에는 '처녀'를 의미하는 '파르테노스'로 되어 있다. 70인역은 주전 2~1세기경 헬라어를 사용하는 유대인들을 위하여 번역된 성경인데 기독교인들이 즐겨 사용함으로써 유대인들은 70인역 대신 '심마쿠스', '테오도시온' 등, 다른 헬라어 역본들을 사용하였다. 여기서는 '하알마'를 '젊은 여인'을 뜻하는 '네아니스'로 번역하였다. 예수님을 구세주로 믿지 않는 그들의 시각이 반영된 것이다.

"보라 처녀가 잉태하여 아들을 낳을 것이요 그의 이름을 임마누엘이라 하리라.”는 말씀의 역사적 배경은 시리아-에브라임 전쟁이다. 시리아는 아람이라고 하고 다메섹이 수도였다. 에브라임은 북이스라엘을 말한다. 솔로몬이 죽은 후 남북으로 분열될 때 북이스라엘을 세운 여로보암이 에브라임 지파 출신이기 때문이다.

앗수르가 메소포타미아 지방의 패권을 차지하고 서쪽으로 영향력을 넓히려고 하자 앗수르에 인접한 시리아가 위협을 느끼고 북이스라엘을 포함한 팔레스타인 지역의 국가들이 반앗수르 동맹을 맺고자 하였다. 그러나 남유다는 반앗수르 동맹에 가담하는 것을 반대하였다. 그러자 반앗수르 동맹을 맺은 시리아와 북이스라엘(에브라임)이 남유다를 공격한 것이 시리아-에브라임 전쟁이다.

당시 풍전등화의 위기 가운데 있던 남유다의 왕 아하스에게 이사야는 시리아와 북이스라엘의 패망을 선포하면서 두려워 말며 낙심하지 말라고 위로하였고 그래도 불안하면 하나님께 징조를 구하라고 말한다. 그러나 아하스는 하나님을 의지하지 않고 앗수르를 의지하였다. 하나님께 징조를 구하지 않고 앗수르에게 도움을 요청한 것이다. 이사야는 아하스의 불신을 책망하면서 “그러므로 주께서 친히 징조를 너희에게 주실 것이라 보라 처녀가 잉태하여 아들을 낳을 것이요 그의 이름을 임마누엘이라 하리라.”(사 7:14)는 예언을 하였다.

“처녀의 아들, 임마누엘”의 탄생 예언은 당장 멸망할 것 같은 역사적 위기 속에서도 끝까지 하나님을 신뢰해야 한다는 메시지로 선포된 것이다. 이 말씀은 메시아 예언의 대표적인 말씀으로 예수 그리스도의 탄생을 통해 성취되었다. 예수님은 죄로 인해 죽을 수밖에 없는 우리를 구원하시기 위해 임마누엘, 즉 “우리와 함께 하신 하나님”(마 1:23)으로 우리 가운데 오셨다. 예수님의 탄생은 주께서 우리에게 주신 징조며, 그 징조는 또한 십자가다.

08

그의 이름은 기묘자

강림절은 아기 예수님의 탄생을 기다리는 절기다. 우리는 특별히 이사야 9장 6절의 말씀을 평강의 왕으로 오신 예수님의 탄생과 관련하여 이해해 왔다

"이는 한 아기가 우리에게 났고 한 아들을 우리에게 주신 바 되었는데 그의 어깨에는 정사를 메었고 그의 이름은 기묘자라, 모사라, 전능하신 하나님이라, 영존하시는 아버지라, 평강의 왕이라 할 것임이라."(사 9:6)

여기서 '기묘자'란 히브리원어로 '펠레'인데, 남성 명사로 영어로는 'wonder'라는 뜻이다. '펠레'는 인간의 생각으로는 이해할 수 없고 묘사할 수 없는 하나님의 놀라운 활동을 가리키는 말이다. 구약성경에서는 특별히 출애굽과 관련하여 하나님이 행하신 기이한 일들을 표현할 때 사용한다(예를 들면, 출 15:11; 시 77:11, 14; 78:12 등). 더 나아가 다윗의 선택(시 89편)이나 창조주요 세상의 유일한 주님이신 하나님의 놀라운 능력을 표현할 때도 사용한다.(시 77:16~19; 89:6~18)

아기 예수님의 탄생은 하나님의 행하신 가장 크고도 놀라우며 기이한 일이다. 천사 가브리엘에게 "보라 네가 잉태하여 아들을 낳으리니 그 이름을 예수라 하라."(눅 1:31)는 말씀을 들은 마리아가 "나는 남자를 알지 못하니 어찌 이 일이 있으리이까."(눅 1:34)고 말하니 천사가 "대저 하나님의 모든 말씀은

능하지 못하심이 없느니라."(눅 1:37)고 하였다. 지극히 높으신 하나님께서 미천한 한 아기의 모습으로 이 땅에 오신 것도 놀랍고, 마리아가 처녀의 몸으로 수태를 하게 된 것도, 그런 마리아를 이해하고 받아들인 요셉의 행위도 모두 다 하나님의 인도하심 가운데 있었던 참으로 기이하고 놀라운 일이었다.

우리말 성경 개역개정판에 보면, 사사기 13장 18절에 "여호와의 사자가 그에게 이르되 어찌하여 내 이름을 묻느냐 내 이름은 기묘자라 하니라."는 말씀이 있다. 하나님의 사자인 천사가 자신의 이름을 가리켜 '기묘자'라고 함으로써 이사야 9장 6절에 나오는 메시아적인 명칭으로서의 '기묘자'와 혼돈을 일으킨다. 그러나 히브리 원문을 보면, 사사기 13장 18절의 '기묘자'는 '펠리~'로 형용사다. 영어로는 'wonderful'(놀라운), 'incomprehensible'(이해할 수 없는)이라는 뜻이다. 히브리원문에 맞게 번역하면, "어찌하여 내 이름을 묻느냐? 그것은 기묘하니라(이해하기 어려운 것이니라)."는 뜻이 된다. 공동번역에서는 "야훼의 천사는 '어디라고 내 이름을 묻는 거냐?' 하며 자기 이름은 비밀이라고 잘라 말했다."고 했는데, 개역개정보다 더 원문에 가깝게 해석한 것이라고 본다.

이것은 하나님의 놀랍고 기이한 속성이 하나님의 사자에게서도 나타나는 것을 보여주는 것인데, 그다음에 마노아가 제물을 드릴 때에 "불꽃이 제단에서부터 하늘로 올라가는 동시에 여호와의 사자가 제단 불꽃에 휩싸여 올라가는"(삿 13:19~20) 이해하기 어려운 기이한 이적과 연결되어 있다.

09

너는 내 아들이라

시편은 하나님께서 주신 계시의 한 부분이다. 시편의 예언적 메시지는 "씨", "내 아들", "여호와의 종", "맏아들" 등과 같은 표현을 통해 메시아적인 사상을 함축하고 있다. 시편 2편은 하나님의 기름부음 받은 자를 높이며 그의 우주적 왕국의 환상을 말하고 있기 때문에 신약성경에서 빈번하게 인용되고 있으며(행 4:25~28; 13:33; 히 1:5; 5:5; 계 2:27; 12:5; 19:15), 시편 1편과 함께 전체 시편의 서론을 이루고 있다.

메시아 시편이라고 불리는 시편 2편은 본질적으로 "하나님이 통치하신다"는 교훈을 가르쳐 준다. 시편 기자는 "복 있는" 삶에 대해 이야기하면서 진정한 복은 하나님이 세상을 통치하신다는 것을 신뢰하는 데에 있다고 강조하고 있다.

"내가 여호와의 명령을 전하노라 여호와께서 내게 이르시되 너는 내 아들이라 오늘 내가 너를 낳았도다."(시 2:7)

여기서 "너는 내 아들이라"는 말씀은 복음서에서 예수님이 세례 받고 물에서 올라오실 때에 하늘로부터 들려온 음성이기도 하다(마 3:17; 막 1:11; 눅 3:22). 복음서 기자는 시편 2편 7절을 메시아적 예언의 말씀으로 이해하고 "고난 받는 예수님"과 동일시하였다. 이것은 제2 이사야에 나오는 종의 노래 중 하나인 이사야 42장 1절에 나오는 말씀과도 같다.

“내가 붙드는 나의 종, 내 마음에 기뻐하는 자 곧 내가 택한 사람을 보라 내가 나의 영을 그에게 주었은즉 그가 이방에 정의를 베풀리라.”(사 42:1)

이렇게 시편 2편을 예수님과 관련하여 이해할 때, 만왕의 왕이신 예수님께서 이 세상을 통치하시니 예수님께 나아와 그에게 순종하는 자들이 진정으로 복 있는 사람들이다. 8~9절에 나오는 장차 이루어질 비교할 수 없는 영광에 대한 약속은 요한계시록 2장 26~27절에 그대로 인용이 되었다.

“내게 구하라 내가 이방 나라를 네 유업으로 주리니 네 소유가 땅 끝까지 이르리로다 네가 철장으로 그들을 깨뜨림이여 질그릇 같이 부수리라 하시도다.”(시 2:8~9)

“이기는 자와 끝까지 내 일을 지키는 그에게 만국을 다스리는 권세를 주리니 그가 철장을 가지고 그들을 다스려 질그릇 깨뜨리는 것과 같이 하리라 나도 내 아버지께 받은 것이 그러하니라.”(계 2:26~27)

마지막 12절, “그의 아들에게 입맞추라 그렇지 아니하면 진노하심으로 너희가 길에서 망하리니 그의 진노가 급하심이라 여호와께 피하는 모든 사람은 다 복이 있도다.”(시 2:12)는 말씀에 나오는 ‘피난처’라는 말은 시편 1~72편에서 가장 중요한 단어 중 하나인데, 여기에 처음으로 나온다.

시편 2편은 1편과 함께 시편 전체의 서론적인 역할을 한다. 우리말 성경에는 시편 2편 12절 마지막 부분에 “여호와께 피하는 모든 사람은 다 복이 있도다”라고 되어 있는데, 여기서 ‘피하는’은 히브리어로 ‘호세’인데, ‘피난처를 구하는’(take refuge)이란 뜻이다. “여호와께 피난처를 구한다”는 말은 여호와를 의지(혹은 신뢰)한다는 뜻인데, 의지 혹은 신뢰라는 단어도 시편에서 핵심적인 단어다.

10

나의 하나님, 어찌하여…

예수님께서 십자가상에서 하신 "나의 하나님, 나의 하나님, 어찌하여 나를 버리셨나이까."(막 15:34)는 시편 22편 1절 서두의 "내 하나님이여 내 하나님이여 어찌 나를 버리셨나이까."라는 말씀과 같다. 그래서 시편 22편은 예수님께서 십자가에서 운명하신 날인 성금요일에 읽는 성경본문으로 선별되었다.

창세기에서 신명기까지 모세오경의 한글 성경 제목은 70인역 헬라어 성경에 그 뿌리를 두고 있다. 기원전 1~2세기를 전후해서 히브리어 성경을 헬라어로 번역한 70인역 성경은 헬라어로 Septuagint라고 하고, 로마 숫자로 LXX라고 표기하기도 한다. L은 50, X는 10을 뜻한다. 70인역 헬라어 성경은 모세오경의 제목을 그 책의 주제에 따라 정하였는데, 그 의미대로 영어 성경이나 한국어 성경의 제목이 되었다.

반면에 히브리 성경은 모세오경을 토라(Torah)라고 하는데, 창세기는 "브레쉬트"(태초에), 출애굽기는 "쉐모트"(이름), 레위기는 "봐이크라"(불렀다), 민수기는 "바미드바르"(광야에서), 신명기는 "드바림"(말) 등, 각 성경의 첫 번째 문장의 단어를 제목으로 하고 있다.

이런 점에서 복음서 기자들이 기록할 때 예수님께서 십자가상에서 "나의 하나님, 나의 하나님, 어찌하여 나를 버리셨나이까."라고 하신 말씀은 시편

22편 전체의 의미를 함축한 것으로 이해했다고 볼 수 있다. 시편 22편을 보면, 예수님이 십자가에 매달려 죽기까지 당하셨던 온갖 고난을 마치 목격한 사람이 쓴 것처럼 보이는 내용들이 있다.

"나를 보는 자는 다 나를 비웃으며 입술을 비쭉거리고 머리를 흔들며 말하되 그가 여호와께 의탁하니 구원하실 걸, 그를 기뻐하시니 건지실 걸 하나이다."(시 22:7~8)

"내 겉옷을 나누며 속옷을 제비 뽑나이다."(시 22:18)

이렇듯 예수님의 고난을 목격하듯 묘사한 시편 22편은 "내 하나님이여"라는 말로 시작하면서, "하나님"이라는 표현과 "당신"(우리말 성경에는 주님)이라는 2인칭이 번갈아가며 쓰이다가 8절에서 "여호와"라는 하나님 명칭이 처음으로 등장한다. "어찌하여 나를 버리셨나이까."라는 부르짖음은 하나님이 계시지 않는 것처럼 느껴진다. 시편 기자는 과거에 있었던 하나님의 구원역사와 현재의 무응답 사이에서 번민하고 있다. 과거에는 아브라함과 이삭과 야곱을 통해 그리고 출애굽을 통해 구원역사를 일으키셨던 하나님께서 지금은 왜 침묵하고 계신가? 이런 딜레마는 경험에 기초한 신앙이란 쉽게 무너질 수 있다는 것을 보여준다.

신앙이란 때로 우리의 경험을 뛰어넘는다. 하나님은 우리의 고난에 침묵하는 것 같지만, 결국에는 응답하여 주시고 마침내 승리의 삶을 살도록 인도해 주신다. 그러므로 어떤 상황 속에서도 끝까지 하나님을 신뢰하는 것이 무엇보다 중요하다. 하나님의 주권은 땅 끝까지 이르고 모든 족속들이 구원을 보게 될 것이다. 하나님의 통치는 죽음을 넘어서까지 영원토록 이어진다.

"땅의 모든 끝이 여호와를 기억하고 돌아오며 열방의 모든 족속이 주의 앞에 예배하리니 나라는 여호와의 것이요 여호와는 열방의 주재심이로다."(시 22:27~28)

11

최고의 성탄선물

남아프리카의 다이아몬드 광산에서 세계에서 가장 큰 다이아몬드가 발견되었다. 그 크기가 얼마나 큰지 레몬만 했다. 광산업자는 그 다이아몬드를 런던으로 수송하기 위해 가장 신임하는 부하 네 명이 호위하도록 하였다. 이들은 런던에 도착하자마자 은행으로 직행하여 상자를 열었다. 그러나 그 속에는 석탄 덩어리 하나만 달랑 들어 있었다. 당연히 은행 안에 있던 모든 사람들에게 큰 소동이 벌어졌다. 다시 며칠이 지난 뒤 광산업자가 남아프리카에서 보낸 일반소포가 도착하였다. 광산업자가 다이아몬드를 수송하기 위해 생각한 가장 안전한 방법은 평범한 우편소포였다.

구유에서 태어나신 아기 예수님은 평범한 소포와 같다. 그러나 그 속에는 다이아몬드보다 귀한 하나님의 성탄선물이 담겨 있다. 성경에서 예수님이 탄생하셨을 때 제일 먼저 동방박사들이 예수님을 찾아와 경배하고 황금과 유향과 몰약 등, 세 가지 선물을 드렸다.

"집에 들어가 아기와 그의 어머니 마리아가 함께 있는 것을 보고 엎드려 아기께 경배하고 보배합을 열어 황금과 유향과 몰약을 예물로 드리니라."(마 2:11)

동방박사들은 "허다한 낙타, 미디안과 에바의 어린 낙타가 네 가운데에 가득할 것이며 스바 사람들은 다 금과 유향을 가지고 와서 여호와의 찬송을 전파할 것이며"(사 60:6), "왕의 모든 옷은 몰약과 침향과 육계의 향기가 있으며 상아궁에서 나오는 현악은 왕을 즐겁게 하도다."(시 45:8)는 말씀처럼 황금과 유향과 몰약을 통하여 아기 예수님께서 온 인류의 구세주가 되시는 왕의 왕이라는 것을 고백한 것이다. 이 세 가지 예물은 왕의 왕 되신 예수님께 드린 최고의 선물이다.

19세기 미국의 대(大)부흥 운동에서 복음성가와 간증으로 크게 민중을 감동시킨 생키(Ira Sankey)의 역할을 빼놓을 수 없다. 한번은 생키가 증기선을 타고 델러웨어 강을 여행하게 되었다. 마침 12월 24일이어서 찬양을 불러 달라는 요청을 받았다. 그는 크리스마스 캐롤인 "목자의 노래"(Shepherd Song)를 불렀다. 그러자 한 사나이가 달려 나왔다. "당신은 전쟁 때 북군(Union Army)에 있었죠? 나는 당신을 기억합니다." 생키가 대답했다. "그래요. 나는 북군에 있었어요. 그런데 당신은 어떻게 나를 기억하지요?" 그러자 그 사나이가 대답했다. "1862년 크리스마스 이브였습니다. 나는 남군의 척후병으로 북군 진지에 접근했습니다. 달이 밝아 마치 낮처럼 환한 밤이었습니다. 한 북군 병사가 언덕에서 보초를 서고 있었죠. 그래서 나는 조금 더 접근해서 총을 겨누었어요. 그런데 그 병사가 노래를 시작한 것입니다. 지금 부르신 '목자의 노래'였습니다. 분명히 당신이 틀림없습니다. 당신의 노래를 듣는 순간, 그리운 어머니와 동생들, 교회에서 친구들과 함께 크리스마스를 지내던 추억들… 당신의 노래를 들으면서 나는 더 이상 당신을 적으로 생각할 수 없었습니다. 나는 그때 방아쇠를 당길 수가 없었습니다." 그 사나이와 생키는 그날 밤 예수님을 통하여 최고의 성탄선물을 주고받은 것이었다.

아기 예수님의 탄생을 통하여 하나님은 우리 안에 영원한 구원의 선물을 주셨다. 이제 내 안에 예수 그리스도께서 계신다. 선물이란 받는 기쁨도 있지만 포장지를 뜯는 재미도 있다. 내 육신의 장막은 포장지와 같다. 포장지를 뜯고 감추어진 선물을 드러내듯, 내 육신의 생각을 벗어 버리고 내 안에 감추어졌던 예수 그리스도의 놀라운 빛을 드러내도록 하자.

알고 보면
흥미 있는
구약 이야기

초판 1쇄 | 2019년 4월 19일

임봉대 지음

발행인 | 전명구
편집인 | 한만철

펴 낸 곳 | 도서출판kmc
등록번호 | 제2-1607호
등록일자 | 1993년 9월 4일

(03186) 서울특별시 종로구 세종대로 149 감리회관 16층
(재)기독교대한감리회 도서출판kmc

대표전화 | 02-399-2008 팩 스 | 02-399-2085
홈페이지 | www.kmcpress.co.kr
디 자 인 | 디자인통(02-2278-7764)

값 12,000원

ISBN 978-89-8430-813-8 03230